Die authentischen Briefe zwischen einem Erwachsenen und einem Kind, die zwischen 1994 und 1996 entstanden sind, bieten eine ungewöhnliche Einführung in die Philosophie. Der Erwachsene, Vittorio Hösle, ist von Beruf Philosoph. Das Kind, Nora K., war zu Beginn des Briefwechsels elf Jahre, am Ende dreizehn Jahre alt. Die Kinderfragen Noras sind große Fragen der Philosophie: Ist die Seele ewig? Haben Tiere ein Bewusstsein? Ist das Weltall unendlich? Vittorio Hösle lotst Nora in seinen Antworten mit sicherer Hand durch die Labyrinthe philosophischen Denkens. Gemeinsam erfinden sie ein phantastisches Café, in dem die großen Philosophen von Platon bis Hans Jonas über Gott, die Welt und das richtige Leben diskutieren.

Nora K., geboren 1982, war zur Zeit des Briefwechsels Schülerin. Mittlerweile ist sie selbst promovierte Philosophin und lehrt als Senior Lecturer in England. Auf ihren Wunsch wird ihr Familienname nur abgekürzt genannt.

Vittorio Hösle, geboren 1960, ist Professor für deutsche Literatur, Philosophie und Politikwissenschaft an der University of Notre Dame in Indiana (USA). Bei C.H.Beck liegen u. a. von ihm vor: *Moral und Politik. Grundlagen einer Politischen Ethik für das 21. Jahrhundert* (1997, 2. Auflage 2020), *Der philosophische Dialog. Eine Grundlegung der Geisteswissenschaften* (2006), *Eine kurze Geschichte der deutschen Philosophie* (2013), *Kritik der verstehenden Vernunft. Eine Grundlegung der Geisteswissenschaften* (2018).

Nora K. / Vittorio Hösle

Das Café der toten Philosophen

Ein philosophischer Briefwechsel
für Kinder und Erwachsene

C.H.Beck

Die ersten drei Auflagen dieses Buches sind 1996 und 1997
in gebundener Form im Verlag C.H.Beck erschienen.

Eine limitierte Sonderauflage dieses Buches erschien im Jahr 1998
in der Beck'schen Reihe.
2. Auflage in der Beck'schen Reihe. 2001
3. Auflage in der Beck'schen Reihe. 2004

Die vorliegende Neuauflage wurde um Nachworte von Nora Kreft
und Vittorio Hösle erweitert.

4., erweiterte Auflage. 2022
© Verlag C.H.Beck oHG, München 1996
www.chbeck.de
Umschlaggestaltung: geviert.com, Michaela Kneißl
Satz: C.H.Beck.Media.Solutions, Nördlingen
Druck und Bindung: Druckerei C.H.Beck, Nördlingen
Printed in Germany
ISBN 978 3 406 79264 9

myclimate

klimaneutral produziert
www.chbeck.de/nachhaltig

Inhalt

Vorbemerkung

Die Briefe, die in diesem Buch abgedruckt werden, haben folgende Vorgeschichte. Nora interessiert sich seit langem für philosophische Fragen und bekommt zum 11. Geburtstag «Sofies Welt» von Jostein Gaarder. Sie liest es mit großem Interesse und wird zu verschiedenen Fragen angeregt, die sie mir bei Besuchen stellt, weil sie weiß, daß ich Philosophie lehre. So will sie vor Beginn des Briefwechsels von mir einmal wissen, ob es die platonische Idee des Dinosauriers auch nach dem Aussterben des letzten Exemplars der Gattung noch gibt – eine Frage, die durchaus auf Originalität Anspruch erheben kann. Ich versuche ihr zu erklären, warum die Idee des Dinosauriers durch das Aussterben der Individuen nicht betroffen wurde – eine Erklärung, die sie zufriedenstellt und zu unseren Beinamen «Dino-Nora» und «Idee des Dinosauriers» führt. Als Anerkennung der Bedeutung ihrer Frage schicke ich ihr einen Marzipandinosaurier zu Weihnachten. Mit ihrer Dankeskarte beginnt unser Briefwechsel.

V. H.

Lieber Vittorio,

vielen, vielen Dank für den Marzipan-Dino!!! Ich habe mich sehr darüber gefreut: Er steht auf meinem Nachttischchen. So kann ich ihn jederzeit besehen.

Aus Deinem Buch habe ich leider bis jetzt nur die ersten Seiten lesen können, aber bald hab' ich mein anderes Buch durch und dann fange ich Deins an.

In meinem Buch über die Philosophie bin ich jetzt beim Mittelalter. Das ist auch sehr spannend. Ach ja, wir nehmen in Geschichte gerade das griechische Frauenbild durch. Ich war sehr empört über Aristoteles' Meinung.

Deine Nora!

Essen, 27. Januar 1994

Liebe Nora,

habe herzlichen Dank für Deine hübsche Karte, über die ich mich sehr gefreut habe. Du bist aber ein maßvolles Kind, daß Du den Marzipandinosaurier noch nicht verschlungen hast – er ist ja nur ein Abbild, nicht unvergänglich wie eine Idee …

Deine Kritik an Aristoteles hat mich schwer beschäftigt, denn da ich sowohl Dich als auch ihn sehr schätze, waren meine Gefühle ganz in Unordnung. So trottete ich gestern spätabends durch Rüttenscheid, bis ich in einer abgelegenen Straße, die ich noch nie vorher gesehen hatte, auf ein Café stieß. Es hieß das «Café zu den toten,

7

aber immer jungen Philosophen», und da mir der Name gefiel, ging ich hinein. Ich dachte, es müsse ganz leer sein, denn wer besucht schon Cafés mit derartig komischen Namen? Aber wie überrascht war ich, als ich feststellte, daß es ziemlich voll war – übrigens fast (nicht ganz) eine reine Männergesellschaft.

Ich setzte mich an ein Tischchen und nickte dem älteren Herrn zu, der alleine dort saß. (Freie Tische gab es nicht mehr.) Offen gestanden kamen mir sowohl er als auch andere Herren dunkel bekannt vor, aber ich konnte niemanden richtig einordnen. Der Mann mir gegenüber trug einen kurzen Bart, hatte feste Lippen und eine stark hervortretende Stirn. Er war modisch gekleidet, aber sein Blick schien nicht in unsere Zeit zu passen. Ich starrte ihn verlegen und etwas ungezogen an und fragte schließlich: «Verzeihen Sie, ich weiß, daß ich Ihnen schon einmal begegnet bin, aber ich kann mich nicht mehr an Ihren werten Namen erinnern. Hösle, sehr erfreut.»

«Aristoteles, angenehm», entgegnete er zerstreut.

Du wirst nicht überrascht sein, daß ich es war – so etwas hätte ich nicht für möglich gehalten, wenn ich mich nicht schon daran gewöhnt hätte, daß in der Philosophie alles möglich ist. Und in der Tat, nun erkannte ich auch andere Herrschaften – am Billardtisch unterhielt sich ein kleiner Mann, der offenbar Kant war, mit einem würdigen Bischof, den er ständig mit «lieber Anselm» anredete, über den ontologischen Beweis; ein etwas dandyhafter, scheuer junger Mann mit Zylinder redete auf einen abgründig blickenden soignierten Herrn ein, dem er zu erklären versuchte, die Subjektivität sei die Wahrheit und der Sprung in den Glauben gehe über die Vernunft.

Aber natürlich war ich besonders glücklich, gerade mit Aristoteles an einem Tisch zu sitzen. «Hören Sie einmal», sagte ich zu ihm, «ich habe ja viel von Ihnen gelesen und finde Ihre Werke schon phantastisch, aber ich kenne eine junge Dame, die ist über Ihr Frauenbild empört.»

«Sie meinen nicht zufällig die Dinosauriernora?»

«Ja, kennen Sie die etwa auch?»

«Nun, nicht persönlich, aber gute Argumente haben einen hohen Kurswert in diesem Café, und sie erreichen uns immer ziemlich rasch. Ich selber war ja noch von der Konstanz der Arten überzeugt; aber da das Aussterben von Arten mir ein gutes Argument gegen meinen Lehrer Platon zur Verfügung stellt, bin ich wieder mit Darwin auf gutem Fuß. Nora hat also eine neue Koalition in unserem Café ausgelöst.»

«Aber da sind Sie doch erst recht verpflichtet, sich bei ihr für Ihre Meinung über Frauen zu entschuldigen», meinte ich.

«Gut, gut», sagte er, «gerne. Tu' ich auch hiermit. Aber sagen Sie ihr dreierlei: Erstens habe ich nicht etwa geleugnet, daß Frauen eine Seele haben, wie manche behaupten – ich spreche ja sogar Pflanzen eine Seele zu. Zweitens sind wir alle Kinder unserer Zeit – was ich über die Sklaverei gesagt habe, ist mir eigentlich noch peinlicher. Aber wenn man in einer Gesellschaft aufwächst, in der Sklaven selbstverständlich sind und es natürlich ist, daß Frauen nicht studieren oder sich gar mit der Idee des Dinosauriers befassen, dann liegen solche Meinungen eben nahe. Und drittens will ich Sie und die Dinosauriernora darauf aufmerksam machen, daß auch Sie alle noch immer Meinungen haben, die Ihnen in einigen hundert Jahren die Schamröte ins Gesicht treiben werden. Seid also nachsichtig mit einem alten Griechen!»

«Aber gewiß doch», antwortete ich, «wir verehren Sie und Ihren Lehrer Platon» (ich merkte leider zu spät, daß ich ihn damit etwas ärgerte) «aufs höchste. Mit Verlaub, ich schreibe Nora gleich von unserer Unterredung.»

Doch auf dem Weg zum Ausgang traf ich noch einen Mann, der mir kurz zuzwinkerte und sagte: «Übrigens, Nora ist sehr kritisch und wird Ihnen nicht glauben, was Sie ihr da schreiben wollen. Dann fragen Sie sie einfach: Wenn Du etwa meinst, ich hätte geträumt, kannst Du denn Wirklichkeit und Traum wirklich unterscheiden? Und wenn sie sagt, Gott sei kein Betrüger, dann entgegnen Sie: Manchmal betrügt er uns zur Wahrheit.»

«Vielen Dank, René, so werde ich meinen Brief enden.»

Gesagt, getan – und für heute viele Grüße

von
Deinem
Vittorio

30. Januar 1994

Lieber Vittorio,

vielen, vielen Dank für Deinen interessanten Brief! Jetzt verstehe ich Aristoteles' Frauenbild schon besser. Ich nehme seine Entschuldigung an. Wenn Du wieder in das «Café der gestorbenen, aber immer jungen Philosophen» gehst, kannst Du es ihm ja ausrichten. Sage ihm dann aber bitte auch, daß seine Aussage, daß er in einer früheren Zeit lebte, zwar stimmt, daß er sich aber doch Platon als Vorbild hätte nehmen können, denn der hatte ein, im Grunde genommen, positives Frauenbild. Übrigens, kennt Aristoteles Diotima? Sie war es doch, die Sokrates zu einer wichtigen philosophischen Einsicht verholfen hat. Eine Frau!

Schade, daß Platon nicht da war, als Du in dem Café

Lieber ☆ Vittorio,

vielen, vielen Dank für Deinen interessanten Brief! Jetzt verstehe ich Aristoteles Frauenbild schon besser.

Ich nehme seine Entschuldigung an. Wenn Du wieder in das „Café der gestorbenen aber immer jungen Philo- sophen" gehst, kannst Du es ihm ja ausrichten. Ich sage ihm dann aber bitte auch, daß seine Aussage: daß sie in einer früheren Zeit lebte, zwar stimmt, daß er sich aber doch Platon als Vorbild hätte nehmen können, denn der hatte ein im Grunde genommen, positives Frauenbild. Übrigens, kennt Aristoteles Diotima? Sie war es doch, die Sokrates zu seiner (wichtigen) philosophischen Einsicht verholfen hat. Eine Frau!

Schade, daß Platon nicht da war, als Du in dem Café warst: mit dem hättest Du doch sicher noch gerne gesprochen, oder? Er hatte bestimmt sanftere Gesichtszüge als Aristoteles. Ach ja, vergiß nicht, René zu sagen, daß ich das mit Traum und Wirklichkeit ein kleines bißchen verstanden habe, etwa so: ——→

warst: mit dem hättest Du doch sicher noch gerne gesprochen, oder? Er hatte bestimmt sanftere Gesichtszüge als Aristoteles. Ach ja, vergiß nicht, René zu sagen, daß ich das mit Traum und Wirklichkeit ein kleines bißchen verstanden habe, etwa so:

Traum und Wirklichkeit sind zwei verschiedene Welten. Der Traum ist die Welt der Phantasie, der Gedanken, aus diesen beiden wird etwas zusammengebraut, was aus dem Inneren kommt. Die Wirklichkeit ist, für uns, die Sinnenwelt. Aber auch die Wissenschaften oder Geschichte oder Sprachen. Nur, ob wir wirklich die ganze Wirklichkeit mitbekommen? Wir wissen ja fast nichts über Gott. Aber trotzdem ist er ja da. Also ist unsere Wirklichkeit nicht vollkommen, genau wie Träume. Träume geben auch nur etwas Ungefähres an. Aus Träumen kann man manchmal etwas lernen und aus der Wirklichkeit vielleicht auch. Wir werden vielleicht mit beiden Welten auf kommende, noch nicht erkannte Welten vorbereitet?

Ich habe nur nicht ganz verstanden, wie René das meinte, als er sagte: «Manchmal betrügt uns Gott zur Wirklichkeit.»

Weißt Du, später einmal, wenn ich schon groß bin, gehe ich vielleicht auch mal in das Café. (Wenn ich reif genug dazu bin.) Ich bin nämlich mal durch einen Park gegangen, und da kam mir ein kleiner Mann entgegen. Da ich mich etwas ausruhen wollte, setzte ich mich auf eine nahe liegende Bank. Der Mann schien die gleiche Absicht zu haben, denn er setzte sich neben mich. Nach einiger Zeit fing er ein Gespräch an. Es handelte so über dies und jenes. Besonders aber über eine «Idee» haben. Das interessierte mich sehr. Leider mußte er schon nach einer halben Stunde wieder gehen: Er mußte, wie er sagte, zu einer Verabredung im Café zu den gestorbenen, aber immer jungen Philosophen. Ich kannte das Café da noch nicht (ich hatte Deinen Brief noch nicht bekommen). Darum fragte ich: «Aber, sagen Sie mal, wo ist denn dieses seltsame Café? Seinen Namen habe ich wirklich noch nie gehört!»

Da meinte er: «Nun, ich darf dir seine Adresse noch nicht verraten, wenn überhaupt, mußt du sie selber herausfinden. Hoffentlich gelingt dir das! Vielleicht sehen wir uns ja dort wieder!?» Dann ging er eiligen Schrittes davon, ohne «Auf Wiedersehen» zu sagen.

Heute glaube ich, daß ich da Platon begegnet bin. Wer weiß, vielleicht komm' ich auch mal mit Dir ins Café der gestorbenen, aber immer jungen Philosophen.

Viele Grüße
und bis bald,
Deine Nora.

P.S.: Auf dem ersten Blatt habe ich versucht darzustellen, wie es mit der Traum- und der Sinnenwelt (ich weiß es natürlich nicht genau) ist.

Essen, den 3. Februar 1994

Liebe Nora,

Dein Brief hat im Café wahre Begeisterungsstürme ausgelöst. Selbst Aristoteles meinte, sein Frauenbild sei nun endgültig korrigiert, mindestens ebenso aber sein Bild vom Kind. Denn – das darf ich doch sagen – Du bist noch ein Kind, und eben dies, daß Du so schön denkst, beweist, daß Philosophie nicht eine Sache ausschließlich für Erwachsene ist. Ja, ein offenbar sehr verletzlicher und für meinen Geschmack etwas zu sehr in sich versponnener, aber ebenso auch äußerst sensibler Herr, der leicht Tränen in die Augen bekommt, rief sogar aus:

«Ihr wundert Euch, daß *auch* Kinder philosophieren? In Wahrheit sind es doch nur die Kinder, die wirklich philosophieren können. Und wißt Ihr, weshalb? Nun, die Dinosauriernora hat es ja in ihrem schönen Bild angedeutet. Erstens finde ich es großartig, daß sie unser Café aus diesem furchtbar städtischen Rüttenscheid in den Wald versetzt hat – zurück zur Natur, scheint sie zu sagen, so wie ich. Ist sie nicht klug?» (Um ehrlich zu sein, habe ich mich über diese Bemerkung etwas geärgert. Nicht weil er sagte, Du seist klug, sondern weil er meinte, Du seist klug, *weil* Du dasselbe denkst wie er. Und wie würde er sich wohl verhalten haben, wenn Du anderer Meinung gewesen wärst als er? Ach, auch diese Philosophen scheinen nicht alle frei von Eitelkeit und Rechthaberei zu sein! Aber daß dieser Mensch sehr narzißtisch war, sah ich seinem Gesicht gleich an – die scharfen und nüchternen Züge des Aristoteles fehlen da ganz.) «Und zweitens hat sie geschrieben, daß wir einen Fluß überqueren und heftig gegen den Strom rudern müssen, um zur Philosophie zu gelangen. Was ist denn der Strom, der den Platz, wo wir wohnen (hem, hem; den Platz, wo die anderen wohnen und wir einst wohnten), von der Philosophie trennt? Nun, das Leben mit all seinen Strudeln und oft auch Untiefen. Und dieser Lebensstrom wird ja immer größer, je älter wir werden, also auch immer schwerer zu überqueren. An der Quelle aber, von der Nora noch nicht so entfernt ist, kann man gleichsam über ihn springen; eines Bootes bedarf es da gar nicht. Nur in der Kindheit also kann man wirklich philosophieren. – Ach, hätte ich nur meine Kinder nicht im Findelheim abgegeben! Dann wäre ich noch ein besserer Philosoph geworden, weil sie mich inspiriert hätten ...». (Schon wieder dieser narzißtische Rückbezug auf sich selbst!)

Es herrschte ziemlich langes Schweigen nach diesem leidenschaftlichen Ausbruch des empfindsamen Kinderfreundes. Dann aber erhob sich ein alter Mann mit langen schwarzen Haaren, tief unter der Stirn liegenden Augen und einer großen Habichtnase:

«Wie immer, Jean-Jacques, übertreibst du, obgleich du etwas Bedeutendes und Abgelegenes ansprichst. Vielleicht willst du dich bei Nora beliebt machen, aber in Wahrheit kann sie gar nicht wünschen, daß du recht hast. Denn die Arme kann nicht in ihrer Kindheit verharren, sondern muß altern wie alle, außer uns, die wir schon verstorben sind, aber trotzdem ewige Jugend genießen. Dann wäre es doch furchtbar, wenn sie nun das Gefühl hätte, das Leben könne ihr nichts mehr bringen. Aber in einem kann man dir nur zustimmen: Der Strom wird in der Tat breiter und damit schwerer zu überqueren. Freilich nehmen auch die Kräfte zu, und die Hoffnung, die wir haben, ist, daß die Muskeln noch schneller wachsen als die Gewalt des Wassers. Gewiß, das ist nicht bei allen der Fall, vielleicht nur bei wenigen. Für die anderen gilt wohl, daß sie sich in ihrem Leben von der Welt der Philosophie immer mehr entfernen, von der sie in ihrer Kindheit gar nicht so weit weg waren. Aber, meine Damen und Herren, allgemein kann das nicht gelten – denn sonst müßten wir ja alle Kinder sein, während wir doch nur ewig jung sind. Ja, unter uns ist kein einziges Kind, und wir wollen wahrlich nicht hoffen, daß Nora bald zu uns stößt.»

«Davor bewahre uns Gott!», sprach nun eine schöne, durchgeistigte Frau. «Und selbst als Besucherin kann sie nicht bald zu uns stoßen, sondern muß noch viele Briefe schreiben. Denn das, was man am leidenschaftlichsten begehrt, darf man nicht zu schnell bekommen, sonst wird man unglücklich, wie die meisten Menschen draußen, ja vielleicht noch unglücklicher als diejenigen, die das nicht erhalten, was sie begehren – denn sie haben immerhin die Sehnsucht.»

«Diotima!» rief ich aus, «endlich lerne ich Sie persönlich kennen! Jetzt zweifle ich nicht mehr, daß Sie existieren. Rabiate Machos behaupten stets, Sie seien zwar die bedeutendste Philosophin, aber ein Mann habe Sie eben erfunden. Jetzt sehe ich Sie mit eigenen Augen und bin von Ihrer Wirklichkeit überzeugt.»

«Ärmster», entgegnete sie, «daß du sehen mußt, um überzeugt zu sein. Hast du denn Noras Brief nicht verstanden? Hast du Renés Bemerkung noch weniger begriffen als sie? Immerhin fragt sie danach, was er wohl damit meinte, weiß also, daß sie nichts weiß. du eitler Mensch aber bildest dir ein, alles zu verstehen, bist also noch viel unwissender als sie. Wenn Gott zur Wahrheit betrügen kann, also uns täuschen mag, was Fakten der Sinnenwelt betrifft, um uns zu tieferen Wahrheiten vordringen zu lassen, warum sollte Platon mich nicht einfach erfunden haben, um auf die Wahrheit hinzuweisen, daß auch Frauen philosophieren können? Erfundenes ist doch auch da, denn es gibt Menschen, die an es denken; ein Nichts ist es jedenfalls nicht.»

Mir schwindelte der Kopf, und aufgeregt blickte ich in die Runde, um Platon zu suchen und mir von ihm die Rätsel auflösen zu lassen. Aber Diotima schien meine Gedanken zu lesen:

«So einfach machen wir es dir nicht, daß du jetzt einfach Platon fragen kannst. Er ist ohnehin nur sehr selten hier; er hat eine Tendenz, sich rar zu machen und sich in Parks und sonstwo herumzutreiben. Ich gebe dir den Tip, laß dir von Nora genauer erklären, was er ihr zur Idee gesagt hat. Insbesondere soll sie dir ihre Meinung dazu sagen, ob es denn die Idee des Dinosauriers auch dann gäbe, wenn nicht nur alle Dinosaurier, sondern auch alle Menschen, die Dinosaurier denken können, ausgestorben wären. Gewiß ist das eine schwierige Frage, aber von mir wirst du keine Antwort erhalten, denn nur das versteht man, was man selber herausgefunden hat. Ich bin nur die Hebamme, nicht die Mutter der Erkenntnis.»

Einerseits war ich verwirrt und auch etwas enttäuscht über dieses Gespräch, andererseits heißt das, daß ich mich auf Deinen nächsten Brief freuen kann!

Herzliche Grüße
von Deinem
Vittorio

Lieber Vittorio,

vielen Dank für Deinen Brief, ich hab' mich sehr gefreut. Es freut mich, daß mein erster Brief so viel Anklang im Café gefunden hat. – Leider haben mir meine Eltern verboten, mich in Parks herumzutreiben. Deshalb habe ich Platon bis jetzt noch nicht wiedergetroffen.

Aber ich weiß noch, was er beim ersten Mal gesagt hat (oder glaube es zu wissen): «Hattest Du schon mal eine eigene erdachte Idee?»

Ich überlegte kurze Zeit und meinte dann: «Ja, einmal haben wir im Reli-Unterricht (Religion) Gleichnisse durchgenommen. Als Hausaufgabe sollten wir selber ein Gleichnis erfinden. Das habe ich dann getan.»

«Nun, ein Gleichnis! Gleichnisse sind sehr, sehr wichtig», murmelte er, «ich rede selber gerne in Gleichnissen, weil man Ideen dann besser verständlich machen kann! Z.B. wenn man die Menschen mit Schatten vergleicht, die von dem äußeren Licht gegen die Wand einer Höhle geworfen werden.»

«Was?», empört sprang ich auf, «wir, Schatten? Aber, wir sind doch die höchste Kreatur auf Erden. Wir sind doch keine Schatten!»

«Eben weil wir Kreaturen sind, sind wir eine Art Schatten. Kreatur kommt nämlich von dem lateinischen Verb ‹creare›: erschaffen. Wir sind erschaffen. D. h. jemand (?) hatte die *Idee*, uns zu *schaffen*. Verstehst du?»

«Na ja, das ist wirklich sehr kompliziert», gestand ich. Dann fragte er mich: «Warum sind wir denn deiner Meinung nach die höchste Kreatur auf Erden?»

«Weil», ich mußte überlegen, «ich glaube, weil wir eine Seele haben, die Gott erkennen kann.»

«Genau! Wir Menschen sind sozusagen zweigeteilt. Eine Hälfte ist die geistige Hälfte: Wir können (wie du schon sagtest) Gott erkennen, Freude spüren usw. Die zweite Hälfte ist unser Körper, der in der Sinnenwelt lebt. Beide stammen von einer Idee: Unser Körper zum Leben ist eine Idee. Die zweite ist der Hauch Gottes. Er hat uns ein Stück von seinem Geist gegeben. Das hat er getan, damit wir die Welt erkennen können (irgendwann). Tiere haben diesen Geist nicht. Auch Pflanzen haben ihn nicht. Trotzdem ist ihre Idee wichtig, sehr wichtig. Warum, lernst du in Biologie oder Chemie.»

«Aber was hat das mit Schatten zu tun?» fragte ich ungeduldig.

«Ja: wir sind die Schatten dieser Idee des zweigeteilten Geschöpfes. Weil Gott unsere Idee hatte, können wir leben. Wir sind Abbilder der Idee Mensch. Jede Art von Lebewesen, oder auch keine Lebewesen, wie z. B. Steine, haben eine Idee.»

«Wenn ich also eine Idee habe, ist das gar nicht meine Idee, sondern sie existierte schon vorher?», meinte ich erregt.

«Das ist eine schwierige Frage. Leider habe ich keine Zeit mehr, sie dir zu erklären. Aber du könntest meinen

Freund Vittorio fragen. Vielleicht kann er dir das erklären.»

Dann ging er. Seitdem ist meine Frage offen geblieben. Könntest Du sie mir erklären?

Nun zu den Dinos. Ich glaube, daß es die Idee Dinosaurier auch dann noch gibt, wenn wir Menschen aussterben. Es gibt nur leider kein Geschöpf mehr, das sie erkennen könnte. Denn Tiere und Pflanzen haben keine Erkenntnis. Ihnen wurde ja kein Geist gegeben. Aber es sind dann ja trotzdem noch Funde wie Knochen da, die auf eine Idee hinweisen. Die Idee Dinosaurier findet nur im Augenblick keinen Platz auf der Erde.

Im übrigen kannst Du Diotima sagen, daß ich glaube, daß es auch sie gibt. Sie ist ja schließlich auch eine Idee. Ob von Gott oder Platon, weiß ich nicht. Es gibt manches, was wir nicht sehen können, und es ist trotzdem da.

Was ist denn das für ein Kinderfreund, der seine Kinder ins Findelheim steckt? Das müßte Jean-Jacques aber wiedergutmachen.

Ach ja, sind in dem Café eigentlich auch Naturphilosophen wie z. B. Heraklit oder Anaximander?

Weißt Du, welchen Philosophen ich noch sehr nett finde: Augustinus.

Bis bald,
und viele
Grüße,
Deine Nora!

P.S.: Könntest Du wohl bitte im nächsten Brief etwas deutlicher schreiben, ich kann Deine Schrift so schlecht lesen.

Essen, den 15. Februar 1994

Liebe Nora,

als ich in das Café ging, fing mich René schon an der Türe ab. «Neues von Nora?», fragte er und lotste mich an einen kleinen Einzeltisch. Ich gab ihm Deinen Brief, den er sehr aufmerksam durchlas, wobei er bei Deiner Bemerkung zum Kinderfreund, der seine Kinder ins Findelheim steckte, etwas hämisch schmunzelte: «Das darf Jean-Jacques nicht sehen», sagte er, «sonst fängt er an zu weinen oder bekommt einen hysterischen Anfall. Was die Nora alles weiß. Bekanntgemacht hat ja die Geschichte jener Alte dort» (und er wies mit dem Blick – mit dem Finger darf man ja nicht auf andere zeigen! – auf einen spöttisch in die Gegend blickenden Greis mit runzligem Gesicht), «und jetzt kennen sie sogar die Kinder. Tja, mein Lieber, Philosophen leben nicht immer nach den Prinzipien, die sie lehren; der dort mit den großen Augen und der wuchtigen Nase sagte sogar einmal, Wegweiser machten sich selbst nicht auf den Weg. Vielleicht ist es sogar so, daß man Ethiker wird, um eigene moralische Schwächen zu kompensieren, eine neue theoretische Sensibilität für Kinder entwickelt, um das Unrecht gegenüber den eigenen Kindern wiedergutzumachen. Aber wäre dem wirklich immer so (Nora soll beruhigt sein: es ist *nicht* stets der Fall!), dann wäre unser Club ja eine gemeingefährliche Gesellschaft.

Nicht ohne Eifersucht bemerke ich, daß Nora besonders an Platon interessiert ist. Du brauchst dich nicht umzugucken; er ist auch heute nicht da. Hör doch auf, herumzublicken, ich bin doch kein böser Geist, der dich etwa belügt. Platon macht sich rar. Nun, vielleicht streift er durch die Parks des Reviers auf der Suche nach Nora. Armer Platon, er weiß ja noch gar nichts von dem Verbot von Noras strengen Eltern. Aber diese Eltern machen natürlich einen Fehler: Denn gegen das, was einem verboten ist, verstößt man besonders gern. Sie treiben also das Kind geradezu in die Arme Platons. Ja, vielleicht ist das gerade ihr Plan? Sie sind besonders listig und verbieten in der Hoffnung, daß gegen das Verbot gehandelt wird, daß Nora also weiter nach Kräften philosophiert? Wie schwierig ist es doch, des Menschen Herz zu erforschen! Ja, und damit sind wir nun endlich beim Thema. Mir scheint, daß man mit dem Wort Idee ganz Unterschiedliches meinen kann. Für mich sind Ideen etwas, was sich in unserem Bewußtsein abspielt, und unser Bewußtsein ist eben etwas anderes als die materielle Welt. Das erstere habe ich damals *res cogitans* genannt, das zweite *res extensa*. Heute würde ich vielleicht andere Begriffe verwenden, denn das Bewußtsein ‹Ding› zu nennen, ist wohl nicht ganz geschickt. Aber jedenfalls sind Gefühle, Gedanken, ja auch Schmerzen etwas ganz anderes als physische, körperliche Gegenstände, die ich messen kann.»

«Moment einmal!» unterbrach ich ihn, «Schmerzen sind doch etwas Körperliches. Ich meine, nicht alle Schmerzen, z. B. nicht ein schlechtes Gewissen, aber doch etwa Zahnschmerzen.»

Descartes schaute mich lange an, dann lächelte er überlegen. «Ja, das hat man lange so gedacht, eigentlich kann man sagen: bis ich kam. Ich wies nach, daß Zahnschmerzen zur Welt des Bewußtseins gehören. Denn der Zahn selber, die Entzündung des Nervs – das ist alles körperlich. Aber daß die Entzündung auch *weh tut*, das ist etwas Neues. Bei einem Bewußtlosen kann der Zahn entzündet sein, ohne daß er Schmerzen empfindet. Und umgekehrt: Weißt du, was Phantomschmerzen sind?»

«Nicht genau.»

«Nun, es gibt Menschen, denen ein Bein abgeschnitten werden muß (z. B. weil sie zu viel geraucht haben). Das

Unglaubliche ist, daß diese Menschen häufig furchtbare Schmerzen an ihrem rechten Fuß empfinden – auch wenn dieser Fuß nicht existiert! Also gehört auch der Fußschmerz zur Welt des Bewußtseins.»

«Nun, mein Bewußtsein ist mir selbst ja unmittelbar gegeben. Ich weiß z. B., daß ich jetzt durstig bin.»

René winkte einen Ober heran und bestellte für uns beide Mineralwasser.

«Vielen Dank, René, aber woher weißt *du*, daß ich durstig bin? Ich könnte doch eine Maschine sein, ohne jede innere Empfindung, die einfach nur programmiert ist zu sagen ‹ich bin durstig›, auch wenn innen nichts stattfindet.»

«Das ist in der Tat ein großes Problem in meinem Dualismus von Leib und Seele. (Da Nora Latein kann, versteht sie sicher, was ‹Dualismus› heißt: Einteilung der Welt in zwei Teile.) Auch ihr Bild am Ende ist dualistisch: Sie unterscheidet zwischen körperlichen Dingen, wie Bäumen und Vögeln, die man sehen kann, und den Empfindungen, die etwa in unserem Herzen vor sich gehen. Das Herz kann man sehen, aber nicht seine Empfindungen, daher hat wohl Nora einen Kreis gemacht. Es ist eben eine ganz andere Wirklichkeit. – Ja, das Problem ist in der Tat: Woher weiß ich, daß ‹hinter› deinem Körper ein Bewußtsein oder eine Seele ist? (‹Hinter› ist ein irreführender Ausdruck, denn es kann sich ja nicht um räumliche Beziehungen handeln; denn diese gehören immer zur körperlichen Welt. Wenn ich jetzt hinter dich gehe, dich öffne, vielleicht auch, indem ich mich kleinmache, in deinem Gehirn spazierengehe – deine Seele kann ich so nicht finden.) Besonders bei Tieren quält mich die Frage – da ich seinerzeit vermutet hatte, sie seien bloße Maschinen, sind jetzt alle Tierschützer hinter mir her, und ich wage mich kaum auf die Straße, während Platon ungeniert im Park mit kleinen Mädchen anbandeln kann ...»

«Nun, ich glaube, Nora würde deine Auffassung zu Tieren auch nicht mögen. Zu Recht findet sie ferner, daß Ideen mehr sein müssen als Bewußtseinsinhalte.»

«Ja, da hat sie vollkommen recht», sagte ein Herr mit Bischofshut, der sich langsam unserem Tisch genähert hatte. «Ideen sind bei Platon eine dritte Welt jenseits von Körpern und Bewußtsein. Nur diese furchtbaren modernen Philosophen haben aus Ideen subjektive Vorstellungen gemacht, und heute geht man zum Friseur und läßt sich die Haare ‹eine Idee kürzer› schneiden – ‹Idee› bedeutet offenbar ‹ganz wenig›. Was für eine ideenlose Zeit!»

«Danke, Augustinus, nächstes Mal sprechen wir weiter darüber. Jetzt muß ich fort. Und dir, René, danke für das Mineralwasser. Es hat meinem Körper, nein, auch meiner *res cogitans* gut getan.»

«Ich hätte dich übrigens nicht zu einem Wasser eingeladen, sondern zu einem Apeiron-Aperitif!» rief mir ein distinguierter Herr zu. «Ich bin ja nicht Thales!»

Wer war das wohl? Ich jedenfalls bin (oder glaube zu sein)

Dein
Vittorio

Turin, 20. Februar 1994

Liebe Nora,

dies ist ein ganz außerplanmäßiger Brief, noch vor Deiner Antwort auf meinen letzten. Aber das, was ich Dir erzählen will, schien mir so berichtenswert, daß ich nicht länger damit warten will und kann. Also, ich bin gestern nachmittag hier in Turin angekommen und spazierte am

Po-Ufer entlang, nachdem ich mein Gepäck in ein schönes, etwas altmodisches Hotel gebracht hatte. Da begegnete ich einem eigenartigen Herrn mittleren Alters, mit einem riesigen Seehundschnurrbart und einem klugen, nachdenklichen Gesicht, das man vielleicht so beschreiben kann: Gewisse Züge, die sich schon seit längerem verfestigt haben müssen, wirkten sehr leidend, aber über ihnen spielte ein gelassenes, heiteres Lächeln. Dieser Mensch war damit beschäftigt, ein Pferd zu streicheln, das sich – ich weiß nicht weshalb – am Ufer befand. Er nickte sehr liebevoll und freundlich, und als ich vorbeiging, blickte er mich überrascht an: «Na, was tun Sie denn hier in Turin?»

«Verzeihen Sie, kennen wir uns? Mein Gedächtnis wird immer schlechter. Ich kann mich nicht mehr genau erinnern, wo wir uns das letzte Mal begegnet sind, obwohl ich Ihr Gesicht natürlich kenne.»

«Nicht so förmlich, junger Mann, wir kennen uns nicht richtig. Auch ich habe Ihren werten Namen vergessen, ich weiß nur, daß Sie der Brieffreund der Dinosauriernora sind.»

«Ach, natürlich, Sie saßen kürzlich ein paar Tische weiter in einem Rüttenscheider Café. Aber was tun *Sie* hier?»

«Nun, ich gehe Erinnerungen nach, überlege mir so einiges! Außerdem mag ich Pferde sehr gerne.»

«Und die vielen Kirchen, lieber Fritz, stören Sie nicht?»

«Ganz im Gegenteil. Wissen Sie, ich bin inzwischen dem Alten etwas auf die Schliche gekommen. Ich habe ja seinerzeit gemeint, Gott sei tot, und ich sei gewissermaßen dazu berufen, ihm eine philosophische Sterbeurkunde auszustellen. Ich dachte, dem Menschen damit etwas Gutes zu tun, ihn zu sich selbst zu befreien. Die Erfahrung dieses merkwürdigen, schrecklichen Jahrhunderts, das ich gewissermaßen aus der Vogelperspektive bestaunt habe, hat mich eines anderen belehrt – wenn ich denke, welche Verbrecher sich auf mich berufen haben! Ja, und mit der Zeit habe ich begriffen, daß der Alte (dieser raffinierte Artist) sich nur scheintot gestellt hat, sich aus dieser Welt zurückgezogen hat, um ein furchtbares, aber unabdingbares Experiment mit ihr anzustellen. In seiner Abwesenheit ist er auf mysteriöse Weise anwesend – wir erkennen ihn tiefer als früher!»

«Das klingt paradox.»

«Gewiß, und es ist nicht leicht zu verstehen. Weißt du, nur ein Kind kann dir dabei helfen.»

Und dabei zwinkerte er mir zu und wandte sich wieder seinem Pferd zu, dem er Zucker gab. Ich war ganz verwirrt, und nach einer schlaflosen Nacht frage ich Dich: Verstehst *Du,* was er sagen wollte? Bitte, sag es mir, denn es scheint mir sehr wichtig!

Dein
Vittorio

25. Februar 1994

Lieber Vittorio,

vielen Dank für Deine beiden Briefe! Entschuldigung, daß ich so spät schreibe, aber in der letzten Woche hatte ich ziemlich viel zu tun. Na ja, als erstes werde ich Deinen ersten Brief, so gut es geht, beantworten.

Also, mir hat sich eine Frage gestellt: Haben Tiere wirklich keine Seele? Das war doch auch Renés Frage, oder? Er ist zu dem Schluß gekommen, daß Tiere keine Seele haben, stimmt's? Ich weiß nicht so recht, was ich dazu sagen soll, denn bei unserem Hund kann man viele Eigenschaften feststellen, die eigentlich zu einer Seele gehören. Zum Beispiel: Er kann Freude, Schmerz, Trauer (wenn er jault) und auch ein bißchen Heimweh empfinden. Aber das sind ja nicht alle Eigenschaften einer Seele. Da gibt es ja noch die Liebe oder den Verstand. Huch, da fällt mir etwas auf: Etwas Verstand müssen Tiere doch auch haben, denn Tiermütter sorgen sich ja ganz zärtlich um ihre Kinder, und tadeln tun sie sie auch! Hm, das ist wirklich sehr schwer! Vielleicht haben Tiere auch eine Art Tierseele? Oder eine halbe Seele? Was meinst Du denn? Gehört Freude zum Bewußtsein? Haben Tiere vielleicht nur ein Bewußtsein, keine richtige Seele? Vielleicht haben Tiere eine Erkenntnis!? Aber eines kannst Du René sagen: Tiere sind sicherlich keine Computer!

Ja, Thales hätte Dir sicherlich ein Wasser-Glas spendiert. Er hielt ja das Wasser für den Urstoff aller Dinge. Aber wer war der Mann mit dem Aperitif? Das Wort vor Aperitif habe ich nicht lesen können. Mama konnte es auch nicht.

Ach, weißt Du was? Letztens ging ich – wie immer – nach der Schule zum Bahnhof, um auf den Zug zu warten, mit dem ich nach Hause fahre. Mürrisch setzte ich mich auf eine Bank. Ich hatte keine Lust, auf den Zug zu warten. Das aber sollte sich bald ändern: Ich sah nämlich auf einmal ein Bein von einem Baum herunterhängen! Das war ja spannend! Vor Neugierde brennend lief ich hin zu diesem Baum. Und dort sah ich, daß das Bein zu einem Körper gehörte. Ein Mensch! Aber seit wann sitzen ältere Männer auf Bäumen und gucken verträumt gen Norden?! Vor Staunen vergaß ich alles Benehmen, und mir rutschte heraus: «Na, ...»
    Keine Antwort.
    «Ehm, was ... was wollen Sie denn auf dem Baum?»

26

«Oh», er zuckte ein wenig zusammen, «Entschuldigung, ich hab' Sie gar nicht bemerkt!»

Als er dann aber sah, daß nur ein Kind von elf Jahren vor ihm stand, war er sichtlich beruhigt: «Ach, weißt du, ich sitze gern auf Bäumen, denn hier oben ist man näher am Himmel! Von hier kann man sich viel besser vorstellen, andere Welten zu kennen, als von unten. Schade, viel mehr als andere Welten kann ich nicht erkennen. Das heißt, auch sie sehe ich nicht, aber ich glaube, daß sie irgendwoanders existieren.»

Ich fragte ungeduldig: «Aber was wollen Sie denn noch sehen, was Sie nicht sehen können?»

«Das Schaffende! Aber leider kann das ‹Geschaffene› nie das ‹Schaffende› registrieren und nicht mit Sinnen wahrnehmen», seufzte er.

Erst jetzt fiel mir auf, was für komische Kleidung er trug: eine Art Tunica, wie sie die Römer trugen, und Schnür-Sandalen. Als dann noch das mit dem ‹Schaffenden› und ‹Geschaffenen› dazu kam, war bei mir der Groschen gefallen: Ich sprach wohl mit Anaximander! Aber auch ihm schien etwas eingefallen zu sein. «Spreche ich etwa mit der Dino-Nora?»

«Da könnten Sie recht haben!», meinte ich ironisch.

Er guckte auf die Uhr: «Oh, leider fährt mein Zug in fünf Minuten. Ich muß jetzt gehen, aber vielleicht können wir uns per Vittorio Hösle weiter unterhalten! Auf Wiedersehen, Nora!»

«Auf Wiedersehen!», erwiderte ich. Und dann ging er in eine völlig andere Richtung als in die, die zum Bahnsteig führt.

Bis gleich,
Deine Nora!

P.S. zum ersten Brief:

Jetzt weiß ich das Wort doch, daß Du vor «Aperitif» geschrieben hast: Apeiron! Papa hat, weil er Griechisch kann,
das Wort entziffert und es erklärt. Ich selber habe später
noch mal im Brockhaus nachgesehen. Eigentlich hätte Anaximander das Wort Apeiron auch schon bei unserem Treffen gesagt haben können, wenn er das Wort «Schaffendes»
gebrauchte, aber wahrscheinlich wußte er, daß ich kein
Griechisch kann. Übrigens finde ich es merkwürdig, daß
Du mir gerade jetzt, wo ich doch Anaximander getroffen
habe, etwas von ihm geschrieben hast. Du nicht auch?

27. Februar 1994

2. Brief:

Das ist ja wirklich eine sehr schwierige Frage, die ihr (Du
und Fritz) mir gestellt habt! Aber ich will versuchen, sie,
so gut es geht, zu beantworten:
   Also, vielleicht ist Gott trotzdem noch versteckt bei
uns, weil wir ihn vermissen. Wir erinnern uns an ihn,
können einiges von ihm noch festhalten, aber nur ganz
wenig. Aber er will, daß wir ihn suchen. Das ist vielleicht
sein Experiment, von dem Fritz sprach. Er möchte, daß
wir merken, daß es ohne ihn nicht geht, daß, wenn wir
uns keine Mühe geben und nicht an ihn denken und die
Gebote nicht beachten, die Welt untergeht. Manche halten sich an ihm fest, so gut es geht, die Gläubigen, aber
manche verwüsten die Erde. Sie wissen gar nicht, daß
Gott immer noch da ist, für sie ist er weg. Diese müssen
selbst erkennen, daß es falsch ist, böse und hinterlistig
(oder was auch immer) zu sein. Wir müssen ihnen auch

dabei helfen. Das will Gott erreichen. Erst wenn alle ihre Fehler einsehen und versuchen, von nun an besser zu handeln, ist Gott wieder erkennbarer bei uns. Das heißt, wir haben noch einen weiten Weg vor uns. In dieser Zeit ist Gott jedoch bei denen, die ihn fest herbeiwünschen. Sogar sehr nahe, er hilft ihnen. Übrigens brauchst Du, glaube ich, jetzt keine schlaflosen Nächte mehr zu haben, denn man merkt manchmal auch so, daß Gott da ist. Dann wird man mit so einer Freude «umhüllt», daß man sogar lachen muß!

Aber eines möchte ich gerne von Fritz wissen: Warum ist für die Beantwortung dieser Frage denn ein Kind notwendig?

Bis bald,
Deine Nora!

P.S.: Aber natürlich habe ich mich sehr gefreut, daß ich auf diese Weise einen zusätzlichen Brief aus Turin bekam!

Essen, den 3. März 1994

Liebe Nora!

Dieser René ist ganz schön bösartig! Zurück in Essen bin ich mit Deinem Doppelbrief, über den ich mich sehr gefreut habe, gleich ins berüchtigte Rüttenscheider Café gelaufen, habe René sofort gefunden und ihm Deinen Brief gezeigt. Er lächelte mehrfach bei der Lektüre, zu Deiner Begegnung mit Anaximander (der leider nicht da war) sagte er: «Na, diese griechischen Philosophen verwenden ja inzwischen – aus Rücksicht auf kleine Mädchen, die noch nicht Griechisch können – einen ganz klar christlich geprägten Wortschatz! Bezeichnend, daß sich gerade Anaximander auf Bäumen herumtreibt. Er war ja der erste in unserer Zunft, der das Prinzip, das wir alle suchen, nicht ins unmittelbar Materielle gesetzt hat, aber zur Sphäre der Ideen hat er sich eben noch nicht erhoben. Daher strebt er über das Irdische hinaus, bleibt aber doch im Materiellen verhaftet. Er klettert auf Bäume, obwohl das Prinzip auch in deren Kronen nicht zu finden ist.»

Ganz gerührt war er über Deine Überlegungen zu Fritz' Frage. «Nun, diese liebe Nora ist wirklich naiv, wenn sie nicht weiß, warum Kinder für die wesentlichen Fragen der Philosophie notwendig sind. Und damit haben wir auch schon die Antwort auf ihre Frage: Naivität ist in der Philosophie vor allen anderen Dingen erforderlich. Gleichgültigkeit gegenüber dem, was andere meinen, Bereitschaft, auch verpönte Fragen zu stellen, ein gewisses Vertrauen darauf, daß die richtigen Antworten auch überraschend einfach sind – all das ist in der Philosophie wichtig, und Kinder haben diesbezüglich weniger Hemmungen als Erwachsene. Vorurteile sind bei ihnen oft seltener zu finden als bei gestandenen Professoren. Denn manche Fehler sind so groß, daß man sie nicht zugeben kann, wenn man sie lange genug geglaubt hat. Nur ein so interessanter Philosoph wie Fritz scheint zu radikalen Revisionen bereit. – Ja, und dann kommt noch etwas dazu: Kinder haben einen großen emotionalen Reichtum. Mein Gottesbegriff ist so abstrakt, daß man sich an ihm kaum freuen kann – um vom Lachen zu schweigen! Ich hätte mich mehr mit Kindern auseinandersetzen müssen.»

«Ja», er nippte an seinem Wasserglas und fuhr nach einer kleinen Pause fort: «Ja, die Philosophie braucht Kinder. Aber manchmal sind Kinder noch nicht scharfsinnig genug. So hat mich Nora mit ihren Bemerkungen zu ihrem Hund nicht überzeugt. Woher weiß sie denn, daß er Trauer empfindet? Nun, er jault. Das will ich nicht bestreiten. Aber in meiner Sprache: Das gehört zur ausgedehnten Welt. Da ist ein Körper, der sich bewegt, der durch die Bewegung seiner Stimmbänder Schallwellen erzeugt, die wir als Laute vernehmen. Aber Nora hat vielleicht auch schon metallene Mäuse gesehen, die mit Strom aufgeladen werden und dann herumlaufen. Sie glaubt schwerlich, daß derartige Dinge Empfindungen haben. Wie kann sie denn ausschließen, daß ihr Hund ein solches Ding ist? Außerdem: Tiermütter mögen sich ja um ihre Kinder sorgen. Aber auch ein Plattenspieler sorgt dafür, daß wir Musik hören – hat deswegen ein Plattenspieler eine Seele?»

«Wenn ich dich richtig verstehe, willst du sagen, so etwas wie innere Empfindungen kennen wir eigentlich nur von uns selbst. Daß ich mich jetzt ärgere über deine Betrachtungen, dessen bin ich mir sicher, weil es eben ich bin, der sich ärgert. Aber bei anderen Wesen kann ich immer nur sagen: Da verhält sich jemand so, als ob er Freude, Schmerz usw. empfinde, aber sicher bin ich mir dessen nicht.»

«Ja, ungefähr.»

«Das Problem könnte ich auch nicht lösen, wenn ich, um dein Innenleben zu finden, in dich hineingehen könnte. (Nehmen wir einmal an, ich könnte mich so klein machen.) Denn ich sähe ja immer nur Materie: Wenn ich in deinem Gehirn herumspazieren könnte, erblickte ich Nerven, die elektro-chemisch aktiv wären, aber deine Seele würde ich nicht finden.»

«So hat das der Herr mit der Perücke dort hinten als erster ausgedrückt.»

«Nun, Copyrightfragen sind ja nicht so wichtig wie Argumente. Gottfried werden wir schon noch einbeziehen.»

«War nicht gerade von mir die Rede?», fragte nun jener Herr, der offenbar ein sehr gutes Gehör hat, denn er saß ziemlich weit weg.

«Ja, wir unterhalten uns über das Leib-Seele-Problem, so wie es René formuliert hat.»

«Nun, René hat natürlich recht, daß Innenseite, Seele, Bewußtsein – wie du es immer nennen magst – nicht dasselbe sind wie Materie. Auch die Form eines Körpers ist die Seele nicht, wie ein älterer Herr mit Schnürsandalen gelehrt hat: Denn auch ein Tisch hat ja eine Form, aber nicht deswegen schon eine Seele. Obwohl ich selber durchaus der Ansicht bin, daß alles, was ist, eine Innenseite hat – also auch Tische. Allerdings ist dort eine ganz, ganz dumpfe Form von Bewußtsein, so wie wir sie im Tiefschlaf haben. Jedenfalls kann man meine These ebensowenig widerlegen wie die von René, daß nur Menschen Bewußtsein haben.»

«Aber warum schreibst du», entgegnete ich, «*allen* Menschen Bewußtsein zu? Du kennst doch nur dein verdammtes Ich! Ich könnte ja ein Computer sein, ohne jede Innenseite.»

«Diesen Verdacht habe ich schon letztes Mal geschöpft. Du bist gar kein richtiger Mensch, sondern ein Computer, den Nora programmiert hat», rief René.

«Du beleidigst mich, du tust mir weh!», rief ich empört.

«Diese Nora ist verdammt schlau; sie hat dich programmiert zu sagen, du hättest Schmerzen, wenn jemand dir auf die Schliche kommt. Aber ich halte daran fest: Aus der Tatsache, daß du behauptest, du habest Schmerzen, folgt nicht, daß du Schmerzen hast. Ja, mein Lieber, ich will dir sogar noch mehr sagen: Ich bin nicht einmal sicher, ob du ein realer Computer bist. Ich fürchte, im Augenblick träume ich nur von einem Computer. Du hast also nicht nur kein Bewußtsein, du hast nicht einmal materielles Sein, sondern bist nur Teil *meines* Bewußtseins.»

Da war ich aber sprachlos.

«Selber Computer! Selber Teil meines Traumes!»

schrie ich zurück. Ja, und in dem Augenblick erwachte ich und war in meinem Bett! Also diesmal war ich gar nicht im Café gewesen. Ich hatte alles nur geträumt! In der Tat, ich war so spät nach Hause zurückgekommen, daß ich nach der Lektüre Deines Briefes mich sogleich schlafen gelegt hatte. Aber mich quälten nun zwei Fragen: Habe ich nicht früher auch schon geträumt, als ich glaubte, ins Café zu gehen? Und zweitens: Bin ich wirklich nur Dein Computer? Hilf mir bitte!

Dein
Vittorio

Lieber Vittorio!

Leider komme ich (oder kam ich) bis jetzt noch nicht zum Schreiben, denn wir haben eine Deutsch-, Mathe- und eine Lateinarbeit geschrieben. Das heißt, die Lateinarbeit liegt noch vor uns (mir), und ich muß viel üben! Könntest Du mir nicht schnell Deine Adresse in Amerika geben? Dann kann ich Dir dorthin Deine Fragen, die ganz schön schwer sind, beantworten. Aber eines kann ich Dir schon mal sagen: Ein Computer bist Du sicherlich *nicht*!!! Wahrscheinlich wollte René Dich nur ärgern. Außerdem war es ja nur ein Traum: Nimm es nicht so schwer.

Bis bald,
Deine Dino-Nora.

P.S.: Kannst Du am Sonntag nicht zu uns kommen? Meine Eltern würden sich auch sehr freuen. Zwar gibt es keine Tortellini, aber dafür Spaghetti «1 A»! Dann können wir uns ja «per Mund» weiterunterhalten, über René usw. Hoffentlich kommst Du. Falls Du schon einen Termin hast oder nicht so gerne kommen möchtest, rufe ich Dich noch mal an.

(Übrigens, man kann die Spaghetti auch mit einer *Idee* Parmesankäse essen!)

Ich würde mich sehr freuen, dann kannst Du mir ja erklären, ob Computer denken oder gar zweifeln können: Eigentlich bezweifle ich das.

Lieber Vittorio!

Jetzt kommt der eigentliche Brief, auf den Du schon so lange warten mußtest. Eigentlich wollte ich ihn am Samstag schreiben, aber dann ging es leider doch nicht, weil wir nämlich im Zug nach Karlsruhe saßen: Da wäre die ganze Schrift verrutscht. Und am Sonntag war die Konfirmation von meinem Vetter und meiner Cousine. Es tut mir sehr leid!

Also, jetzt zu Deinen Fragen:

1. Man kann Computer und Menschen schon von ihrer Herkunft her deutlich unterscheiden:

Wir Menschen sind von Gott erschaffen.

Die Computer sind von uns «geschaffen» worden: Sie können gar nicht so sein wie Menschen, denn etwas Unvollkommenes kann nur noch Unvollkommeneres erschaffen.

2. Menschen sind wissensdurstig, Computern werden ihre Fragen einprogrammiert, und meistens können sie nur antworten.

3. Außerdem merkt man, daß etwas lebt oder voller Leben ist.

René hat zwar recht, ein Computer kann auch auf ein Lachen programmiert sein. Aber man merkt doch irgendwie, ob ein Lachen künstlich ist oder wirklich von der Seele kommt. Man kann sich gar nicht nur auf seinen Verstand verlassen. Manches spürt man mit der Seele. – Ich glaube, daß Du die letzten Male im Café nicht geträumt hast, denn z. B., als du von René ein Glas Wasser spendiert bekommen hast, da hattest Du Durst. Das kann ja im Traum sein, aber danach hattest Du keinen Durst mehr, er war gestillt, und ich glaube, das geht nicht im Traum; denn dann müßte man ja aufgestanden sein (Schlafwandel) und sich beim Träumen, Durst zu haben, ein Glas Wasser geholt haben, um dann nicht mehr durstig zu sein. Du wärest nie «befriedigt» nach Hause gegangen. Aber das bist Du doch bis auf das letzte Mal, *da* hattest Du ja auch geträumt. –

Also, ich weiß wirklich nicht, was ich davon halten soll: Erst treffe ich Platon, dann Anaximander und jetzt ... also höre:

Letzten Sonntag wachte ich sehr früh auf: Alle anderen schliefen noch. Und als sie auch um halb neun noch nicht kommen wollten, stand ich auf und ging in die kühle, frische und etwas neblige Morgenluft hinaus. Alle Straßen waren leer. Es war sehr feierlich. Auf einmal, als ich so da stand, zog es mich zur Kirche. Ich wußte gar nicht, warum, aber trotzdem ging ich los. Die Vögel zwitscherten. Das war mir vorher gar nicht aufgefallen, aber jetzt, da sowieso etwas Besonderes in der Luft lag, wurde auch das Gezwitscher der Vögel sonderbar schön. Ich atmete tief die Luft ein und wurde mit jedem Zug angefüllt von, ja von Freude. Da sah ich auch schon die Kirche. Sie war groß und mächtig, aber sie sah mich einladend an. Ich ging hinein: Auch sie war leer. (Ich hatte es auch so erwartet.) Doch nicht mehr lange war sie nur von mir besucht, denn plötzlich hastete ein älterer Mann, ein Schwarzer, mit einer Bischofsmütze in den Raum. Langsam jedoch beruhigte er sich. Dann setzte er sich zu mir und sagte lächelnd: «Na, wir beiden sind wohl die einzigen, die Gott schon so früh suchen.»

«Ja», sagte ich, «der normale Gottesdienst fängt erst um halb zehn an.»

«Der normale», sagte er.

«Sind ... bist ... bist – du – Au ... Augustinus?», fragte ich. Ich wußte gar nicht warum, es war mir so herausgerutscht. Irgendwie wunderte ich mich überhaupt nicht, als er sagte: «Ja, Nora.»

Ich räusperte mich und fragte dann wieder: «Aber, na ja, wie kommst du denn hierher? Ich meine, du bist doch schon lange tot!»

«Hm, Zeit spielt im Augenblick keine Rolle. Manchmal kann man sich sehen, hören oder treffen, obwohl ein sehr weiter Raum dazwischen liegt.»

«Aber geht das nicht nur im Traum?»

«*Wann* es geht, ist egal. Das ist nicht so wichtig. Wichtig ist nur, *daß* es geht.»

«Ach so –», murmelte ich etwas verlegen. Nun aber fragte *er* mich: «Wieso wußtest du denn sofort, daß ich Augustinus bin?»

«Oh, 1. wußte ich, daß heute etwas Besonderes kommen würde, und 2. hat mir Vittorio beschrieben, wie du aussiehst.»

«Ach, Vittorio! Siehst du, schon wieder ein Beispiel für Zeit: Er kann auch von hier bis zum Café gehen, obwohl dazwischen ein weiter Raum liegt. Ja, fast eine andere Welt. Gott kann, wenn er will, einen Menschen in seinem Leben weite Räume durchschreiten lassen.»

«Aber ich wollte ganz alleine zur Kirche gehen!»

«Ja, aber Gott hat bestimmt, daß du zur Kirche gehen sollst, wenn du willst.»

«Oh Mann, oh Mann, es ist schon fünf Minuten vor halb zehn! Ich muß nach Hause. Sag mir, wo du wohnst, dann können wir uns bei dir weiterunterhalten.»

«Nein, nein. Wohnen ist räumlich. Wir befinden uns gerade weit entfernt von Zeit und Raum. Trotzdem können wir uns wieder sehen!», sagte er.

Und als ich die Augen von der Uhr hob, war er weg. – Jetzt habe ich also auch noch Augustinus getroffen. –

Mit Tieren nimmt René es aber wirklich zu genau. Er kann doch nicht einfach behaupten, daß es Tiermüttern einprogrammiert sei, ihre Kinder zu versorgen! Denn Computer haben kein Mitleid, können aber auch nicht böse sein! Ich weiß, daß unser Hund kein Computer ist!!!

Weißt Du, welches Buch ich gerade lese? «Desirée.» Kennst Du das? Sie wäre ja fast mal die Frau von Napoleon geworden.

Mit «Sofie» sind Mama und ich jetzt bei Locke. Darauf folgen Hume und Berkeley. Das wird bestimmt spannend!!!

Mama will Dich nochmal anrufen, um Dich für Freitag zu uns einzuladen. Dann kannst Du ja auch unseren Hund sehen und René sagen, daß er kein Computer ist.

Weißt Du was, manchmal möchte ich eine Zeitmaschine haben, mit der ich wirklich in andere Zeiten reisen kann. Zum Beispiel zu Augustinus.

Bis bald, vielleicht schon Freitag,
Deine Nora!

Liebe Nora,

das war wieder ein kluger und warmherziger Brief, den Du mir geschrieben hast! Ich habe mich gleich gezwickt, um festzustellen, ob ich ihn nur geträumt hätte; und als es wirklich weh tat, sagte ich mir, ich hätte allein dadurch schon zur Gewißheit kommen können, daß der Brief wirklich von Dir stammt, daß ich so etwas Schönes gar nicht hätte schreiben können. Die Wirklichkeit ist uns ja vorgegeben, während wir im Traum sie selber machen müssen, und da stellen wir bald fest, daß wir keine so guten Schöpfer sind wie Gott. Als ich in Indien lebte, lernte ich etwas Hindi und konnte mit Wörterbuch sogar Zeitung lesen; an Schildern versuchte ich immer, meine Kenntnisse zu üben. Nun, nachts wachte ich mehrfach mit folgender Erfahrung auf: Ich lief durch Delhi, sah von weitem ein Schild, auf dem ich die Dewanagari-Schrift erkannte, in der Hindi abgefaßt ist; ich näherte mich, um es zu lesen, aber da verschwamm die Schrift, und ich erwachte. Denn meine Aktivkenntnisse waren viel schwächer als meine Passivkenntnisse, und wenn ich daran ging, das, was ich wiedererkannt hätte, selbst hervorzubringen, versagte ich; der Traum zerbarst, und die Realität holte mich ein. So haben wir zumindest *ein* Kriterium für eine von unserem Bewußtsein unabhängige Wirklichkeit: wenn sie besser ist, als wir sie selber hätten schaffen können! Und, wie gesagt, Deine Briefe sind für mich derart.

Nun, ich bin also gleich zum Café gelaufen, denn ich habe den Eindruck, daß sich die toten Seelen dort über Deine Briefe fast so freuen wie die Schatten in der Nekyia der Odyssee über das lebendige Blut, das ihnen Odysseus spendet.

«Da kommt er endlich!», rief Dein (nicht mein) Fan-club. «Wo ist ihr Brief?», hieß es sofort, denn ich hatte ihn in meine Hosentasche gesteckt. «Ohne Norabrief lassen wir dich nicht mehr herein!»

Ich zog ihn heraus und reichte ihn umher; gierig verschlangen ihn die Philosophen (mit ihren Blicken). Ein hochgewachsener, schön und traurig wirkender Mann war ganz begeistert.

«Gut, daß Nora es dem René gezeigt hat. All diese Fragerei, ob etwas oder jemand eine Innenseite hat, ist doch letztlich überflüssig. Man hat eine innere Gewißheit, daß etwa ein Hund eine Seele hat und ein Computer keine, und das krankhafte Nachdenken darüber, warum das so sei, hilft uns nicht weiter.

Wenn ich der Fliege den Ausweg aus dem Fliegenglas gezeigt habe, so doch, weil ich spürte, daß Fliegen mehr sind als Maschinen.»

«Wie dem auch sei», meinte Giambattista, dem ich schon einmal flüchtig begegnet war, «man muß Entwicklungslogiken respektieren. So radikale Zweifel sind nichts für kleine Kinder, auch wenn sie so klug sind wie die Dino-Nora. Weder in der individuellen noch in der kollektiven Entwicklung steht der Zweifel am Anfang – auch wenn er eine notwendige Durchgangsphase ist. Pubertierende mögen mit Descartes sympathisieren, Elfjährige fühlen sich eher zur Antike und zum Mittelalter hingezogen, z. B. zu Augustinus.»

«Nun, auch ich selber habe Augustinus immer sehr gemocht», meinte René und winkte mich an seinen Tisch. Er bestellte sofort Wasser, denn Dein Argument mit dem Löschen des Durstes fand er wirklich stark, und er wollte mich davon überzeugen, daß ich diesmal nicht träume. Ja, das Wasser tat wirklich gut! Ich schien wahrhaft befriedigt, und René sagte lachend: «Na, deine Zufriedenheit wirkt echt – wie auch Noras Wissensdurst. Ihr beide scheint wirklich keine Computer zu sein. Daß ihr selber wißt, daß ihr keine seid, versteht sich von selbst – mein Problem war nur, als ich dir im Traume erschien, wie ich es von dir und du von mir wissen können. Möglicherweise gibt es ein unmittelbares Erfassen der Innenseite des anderen, eine Sympathie, die durch den Körperausdruck direkt zur Seele vorstößt. Vielleicht hatte ich zu wenig auf diese Fähigkeit geachtet in meinem Streben, alles mit dem Verstand zu durchdringen. Ach, übrigens darf ich vorstellen – hier ist Augustinus; der, wie gesagt, auch für mich wichtig war.»

Ich verneigte mich respektvoll vor einem würdigen Herrn, der übrigens keineswegs schwarz war! Ich zwinkerte mit den Augen, weil Du ja davon geschrieben hattest, aber Augustinus lächelte (seelen- und ausdrucksvoll, also nicht wie ein Computer) und sprach: «Unsere Freundin hat da manches zu sehen geglaubt, was sie in Wahrheit gar nicht gesehen hat. Nun, einerseits war es ja neblig an jenem Morgen. Andererseits haben wir alle Vorurteile und suchen nach ihrer Bestätigung. Nora z. B. weiß, daß ich aus Afrika stamme, und glaubt, alle Afrikaner seien schwarz. Aber ich bin Nordafrikaner, und da ist man noch nicht schwarz (was ich übrigens gerne wäre, aber man kriegt nicht alles, was man will). Eine falsche Erwartung hat sie also zu einer ungenauen Beobachtung verführt. Deswegen muß man tatsächlich ein bißchen zweifeln, um sich von Vorurteilen zu befreien und zur Sicherheit zu kommen. Aber kann man an allem zweifeln? Nun, an etwas kann der Zweifelnde nicht zweifeln – nämlich daran, daß er zweifelt. Sonst könnte er sich selbst nicht verstehen. René und ich haben uns ein bißchen mit diesem Argument befaßt, ich eher beiläufig und im Rahmen eines Dialogs, weil ich wenigstens daran nicht zweifeln wollte, daß es andere Menschen gibt. Aber René hat den Zweifel zum Prinzip der Philosophie erhoben und somit einen ganz neuen Menschentyp geschaffen, bei dem ich gar nicht sicher bin, ob er ein Segen für die Welt ist.»

«Auch ich bin da gar nicht so sicher», unterbrach ihn René, «wenn ich so den Menschenschlag sehe, der sich vor unserem Café herumtreibt. Aber eins möchte ich klarstellen: Ich habe immer nur gezweifelt, um zur Gewißheit vorzustoßen; Zweifeln war für mich nie Selbstzweck, sondern immer nur ein Mittel, um eine begründete Sicherheit zu erringen, die ich dort nicht habe, wo ich mich auf bloßes Glauben verlasse. Ich will wissen, nicht glauben!»

«Nun, vielleicht willst du zuviel», warf Augustinus ein, «und auch wenn dein Argument ‹cogito, ergo sum›, ‹ich denke, also bin ich›, wirklich gut ist (es stammt ja auch fast von mir),» – oh diese Eitelkeit, mußte ich denken, das letzte Laster, von dem sich Philosophen befreien! – «gefällt es mir gar nicht, daß du primär vom Ich ausgehst und nicht von Gott.»

«Aber ich glaube ja an Gott, ja, ich weiß ihn», widersprach René, «doch bin ich meiner selbst noch gewisser als Gottes.»

«Wirklich?», fragte vom Nebentisch Giambattista. «Mir scheint, daß ich noch weniger Gott bezweifeln kann als mich selbst. Immerhin, wir könnten ja mal sterben (hihi, d. h. wir nicht mehr, denn wir sind ja schon tot, und unser Zustand ist doch ganz vergnüglich). Es ist nicht unmittelbar widersprüchlich anzunehmen, daß wir einmal nicht mehr sein werden, aber Gott kann nicht nicht sein: Er ist ewig, wir sind zeitlich.»

«Ja, die Zeit», seufzte Augustinus. «Gibt es Geheimnisvolleres als sie? Ist sie überhaupt? Denn die Vergangenheit ist nicht mehr, die Zukunft ist noch nicht und die Gegenwart ist unendlich klein. Manchmal habe ich den Eindruck, die Zeit bestehe nur in unserem Bewußtsein.

Daher braucht Nora auch keine Zeitmaschine; sie zeigt ja selbst durch ihre Briefe, mit welcher Gewandtheit sie sich durch alle Zeiten bewegt.»

«Nun, vielleicht könnte es ihr nützen, wenn sie neben ihrem Bewußtsein mit seinen Erinnerungen und Erwartungen auch meine ‹Zeitmaschine› benützte, d. h. meine Geschichtsphilosophie. Wenn man verstanden hat, wie Geschichte sich entwickeln muß, dann kann man noch schneller durch die Jahrhunderte reisen.»

«Sich entwickeln *muß*?», entgegnete René. «Die Geschichte hängt doch von den Menschen ab, und die sind frei in ihren Entscheidungen.»

«So?», Augustinus hob seine Brauen und blickte ironisch in die Runde. «Nora scheint da anderer Meinung zu sein. Jedenfalls zitiert sie in ihrem Brief meine Äußerung, Gott habe bestimmt, was sie wolle – und ich gehe sicher zu Recht davon aus, daß sie mir zustimmt.»

«Das geht aus dem Brief nicht hervor!» rief René. «Nora glaubt sicher an die individuelle Willensfreiheit, ganz so wie ich.»

«Wie wäre es denn, wenn wir Nora selber zu Wort kommen lassen?», mischte ich mich ein. «Ich werde sie einfach fragen, was sie denn zu der furchtbaren Streitfrage denkt, ob Gott alles vorherbestimmt hat, oder ob es einen freien Willen gibt.»

«Wenn es einen freien Willen gibt, ist Gott nicht allmächtig!», schrie Augustinus.

«Wenn es keinen freien Willen gibt, gibt es keine persönliche Verantwortung, und die Verbrecher wären nur zu bemitleiden!», rief René.

Um die beiden scharten sich jeweils viele andere, bis fast das ganze Café in zwei Lager auseinanderzufallen schien.

«Ein Vorschlag zur Güte, liebe Philosophen! Bevor ihr euch festzankt, hört doch an, was Nora zu sagen hat.»

«Einverstanden», nahmen alle meinen Vorschlag an.
«Wir warten auf den nächsten Brief von Nora.»
Ja, das tun sie wirklich, meine liebe Nora! Und ich tue
dasselbe.

Dein
Vittorio

Lieber Vittorio!

Nun kommt mein Antwort-Brief doch nicht in Amerika,
sondern in Essen an. Wir hatten *zwei Wochen* am Band
Besuch. Da kam ich zu keiner freien Minute! Wie war es
denn bei Dir Ostern? Bei uns war es sehr schön. Wir haben sehr viele «Boten des Lebens» gefunden (Eier). Und
auch die Kirche war schön. Manchmal frage ich mich,
warum der Hase die Eier bringen soll. Wie ist man überhaupt darauf gekommen, den Hasen als «Eier-Ver-
stecker» zu nehmen? Komisch, nicht!?
Dein Brief war aber auch sehr interessant. Aber daß
die Philosophen sich so sehr streiten, hätte ich nicht gedacht. Daß sogar überaus geniale Menschen manchmal
nicht an Gefühle und Verstand denken, sondern furchtbar anfangen zu streiten, wessen Meinung die richtige
wäre ...!?
An Augustinus: Lieber Augustinus, es tut mir leid,
aber jetzt, bei dieser Frage, stehe ich wohl eher zu René.
Aber das heißt ja nicht, daß Deine Ansicht falsch wäre,
denn ich habe nur meine Meinung aufgeschrieben, und
ich bin ja noch ein Kind. Außerdem hast Du viel, viel länger über das Problem nachgedacht als ich.
Ich glaube, daß wir Menschen einen freien Willen haben. Wir selber müssen entscheiden, wie wir handeln:

entweder gut oder böse. Damit es uns nicht so schwer fällt, hat Gott uns zwei Dinge gegeben: den Verstand und die Gefühle. Wenn wir die beiden anwenden, können wir das Richtige für uns erkennen. Aber ich glaube, nur dann. Vielleicht wollte Gott am Anfang einen Gesprächspartner haben. Einen, mit dem er diskutieren kann. Deshalb hat er, als er uns geschaffen hat, uns den freien Willen gegeben. Er diskutiert oft mit uns in unserem Herzen (Seele) und fragt uns, wie wir uns entscheiden. Ja, weißt Du, wer mir dabei einfällt? Sokrates: Er fragte doch auch immer die klügsten Leute so viel und so oft, hakte immer wieder nach, bis die entsprechenden Personen zugeben mußten, daß sie falsch gehandelt hatten, und erkannten, was richtig war. Ich glaube, daß Gott trotzdem auch voraussehen kann. Aber wenn er etwas Schlechtes sieht, tut er alles, um es zu verhindern: Er setzt sich in unser Herz, ja und fragt. Wir müssen dann selbst unsere Entscheidung fällen: entweder eine gute oder eine böse.

Weißt Du, welche Geschichte dazu paßt? Sie ist aus der Bibel:

Der Turmbau zu Babel. Dort gibt Gott ja selber zu, daß er gegenüber unserem Willen nicht allmächtig ist. Als er nämlich die Sprachen der Menschen vermischt hat:

«Und der Herr sprach: Siehe, es ist einerlei Volk und einerlei Sprache unter ihnen allen, und dies ist der Anfang ihres Tuns; nun wird ihnen nichts mehr verwehrt werden können von allem, was sie sich vorgenommen haben zu tun.»

In meinem vorhergehenden Brief sagte ich, daß dieses alles wohl schon vorbestimmt war, aber so meinte ich das nicht ganz. Weil ich mich ja trotzdem eigentlich allein entschieden hatte, zur Kirche zu gehen. Da saß vielleicht gerade Gott in meinem Herzen, und er hat mich überzeugt.

Hoffentlich ist nun der Streit um meine Meinung beendet, Ihr Philosophen!!!

Ach ja, nochmal an Augustinus: Wenn es in Wirklichkeit keine Zeit geben soll, diese nur in unserem Bewußtsein existiert, warum sterben wir dann? –

Vittorio, kennst Du das Buch: Robinson Crusoe? Das lese ich im Moment.

Alles Gute, und bis bald,
Deine Nora!

Essen, den 17. April 1994

Liebe Nora!

Wenn Du wüßtest, unter welchen Entzugserscheinungen ich in den USA gelitten habe! Jeden Morgen der Gang zum Briefkasten, um zu sehen, ob denn endlich der ersehnte Brief eingetroffen sei – stets vergeblich. Und dazu noch ausgelacht zu werden von meinen Freunden, die an elfjährige Philosophinnen gar nicht glauben wollen. Nun, wenigstens konnte ich gestern abend in meinem Café auf Zustimmung stoßen; ja, man wartete schon sehr gespannt auf die neuesten Nachrichten von Nora. Alle hörten aufmerksam zu, als ich Deinen Brief vorlas; eine Weile herrschte verlegenes Schweigen. Schließlich erhob sich Augustinus und sagte:

«Nun ja, diejenigen, die an die Willensfreiheit glauben, sind eben zu diesem Irrtum prädestiniert. Also dürfen wir jedenfalls nicht zu heftig mit ihnen ins Gericht gehen (wenn sie so jung sind wie Nora, können sie ohnehin noch ihre Meinung ändern).»

«Ganz richtig, lieber Augustinus, wir dürfen nicht so heftig miteinander streiten und Gefühle und Verstand außer Kraft setzen. Denn wir alle dienen der Wahrheit, du auf deine Weise und ich – auf ihre Weise.»

Augustinus schien kurz vor einem Wutausbruch, aber ich winkte ihm mit Deinem Brief zu, da lachte er plötzlich herzlich und gab Descartes die Hand.

«Aber woher wißt ihr denn, daß es Wahrheit gibt? Und daß wir sie erkennen können? Und daß wir sie einander mitzuteilen vermögen?», fragte da ein sehr gepflegter älterer Herr in griechischer Tracht. «Ich habe bezüglich aller drei Behauptungen sehr ernsthafte Zweifel.»

«Oh», warf da Descartes ein, «was willst du denn damit sagen, lieber Gorgias? Behauptest du, daß es keine Wahrheit gibt?»

«Behaupten tue ich gar nichts, ich erwäge nur Verschiedenes. Nehmen wir aber einmal an, ich bestritte, es gebe Wahrheit.»

«Nun, dann würde ich dich ganz einfach fragen, ob diese Behauptung, es gebe keine Wahrheit, selber wahr sei. Was würdest du darauf antworten?»

«Ach, mit dieser Gegenfrage hat ein plebejischer Handwerker meiner Zeit uns schon gequält.»

«Das kann ja sein, aber die Frage wird nicht dadurch schlecht, daß sie schon ziemlich alt ist.»

«Nehmen wir einmal an, ich antwortete, der von mir behauptete Satz, es gebe keine Wahrheit, sei wahr.»

«Dann, lieber Gorgias, gäbe es ja einen wahren Satz – nämlich den, der da sagt, es gebe keine Wahrheit, dann wäre deine Behauptung widerlegt.»

«Na ja, dann sage ich eben, mein Satz sei falsch.»

«Aber wenn es falsch ist, daß es keine Wahrheit gibt, dann ist es eben wahr, daß es Wahrheit gibt. Wenn du selber deine Behauptung gleich zurücknimmst, da brauche ich dich gar nicht mehr zu widerlegen.»

«Deswegen, cher René, habe ich ja auch nur gesagt, ich behauptete gar nichts.»

«Aber wenn du nichts behauptest, wie soll ich dich dann ernst nehmen? Wie kann ich mich mit dir auseinandersetzen? Wer nichts behauptet, ist jedenfalls kein Philosoph.»

«Nun, ganz und gar nichts ist es nicht, was ich tue. Ich bezweifle einfach, daß es Wahrheit gibt, ich bestreite es nicht, d. h. ich sage nicht, daß das Gegenteil wahr ist. Und ich kann je nach Laune alles bezweifeln und dabei meine Freiheit genießen.»

«Kannst du wirklich alles bezweifeln?»

«Nun, es könnte ja ein Traum sein, daß es dich und dieses Café gibt.»

«Meinetwegen. Aber kann es auch ein Traum sein, daß es *dich* gibt? Überlege dir doch folgendes. Dein Ausgangspunkt ist, daß du zweifelst. Das heißt, daß du eine geistige Tätigkeit vollziehst.»

«Ja, das gebe ich zu.»

«Aber wenn du denkst, dann gibt es dich – cogitas, ergo es.»

«René, lieber René, ich hatte in der Schule gelernt, du habest gelehrt: cogito, ergo sum. Nun aber gebrauchst du die zweite Person!», unterbrach ich die beiden.

«Unsere reizende Nora ist daran schuld. Wenn sie schreibt, selbst Gott wollte einen Gesprächspartner haben, wie kann dann ich (der ich nicht Gott bin, sondern nur Gott beweisen will) mich ganz in mich verschließen? Vielleicht ist das Gespräch grundlegender als das einsame Nachdenken!»

Offen gestanden, war ich verblüfft – René gab hier etwas zu, was sich ganz stark von seinen sonstigen Ansichten unterscheidet, und das hattest Du mit Deiner beiläufigen Bemerkung bewirkt!

Hier schaltete sich nun Augustinus wieder ein. «Also, René, eins zu null für dich. Es gibt Wahrheit, ohne Zweifel. Aber erkennen wir sie mit der Vernunft? Oder müssen wir an sie glauben?»

«Ach», antwortete René, «wenn es so einfach wäre zu glauben: Aber wir sehen doch allenthalben Menschen, die etwas glauben, was *wir* nicht glauben, und wir können ja nicht beide gleichzeitig recht haben. Glauben muß in Wissen überführt werden.»

«Glaubst du also nicht an die Bibel?»

«Nun, ich mag ja zugeben, daß sie die Wahrheit enthält – aber was mache ich mit Menschen wie den Moslems, die nicht dieses Buch, sondern den Koran für Gottes Wort halten? Und selbst wenn wir die Bibel zur Grundlage nehmen, ist es gar nicht einfach, sie zu interpretieren. Wir brauchen also die Vernunft.»

«Aber ist nicht die Vernunft ohnmächtig ohne den Glauben?», fragte Augustinus. «Dazu möchte ich wiederum Noras Meinung wissen. Übrigens, berichte ihr, ihre Überlegung zur Zeit habe mich sehr beeindruckt. Der Tod ist ja real, auch wenn er unsere endliche Subjektivität sprengt. Eben deswegen erfahren wir stets auch nur den Tod des anderen. In der Begegnung mit anderen werden wir mit einer der wichtigsten Eigenschaften unserer selbst vertraut gemacht. Aber was nach dem Tode mit uns geschieht, darüber kann uns nur der Glauben belehren.»

«Ein passendes Wort kurz nach Ostern», mischte sich der ältere Herr in Kleidern aus dem 18. Jahrhundert und mit dem scharfen und melancholischen Blick ein, dem ich schon ein paarmal begegnet bin. «Ich selber beschäftige mich mehr mit den Sitten der Menschen als mit metaphysischen Fragen, und daher kann ich Noras erste Frage beantworten. Der Osterhase und die Ostereier haben ganz unterschiedliche Ursprünge – jener geht auf heidnische Fruchtbarkeitsvorstellungen zurück (denke daran, wie wenige Kaninchen wie schnell Australien bevölkert haben), dieser auf den mittelalterlichen Brauch, nach der Fastenzeit wieder Eier zu essen. Ist es nicht merkwürdig, daß die Vorstellungen aus vorchristlicher Zeit sich mit dem höchsten Fest des Christentums verbinden? Aber ist es nicht auch merkwürdig, daß eine Zeit wie die unsere, die sich vom Christentum ja auch sehr weit entfernt hat, Weihnachten und Ostern feiert? Wie große Flüsse ihr Süßwasser noch lange nach ihrer Mündung ins Meer mit sich führen, so halten sich Sitten aus langen Zeiten noch lange, bevor sie aussterben.»

«Hoffentlich wird das Briefeschreiben nicht aussterben», entgegnete ich, «und um dem zu wehren, werde ich nach Hause gehen und Nora schreiben» – was Du schwerlich wirst bezweifeln wollen. Herzliche Grüße

Deines
Vittorio

Lieber Vittorio!

Es tut mir leid, daß Du in den USA unter Entzugserscheinungen leiden mußtest, aber auch diesmal kommt meine Antwort nicht pünktlich an. Ich muß über Deine Fragen noch nachdenken. Aber bald wirst Du meine Antwort erhalten.

Bis bald also,
Deine Nora!

Lieber Vittorio,

vielen Dank für Deinen Brief. Nimm mir doch bitte nicht übel, wenn ich manchmal ein bis zwei Wochen über Deinen Brief nachdenken muß. Ich weiß, da wird man des Wartens überdrüssig, aber ich bin ja noch ein Kind und mir kommen die «Geistesblitze» noch nicht so schnell wie Euch klugen Philosophen. Aber ich hoffe, daß ich in Zukunft auch «schneller denken» kann!

Ach, vielen, vielen Dank für die Briefmarken! Über sie habe ich mich auch ganz doll gefreut, fast so wie über Deinen Brief. Wie viele Freunde mußt Du haben, die sogar in Norwegen wohnen! Ich habe sie schon abgelöst (die Briefmarken, nicht die Freunde) und in mein Album getan. –

Bei dem Gespräch mit Gorgias wäre ich aber gerne dabeigewesen! Ich stehe wohl wieder auf Seiten Renés.

Da hat es René dem Gorgias aber deutlich gezeigt: Es muß Wahrheit geben, wie er sich auch dreht und wendet! Denn wenn es keine Wahrheit gäbe, hätten wir Menschen kein Ziel, und es wäre wirklich alles nur ein Traum. Und das habe ich ja abgestritten. Für mich gibt es Wahrheit! Ich glaube, Platon hätte ähnlich protestiert wie René. Denn bei ihm ging es ja (das Leben) gar nicht ohne Wahrheit, denn die ewigen Ideen sind ja wahr. Weißt Du, man merkt, daß Gorgias kein Philosoph, sondern ein Sophist ist.

Denn sonst hätte er «Liebe zur Weisheit». Genau wie die Vernunft und der Glauben: Ein guter Philosoph hat beides – Gorgias nur die Vernunft. Ihm fehlt der Glaube, und somit sein Ziel. Die Vernunft baut auf dem Glauben auf. Denn ohne den Glauben hätte die Welt nichts, an dem sie sich festhalten könnte. Dann wäre sie kalt und leblos. Man hätte für keine Phantasie mehr Zeit: Das wäre Zeitverschwendung und demnach unvernünftig. Das meinten ja auch die grauen Männer bei Momo. Oder? Auch würde man wahrscheinlich bald wieder Sklaven anschaffen, das könnte man vernünftig nennen. Aber dabei würden die Menschenrechte verletzt, die man nur mit dem Glauben an die wahre Gerechtigkeit schützen kann.

Folglich: Die Vernunft ist zwar sehr wichtig, aber ganz ohne den Glauben kann sie gefährlich werden. –

Hoffentlich bist Du nicht traurig, daß dieser Brief nun so kurz wurde, obwohl Du solange auf ihn warten mußtest.

Als Trost habe ich Dir einen kleinen Aufsatz aufgeschrieben, den ich am 10. September 1993 in mein Essay-Buch geschrieben habe:

Die Welt-Plantage

Ist nicht die Welt eine große Plantage,
auf der wir Menschen arbeiten,
um die Frucht des Lebens, Liebe und Freiheit zu bekommen?
Hoch oben hängen die Früchte,
hoch oben auf großen Bäumen.
Immer wieder versuchen wir hinauf zu klettern,
um sie zu holen.
Aber immer wieder rutschen wir ab.
Und wenn wir einmal ganz hinauf gekommen sind,
so nagt meistens ein Wurm an den Wurzeln, und die Frucht,
der wir am nächsten sind, fällt ab,
und wird ungenießbar.
Dieser Wurm lockt andere Würmer an,
zeigt ihnen, wie sie nagen müssen,
denn sie verstehen die Früchte nicht. –

Aber irgendwann werden sie verstehen
und wir werden nicht mehr abrutschen.

Dann sind wir von der Arbeit erlöst. –

– Im Augenblick lese ich Robinson Crusoe. Immer noch!

Viele Grüße,
Deine Nora!!!

P.S.: Sag den Philosophen im Café, daß ich einen von ihnen mal wieder treffen möchte. Wer, ist egal! Er muß nur
interessant sein.

Essen, den 3. Mai 1994

Liebe Nora!

Du brauchst Dich doch nicht zu entschuldigen, daß Du
Dir Zeit läßt mit Deinen Antworten! Auf ihre Qualität
kommt es an, nicht auf das Tempo. Ganz im Gegenteil
bewundere ich Deine Gelassenheit, da ich selber häufig
der Versuchung nachgebe, zu schnell zu schreiben und
überhaupt Dinge zu erledigen. In der Philosophie aber
läßt sich nichts forcieren, sondern alles wächst gemächlich.

Du schreibst, Du möchtest einem Philosophen begegnen. Nun, ich glaube, zumindest wirst Du von einigen
meiner Freunde beobachtet. (Das ist allgemein ein Fehler von uns Philosophen, daß wir uns rein beobachtend
zur Welt verhalten und selten an ihr wirklich, handelnd
teilnehmen.) Denn als Du Deinen Brief schriebst, muß
Dir jemand über die Schulter geguckt haben – er war mir

jedenfalls schon bekannt, bevor ich ihn las! Wieso?, fragst Du überrascht. Nun, ich war am Wochenende unterwegs (nicht nur schreibe ich, ich reise auch zu viel); als ich umstieg in einen neuen Zug, trat ich in ein leeres Abteil. Ich wollte eigentlich gar nicht schlafen, aber ich muß doch etwas eingenickt sein, denn plötzlich blickte ich auf und sah am anderen Ende des Coupés zwei Herren sitzen, die sich angeregt miteinander unterhielten. Ich war verwirrt, denn ich hatte niemanden eintreten sehen, und das Abteil war ganz gewiß leer gewesen, als ich in den Zug stieg. Die beiden Herrschaften schienen mich nicht wahrzunehmen, und ich wäre wieder eingeschlafen, wenn ich nicht plötzlich gehört hätte, wie der eine der beiden, ein großer, ernst und traurig blickender Mann, sein Gegenüber, einen *sehr* kleinen älteren Herrn (ich glaube, Du bist größer als er) mit unverhältnismäßig großem Kopfe, der klar und heiter in die Welt schaute, anredete.

«Nein, Immanuel, unsere Nora hat doch recht. Mit der Vernunft alleine ist es nicht getan. Dieses furchtbare Jahrhundert, aus dem ich mich, Gott sei Dank, rechtzeitig ausgeklinkt habe, zeigt doch, wie vollkommene Rationalität und die schlimmsten Verbrechen Hand in Hand gehen. Wie kann man nur die Vernunft so überschätzen.»

«Max, lieber Max», entgegnete das Männlein, «wir haben nicht denselben Vernunftbegriff. Wenn Nora meint, die Sklaverei sei mit der Vernunft verträglich, kann ich nur heftig widersprechen. Die praktische Vernunft verbietet die Sklaverei! Die praktische Vernunft ist die Grundlage der Menschenrechte!»

«Aber warum sollte es denn unvernünftig sein, jemandes Arbeitskraft systematisch auszunützen, wenn man einen bestimmten wirtschaftlichen Zweck erreichen will? Gewiß, wenn der Sklave faul ist und auch mit Prügeln nicht viel zu erreichen ist, mag freie Lohnarbeit effizienter, nützlicher sein. Doch das hängt ganz von den Umständen ab. Ich kann mir Bedingungen denken, unter denen Sklaverei rationaler ist.»

«Rational bedeutet bei dir offenbar, daß etwas als *Mittel* geeignet ist, einen bestimmten Zweck zu erreichen. Aber für mich besteht die Vernunft nicht nur darin, die Angemessenheit von Mitteln zu Zielen zu bewerten, sondern in der Beurteilung von Zwecken. Praktisch-vernünftig ist es, wenn du so handelst, daß du die Menschheit in dir und anderen als Selbstzweck achtest, und das geschieht in der Sklaverei eben nicht.»

«Aber warum soll ich den anderen denn achten?»

«Nun», hier lächelte Immanuel abgründig, «wenn du eine Antwort erwartest, die etwa sagt, weil das langfristig in deinem Eigeninteresse ist, so irrst du dich. Damit würdest du die Sphäre der praktischen Vernunft, d.h. der Moral gerade verfehlen. Denn die Moral ist Selbstzweck; sie dient keinen anderen Zwecken. Man soll nicht moralisch handeln, um von anderen respektiert zu sein, nicht, um in den Himmel zu kommen, sondern weil es eben moralisch ist. ‹Handle moralisch› gilt unbedingt, ist ein kategorischer Imperativ.»

Max schwieg ziemlich lange, dann sagte er: «Also dieser kategorische Imperativ ist etwas Absolutes; und er ist schwer unserer Zeit zu vermitteln, die nichts Absolutes anerkennt. Aber wenn du recht hast, kann es ohne Absolutes auch keine Moral geben.»

«Genau», erwiderte Immanuel, «auch wenn dieses Absolute nicht in einem Jenseits ist, sondern in uns, gleichsam unseren Kern bildet.»

«Ich bin ja eigentlich Soziologe», entgegnete Max, «d.h. ich beschäftige mich nicht so sehr mit dem, was wahr ist, sondern mit dem, was Menschen für wahr halten. So fällt es mir einfach auf, daß wir beide so unterschiedliche Vernunftbegriffe haben. Für dich wie für deine Vorgänger ist Vernunft etwas Positives, was die Moral (das, was Nora ‹Glauben› nennt) nicht ausschließt, sondern einschließt. Für mich bewegt sich Rationalität primär im Bereich der gut ausgewählten Mittel. Was ist passiert in der europäischen Geschichte, daß sich ein so grundlegender Begriff wie Vernunft so radikal ändern konnte?»

Da ging die Tür zum Abteil auf, und ein Mann in alemannischer Bauerntracht und dem gleichzeitig tiefen und listigen Blick eines verschlagenen Dörflers rief hinein: «Der Triumph der Technik! Seitdem die Technik unser Leben so verändert, hält man die technische Rationalität für die Vernunft. Wie kann das ursprüngliche Denken noch bestehen, wenn alles um uns technisch verzaubert wird?»

«Ach, Martin», meinte Max, «diese Verzauberung durch die technischen Apparate ist gleichzeitig eine Entzauberung: Die Welt verliert ihr glitzerndes Geheimnis, das sie früher hatte. Als man noch Sagen erzählte und an Märchen glaubte, mögen Angst und Schrecken die Menschen gequält haben; aber heftige Leidenschaften sind besser als die Gleichgültigkeit, die die mechanische und leblose Welt heute bestimmt.»

«Aber du kannst ihr nicht entrinnen», lächelte Martin bösartig, «ein Geschick treibt uns, und aus fahrenden Zügen kann man nicht springen.»

«Die Rede vom Geschick ist selbst ein Märchen», warf Immanuel ärgerlich ein, «und Nora spricht zu Recht davon, daß auch die Würmer einst zur Einsicht kommen werden und uns dann die Früchte nicht mehr entgleiten. Die Phantasie der Kinder, die in ihrem Herzen spüren, daß es unbedingte moralische Pflichten gibt, kann uns noch Auswege aufweisen, von denen wir nicht wissen.»

«Oh», stöhnte Max, «wenn du nur recht hättest. Aber

dieser Zug, der die moderne Kultur treibt, ist nicht zum Halten zu bringen. In ihm können wir uns bewegen, im Speisewagen können wir uns verwöhnen lassen, durch das Fenster genießen wir die Landschaft – aber aussteigen können wir nicht, die Welt außerhalb können wir nicht berühren. Selbst die Fenster dieses Zuges lassen sich nicht öffnen.»

Da wurde es mir aber doch zu bunt. «Meine Herren, jetzt reicht's!», rief ich – und zog die Notbremse. Der Zug hielt ganz scharf, es schleuderte mich nach vorn, und als ich wieder auf den Beinen stand, war ich ganz alleine im Abteil: Meine Reisegefährten hatten sich verflüchtigt. Doch bald kam ein Schaffner, der mich barsch fragte: «Warum haben Sie die Notbremse gezogen?»

«Nun, ich wollte den drei Herren zeigen, daß der Zug durchaus zum Halten gebracht werden kann …»

«Welchen Herren?»

«Sie sind weg und haben keine Spur hinterlassen.»

«Sie wollen mich wohl auf den Arm nehmen?»

Der Schaffner war sehr zornig, und es blieb mir nichts anderes übrig, als eine saftige Strafe zu zahlen. Ich begann, an meinem Verstand zu zweifeln, bis ich dann Deinen Brief las und den Eindruck hatte, mich zu erinnern – manches kannte ich schon, und daher kann mein Zugerlebnis kein bloßer Traum gewesen sein.

Herzlich grüßt Dich
Dein
Vittorio

Lieber Vittorio,

vielen Dank für Deinen Brief. Jetzt schreibe ich schon
wieder so spät; gut, daß es Dir nichts ausmacht.
Dein Brief war aber spannend. Wie kamen bloß die
drei Männer in Dein leeres Abteil!? Wenn es ein Traum gewesen wäre, hättest Du sie ja nicht so «vernünftig» miteinander sprechen hören können. Erinnern kann man sich
ja an einen Traum. Ich hatte auch mal einen Traum, in
dem plötzlich jemand sagt: Manchmal sucht man etwas,
und dann ist es gar nicht da, wo man es sucht, sondern
ganz woanders! Das paßt jetzt zwar nicht so gut, aber ich
erinnerte mich gerade daran. Kant sagte ja auch, daß man
mit manchen Fragen hinter den Grenzen unserer Vernunft
operiert. Zum Beispiel mit der Frage: Gibt es einen Gott?
Das ist ja außerhalb von Raum und Zeit, und deshalb
können wir die Frage zwar stellen, sie aber nie beantworten. Vielleicht sucht man Gott manchmal auch da, wo er
nicht ist. – Aber das ist ja nicht das Thema. Ich glaube, ein
bißchen habe ich Kants Vernunftsverstand verstanden.
(Leider handeln zu wenig Menschen nach der Moral.)
    Mir hat sich da eine Frage gestellt: Wenn Kant alle mo-
ralischen Sitten, wie Gut und Böse zu unterscheiden, der
Vernunft zuschreibt und den Glauben für angeboren oder
eigenständig bezeichnet, wofür ist dann noch die Seele
wichtig? Genießt sie die Folgen von der moralischen Tat,
kann man mit der Seele genießen oder Trauer empfinden? –
    Lieber Immanuel, wenn man moralisch denkt, glaubt
man dann nicht auch? Denn woher sollte das Absolute
kommen, wenn nicht von Gott?
    Denn irgendwann muß dieses «Absolute» entstanden
sein, bevor wir Menschen waren. Vielleicht ist dieses
«Absolute» sogar selber ein Teil von Gott. Wenn man

sein «Absolutes» also anerkennt, dann muß man doch eigentlich auch glauben. Ist dann nicht doch der Glaube vor der Vernunft? –

Mein Aufruf an die Philosophen, mich mal wieder aufzusuchen, hat wohl gewirkt, denn ich habe wieder einen von ihnen getroffen:

Am Wochenende waren wir in einem kleinen Kurort im Hessischen. Dort feierten wir die Taufe und Konfirmation meiner Cousine. Von dort war man nach ungefähr fünf Schritten im Wald, wo natürlich viele Bäume, aber auch Seen, Blumen und Sträucher waren. Leider war aber auch eine Autostraße in der Nähe. Sie war zwar klein, aber immerhin. Man konnte dort wunderschön spazierengehen, das war natürlich für unseren Hund gut. Als wir also beim Festessen saßen, sagte ich zu Papa: «Papa, ich glaube, der Hund muß mal hinaus!»

«Na gut», sagte er (Papa), «dann geh du mal mit ihm, aber beeil' dich!»

Und so ging ich in den Wald, mit unserem Hund. Ich ging etwas weiter, zu einem kleinen See. Dort stand eine Bank in der Nähe. Hier war alles so schön, daß ich mich setzte, um die Natur zu genießen. Als ich so dasaß, bemerkte ich plötzlich, daß da noch jemand neben mir saß. Seltsam, den hatte ich doch vorher nicht gesehen! Es war ein Mann mit betrübtem Gesicht. Ich erinnerte mich an das Gesicht, konnte aber nicht herausfinden, wem es wohl gehörte.

Schüchtern sagte ich: «Guten Tag, ich heiße Nora. Sie erinnern mich an einen Mann, aber ich weiß nicht, an welchen. Dürfte ich um Ihren Namen bitten?»

«Natürlich, Nora, ich bin Max Weber.»

«Ach, Max! Du bist das also. Woher kommst du denn?»

«Das ist doch unwichtig! Wichtig ist, daß ich da bin.»

«Oh, ich bin ja noch einer der lebendigen Lebenden und somit wohl zu sehr an das Kausalgesetz gebunden.»

«Ja. Woher kennst du mich denn, Nora?»

«Von Vittorio Hösle habe ich eine Beschreibung bekommen. So konnte ich mich an dich erinnern.»

«Ah, Hösle, ja, ist das nicht der Mann, der vor kurzem die Notbremse gezogen hat?»

«Ja, das ist er. Er dachte, er säße im Zug der Technik. Deshalb hat er die Notbremse gezogen.»

«Gut, daß man in diesen Zügen Notbremsen ziehen kann. Ich glaube, das kann man im Zug der Technik nicht. Denn bestimmt kämen wieder Schaffner, die meinten, man habe die Notbremse völlig unnötig gezogen. Es müßten vorher alle davon überzeugt sein, daß man die Notbremse ziehen muß. Und das kann man nicht. Es wird immer ‹Würmer› geben, bis zum Ende der Welt.»

«Und ich glaube, daß du zu pessimistisch bist, Max. Warum glaubst du nicht an die Menschen? Ihnen wurde doch die Moral und ein Glauben gegeben. Natürlich muß man versuchen, die Bremse zu ziehen! Aber das Problem ist doch, daß die Technik auch gut ist. Sie hat nicht nur Böses an sich. Zum Beispiel käme man doch ohne Schiffe, Eisenbahnen und Flugzeuge gar nicht in andere Länder. Und das muß manchmal schnell geschehen oder ist sehr wichtig. Ohne Technik hätte es auch die Naturwissenschaft nicht so weit bringen können. Die Medizin läge auch sehr im Rückstand, und Krankheiten, so wie Krebs, wären so gut wie gar nicht zu lindern. Vielleicht muß man den Zug umlegen, ich meine seine Schienen. Dann würde er doch nicht auf den Abgrund zufahren.»

«Ach, ich weiß nicht recht. Ob das auch alle ‹Computer-Freaks› wollen, weiß ich nicht. Das Ende der Welt wird kommen, schneller als wir glauben!»

«Wenn wir aber an Platons Ideenlehre glauben, dann wird die Welt doch nicht untergehen. Denn die Idee der Welt ist ja ewig! Dann wirft sie ja auch weiterhin Schatten. Vielleicht müssen wir dann von vorne wieder beginnen.»

«Ja, da kannst du recht haben», meinte Max, und ich glaubte, sein Gesicht habe sich etwas entspannt.

«Oh», rief ich da, «ich muß schnell gehen, so lange wollte ich doch gar nicht bleiben. Auf Wiedersehen, Max, auf Wiedersehen!»

«Auf Wiedersehen!»

Und dann lief ich schnell nach Hause. Hoffentlich habe ich Max mit unserem Gespräch ein wenig getröstet. –

Weißt du, Max, es ist ja auch noch Zeit. Denn noch nicht überall ist Technik. Denk doch nur an den schönen Wald. Wir sollten nur die Autostraße in der Nähe noch mehr verkleinern. Ich glaube, das reicht. – Jetzt ist Mama ja zur Kur. Deshalb mußte ich Dir den Brief schicken. In «Sofies Welt» lese ich jetzt alleine weiter. Kant habe ich schon abgeschlossen. Jetzt kommt die Romantik mit Rousseau und Kierkegaard.

Bis bald,
Deine Nora

Essen, den 24. Mai 1994

Liebe Nora,

als ich, über Deinen Brief, für den ich vielmals danke, nachdenkend, am Pfingstsonntag im Gottesdienst saß, hatte ich ein merkwürdiges Erlebnis. Vor mir saß ein Mann mit hängenden Mundwinkeln, großer Nase und tiefem Blick in einer Kleidung, die ich dem Anfang des letzten Jahrhunderts zugeordnet hätte. Er kam mir sehr bekannt vor, und verstört fragte ich flüsternd meinen

Nachbarn, wer denn da vor uns in der Reihe säße. «Da sitzt doch niemand», zischte er zurück und schaute mich komisch an. Hm, dachte ich mir, jetzt geht es mir umgekehrt wie mit den dreidimensionalen Bildern, die heute so populär sind. Da ist es mir nicht gelungen, die dritte Dimension zu schauen, jetzt gelingt es meinem Nachbarn nicht, diese geistdurchdrungene Erscheinung zu erblicken, die sich gleichsam in einer anderen Dimension bewegt.

Nach dem Gottesdienst folgte ich ihm unauffällig, und siehe da – er ging in Richtung auf das Dir längst schon bekannte Café. Kurz davor erkannte ich ihn – ein Bild von ihm hängt ja an meinem Bücherschrank: Natürlich, es war Hegel. Klar, an Pfingsten, dem Fest des Heiligen Geistes, geht selbst er in die Kirche. Ich holte ihn an der Türe des Cafés ein, stellte mich als einen seiner Bewunderer vor und zeigte ihm Deinen Brief. Wir traten ein, das Café war fast ganz leer, nur an einem Tischchen hinten in einer Ecke saß ein junger Mann, schmal, zart, fast mädchenhaft, mit großen Augen und einem dünnen Kinn.

«Ein Brief von Nora?», rief er gleich.

«Ja, Søren, ja, nur nicht so ungeduldig», entgegnete Hegel und las zuerst selbst Deinen Brief zu Ende, bevor er ihn weiterreichte.

«Woher kennst du denn Nora?», fragte ich Søren überrascht.

«Nun», lachte er, «ich beschäftige mich ja gerne mit mir selber, und wenn das etwas langweilig geworden ist, beschäftige ich mich eben auch mit denjenigen Leuten, die sich mit mir befassen. Daher sitze ich montags gerne in deinem Kierkegaard-Seminar (du siehst mich nicht, aber ich bin trotzdem da, denn das Innere ist ja nicht das Äußere)» – dabei schaute er ernst und herausfordernd Hegel an – «und da Noras Mutter mich ja meist verteidigt gegen Hegelianer, Marxisten und Sozialarbeiter, sitze ich oft neben ihr, und da sie dir Noras Briefe nach dem Seminar überreicht und schon auf dem Pult liegen hat, lese ich sie meistens schon vor dir. Nun, du brauchst nicht eifersüchtig zu werden, denn wenigstens den letzten Brief hast du ja mit der Post erhalten, weil Noras Mutter im Kurhaus ist – also den kenne ich noch nicht.»

Søren zog sich mit dem Brief zurück, und so konnte ich Hegel fragen: «Also, Wilhelm, wie verhalten sich Gott und das Absolute?»

«Nun, sie sind natürlich dasselbe; ich gebrauche lieber das Wort ‹das Absolute›, aber meine damit, was kluge Gläubige ‹Gott› nennen. Gott ist der letzte Grund, und wenn das Sittengesetz etwas Unbedingtes ist, dann ist es selbst etwas Göttliches, ein Teil Gottes. Oder man kann auch sagen, Gott ist selbst unbedingt moralisch.»

«Also Gott und die moralische Ordnung hängen zusammen. Aber sage mir, ist etwas moralisch, weil Gott es will, oder will Gott etwas, weil es moralisch ist?»

«Nun, Gott kann nur das Moralische, das Geistige wollen.»

«Aber dann besteht ja das Moralische unabhängig von Gottes Willen», rief aus dem Hintergrund Søren. «Du zerstörst damit Gottes Allmacht.»

«Aber wenn etwas gut ist, nur weil Gott es will, dann könnte Gott auch Schreckliches befehlen, und es wäre gut.»

«Hat er doch auch getan», antwortete Søren wieder, «denke an die Geschichte von Abraham und Isaak. Ist es nicht unmoralisch, ein unschuldiges Kind zu opfern? Und doch hat Gott das Abraham befohlen!»

«Also wenn mir Gott beföhle, Nora zu opfern, würde ich es nie tun», rief ich dazwischen. (Dagegen kannst Du ja wohl nichts sagen, oder was sollte ich tun, Nora?)

«Immerhin bedenkt, daß Isaak am Ende ja gar nicht

getötet wurde», sagte Hegel, «vielleicht wollte Gott Abraham nur prüfen – und vielleicht hätte er die Prüfung sogar noch besser bestanden, wenn er am Anfang gesagt hätte: Lieber Gott, alles was recht ist, aber ein unschuldiges Kind zu töten, das kannst du nicht ernsthaft wollen, also muß ich dich eben mißverstanden haben.»

«Nein», warf Søren ein, «der Glaube geht über die Vernunft. Die praktische Vernunft mag Kindestötung verbieten, aber der Glaube weiß, daß das, was der Vernunft widerspricht, wahr oder Gottes Wille sein kann.»

«Der Glaube kann doch der Vernunft nicht widersprechen», wiederholte Hegel. «Vielleicht hat der Glaube Einsichten, die der Vernunft verschlossen sind, aber ihr widersprechen kann er nicht. Denn dann gäbe es ja eine doppelte Wahrheit, eine solche der Vernunft und eine solche des Glaubens, und das ist absurd.»

«Credo quia absurdum», trällerte Søren.

«Was machst du denn mit Menschen, die einen anderen Glauben haben?», fragte ich ihn.

«Nun, sie irren eben.»

«Aber woher weißt du denn, daß *du* nicht irrst?»

«Mein Glaube sagt es mir.»

«Aber der Glaube der anderen, etwa der Moslems, sagt es ihnen doch auch.»

«Eben», schaltete sich Hegel wieder ein, «wir brauchen eine Instanz jenseits der verschiedenen Glaubenssysteme, die es uns gestattet, miteinander zu reden, und das ist die Vernunft.»

«Wie wahr!» rief plötzlich ein Herr mit Turban, der aus dem Nahen Osten zu stammen schien und in der Zwischenzeit eingetreten war. «Die einzelnen Religionen sind Abbild der einen Wahrheit, die im Prinzip durch die Vernunft erkannt werden kann. Aber da leider die Menschen nicht so vernünftig sind, wie wir uns das wünschen, kann man auf die verschiedenen Religionen nicht verzichten, auch wenn sie leider oft zum Haß gegeneinander aufstacheln. Ich bin selbst aufgeklärter Moslem (Alfarabi heiße ich), und als solcher kann ich mich mit aufgeklärten Christen, Juden und anderen sehr gut verstehen. Doch wenn sich jemand auf seinen Glauben versteift und gegen die Vernunft opponiert, wird es schwierig, mit ihm zu reden.»

«Aber nach euch furchtbaren Rationalisten», meldete sich Søren wieder, «gibt es doch nur eine einzige Vernunft, diejenige Gottes, an der wir teilhaben. Wo bleibt da die Seele, die doch stets individuell ist und mich von anderen unterscheidet? Es mag sein, daß bestimmte Erkenntnisse allgemeingültig sind, aber wie ich sie empfinde, sie interpretiere, bleibt doch stets meine eigene Sache. Auch wenn es objektive Wahrheit gibt, *ich* bin es doch, der sie mir aneignen muß.»

«Wir wollen nicht ausschließen», räumten Alfarabi und Hegel ein, «daß bei uns die einzelne Subjektivität zu kurz kommt. Aber bei dir, lieber Søren, kommt die objektive Wahrheit zu kurz – und wenn es nicht Ideen gibt jenseits unserer Seele, dann könnten wir einander gar nicht verstehen, sondern jede Subjektivität wäre in sich verschlossen, ohne Fenster zur Welt und zum anderen.»

«Ein Fixpunkt, den wir haben, ist, daß wir einander verstehen; selbst wenn wir einander mißverstehen, *verstehen* wir ja nach einer Weile, daß wir einander nicht verstanden haben und können einen erneuten Anlauf versuchen. So glaube ich», schloß ich ab, «daß ich Nora durchaus verstehe und daß sie eure Gespräche versteht, auch wenn es ein langer Prozeß ist, bis wir uns endgültig finden. Aber wenn Nora Max beglücken konnte mit ihrem ausgewogenen Urteil zum Menschen und zur Technik, dann ist im Prinzip Verständnis möglich – auch über große Alters- und Zeitabschnitte hinweg. Denn es gibt eine Welt der Ideen, die allen Menschen zugänglich ist, und über sie können wir miteinander kommunizieren. Wenn es sie nicht gäbe, freilich, dann könnten wir nicht mehr miteinander reden … und ich könnte nicht mehr Nora schreiben, was ich doch so gerne tue, natürlich in Erwartung ihrer Antwort!»

Herzlich grüßt Dich
Dein
Vittorio

Lieber Vittorio,

vielen Dank für Deinen Brief. Ich habe mich ganz doll über ihn gefreut; und trotzdem komme ich erst jetzt dazu, Dir zu antworten. Weißt Du, in letzter Zeit hatte ich so viele Proben von dem Musical, das unsere Schule aufführt, Vorspiele und noch drei letzte Klassenarbeiten, daß ich nicht dazu kam, Dir schon vorher zu schreiben. Ich hoffe, daß Du nicht böse bist.

Ich habe Dir aber dafür eine Eintrittskarte und zugleich eine Erklärung des Musicals beigelegt. So kannst Du Dir ein wenig drunter vorstellen. Machiavelli (oder Mac) habe ich jetzt auch ein kleines bißchen kennengelernt. Er kam ja in dem Stück vor. Ich weiß nicht recht, ob er mir gefällt. Aber ich habe ja erst wenig von ihm gehört. Ich warte also gespannt auf Deinen Brief, ob Du ihn vielleicht das nächste Mal triffst. –

Jetzt zu Deinem Brief:

Zu Hegel habe ich eine Frage: «Lieber Herr Hegel. Können Sie beten?! Denn Ihrer Meinung nach ist Gott doch keine richtige Person, oder? Und zu einer ‹Substanz› kann man doch nicht reden! Vielmehr kann man sie nur sachlich beurteilen. Aber man betet doch nicht zu ihr. Trotzdem will ich Sie das fragen. Es könnte ja sein, daß Sie das anders sehen.»

Ihr habt ja besprochen, ob Gott moralisch ist, denn sonst gäbe es ja zwei absolute Dinge. Einmal Gott und einmal das Moralische. Das geht ja nicht. Vielleicht hat Gott auch die Freiheit der Menschen im Sinn. Und die können wir nur erlangen, wenn wir nach Gott oder dem Moralischen handeln. Denn wenn wir die Freiheit anders erkämpfen, z. B. mit viel Morden, so daß die Feinde um einen herum verschwinden, dann wären wir immer noch nicht frei, weil wir nämlich ein Fünkchen von Gott und dem Moralischen in uns tragen. Dieses Fünkchen würde uns mit schlimmem Gewissen plagen: Dann wären wir auch nicht frei.

Gott handelt auch immer moralisch! Und er befiehlt nur Gutes, denn Isaak wurde ja gar nicht getötet, Søren! Im Gegenteil: Als Abraham und Isaak auf dem Berg waren, hat Gott Abraham ausdrücklich befohlen, daß er Isaak auf keinen Fall, dafür aber den Widder, der in der Nähe war, opfern sollte. Gott wollte nämlich ganz und gar nicht, daß es Kinderopfer (Menschenopfer) gibt. Du kannst also ganz beruhigt sein, Vittorio, Gott wird Dir bestimmt nicht befehlen, mich zu opfern. Jetzt wäre es ja auch völlig unsinnig, da man in der heutigen Zeit weder Kinder noch Tiere opfert. – Dieses Beispiel war ja eigentlich für alle Menschen gedacht. Es entspricht dem Moralischen, also der Vernunft. Für alle Menschen ist klar, daß Menschenopfer verboten sind. Wie ein einzelner aber die Geschichte auffaßt oder ob er sie glaubt, ist ihm überlassen.

Für die Allgemeinheit scheint die Vernunft wichtiger, für den einzelnen der Glaube. Denn nur mit der Vernunft kann man sich verständigen und untereinander Regeln verbinden.

Jetzt ist Mama wieder da! Sie war ja auch schon am
Montag bei Dir im Seminar. Ob da wohl auch Kierkegaard neben ihr saß? Na ja, auf jeden Fall konnte er meinen Brief da nicht heimlich lesen, er war ja noch nicht fertig. Vielleicht liest er ihn morgen?!

Bald fahren wir zwei Wochen weg. Wir fahren nach
Italien (= Dein Geburtsland) an die ligurische Küste in die
Cinque Terre. Dahin sind wir in den letzten Sommerfe-
rien auch gefahren. Da ist es wirklich ganz, ganz toll!!!

Wer weiß, vielleicht treffe ich da einen von den Philosophen.

Am Dienstag bekomme ich mein Zeugnis. In Latein
bekomme ich eine 2. Das weiß ich schon.

Bei «Sofie» sind Mama und ich bei Hegel. Allein habe
ich ihn nämlich nicht ganz verstanden.

Bis bald,
Deine Nora!

P.S.: Auf dem Rückzettel ist meine 1. Veröffentlichung:

Die Kobra

Da liegt die Schlange in ihrem Kasten aus Glas,
er wurde genau bemessen:
Ein Meter fünfzig ist sein Maß;
gerade hat die Kobra gefressen.
Sie konnte ihr Futter leicht erlangen:
Hier darf man als Schlange nicht selber fangen.
Sie zischt nicht wie in freier Natur,
sie liegt da nur.
Ihre Zähne sind von Gift ganz leer.
Drum ist sie keine richtige Schlange mehr.
Sie weiß nicht, wie man richtig fangen muß,
hat keine Angst vor einem Jägerschuß.

Sie weiß auch nicht, wie schön der Urwald ist;
kennt nur noch ihren Kasten,
der ein Meter fünfzig mißt.

(Das Gedicht habe ich in der 5. Klasse geschrieben. Vor
ein paar Tagen wurde es in unserer Schulzeitung veröffentlicht.)

P.P.S.: Fährst Du auch weg in den Ferien?

Auf dem Weg nach Jena, 22. Juni 1994

Liebe Nora,

Dein Brief war wieder eine ganz große Freude für mich,
zumal ich ihn gestern abend, von Köln zurückkehrend,
vorfand, wo ich gerade über Kierkegaard und Hegel einen Vortrag gehalten hatte – hätte ich Deinen Brief schon
gekannt, wäre mein Vortrag viel besser geworden, denn
alles, was Du sagst, hat mir sehr eingeleuchtet. Ich danke
Dir auch herzlich für die Eintrittskarte zu Cooltour – es
ist wirklich schade, daß meine Reisen es mir nicht erlaubt
haben, eine Aufführung zu sehen. Sie hätte mir sicher viel
Spaß gemacht, nicht nur, weil Mac dort auftritt, sondern
weil es offenbar dabei um letzte persönliche Stellung-
nahmen zu moralischen Werten geht; und Dich auf der
Bühne zu sehen, hätte mir große Freude bereitet.
     Allerdings habe ich eine Frage an Dich: Wie, auf wel-
che Weise existieren die Personen eines Theaterstückes?
Ich meine natürlich nicht die Schauspieler, sondern die
Personen, welche die Schauspieler darzustellen suchen.
Verhältnismäßig einfach ist die Frage zu beantworten,
wenn Ihr Menschen spielt, die einmal wirklich existiert

haben (wie Mac); aber in manchen Theaterstücken kommen ja auch Gestalten vor, die nicht real waren – etwa Katharina in «Der Widerspenstigen Zähmung», die Du neulich gesehen hast. *Ist* sie? Oder *ist* sie nicht? Und wie ist es mit jenen Gestalten, die von einem Dichter ersonnen werden und Eingang in die ersten Szenen eines Stückes finden, das er nie vollendet? Da ich glaube, daß Du einmal eine große Schriftstellerin wirst, daß Du aber nicht alles abschließen wirst, was Du anzudenken beginnst, mache ich mir Sorgen um alle geistigen Fehlgeburten, die Du hervorbringen wirst.

Als ich Dein Gedicht über die Kobra las, das sehr schön ist, verstand ich endlich eine merkwürdige Erfahrung, die ich vor einigen Wochen hatte. Wie Du weißt, habe ich Deine Mama im Kurhaus an der Nahe besucht. Wir spazierten am Fluß entlang, da sahen wir plötzlich einen Kahn flußaufwärts fahren. Er wurde gerudert von einem Mann mit großem Kopf, nachdenklichen Augen und einem roten Hut, wie ihn Kardinäle tragen. Er näherte sich dem Ufer, band sein Schiff an einen Baum und stieg an Land. Er setzte sich auf einen Stein und schnitzte aus einem Rohr eine Flöte. Er begann sie zu spielen und dann geschah etwas ganz Merkwürdiges: Eine Kobra begann zu der Musik heranzuschleichen, ihre Haube zu heben und zu tanzen. Aber das erkannte ich erst nach einer Weile – denn die Kobra schien aus Glas zu sein, durchsichtig, nicht eigentlich materiell, und man mußte sehr genau hingucken, bis man an den Lichtreflexen erkannte, daß es sich um eine Kobra handelte. Das Unheimlichste aber war, daß die Kobra nur aus (gläsernem) Kopf und Schwanz bestand; es gab keinen Mittelteil. Deine Mutter und ich waren ganz verblüfft; schließlich fragten wir den Mann, was er denn da mache.

«Nun, ich habe zunächst einmal unseren Schöpfer nachgeahmt», antwortete er, «und etwas geschaffen, was in der Natur nicht vorkommt. Pflanzen und Tiere gibt es seit Urzeiten, aber Flöten machen wir Menschen – wir schaffen damit etwas Neues, erweitern den Seinsbestand. Ihr denkt wohl, das Sein sei immer schon festgelegt? Nein, ganz und gar nicht, wir vermehren das Sein durch unsere handwerklichen und technischen Leistungen. Aber Flöten etwa haben eine Form und Materie. Viel faszinierender ist es, wenn die Dichter und Künstler etwas Neues schaffen – denn bei ihren Gebilden kann man nicht immer von Materie sprechen. Diese Kobra ist keine natürliche Kobra; sie ist die Kobra in einem Gedicht, das ein kleines Mädchen letztes Jahr verfaßt hat. Aber bisher existiert sie nur im Kopf, vielleicht in einem Heft des Mädchens – sie ist noch nicht in die öffentliche Welt hinausgetreten, und deshalb fehlt der Mittelteil. Aber ich habe den Verdacht, daß sich das bald ändern wird – wenn dieses Gedicht veröffentlicht werden wird, wird sich die Seinsweise unserer Kobra wandeln. Sie bleibt zwar wie aus Glas, aber sie ist dann vollständig da, während sie jetzt in einem furchtbaren Schwebezustand zwischen Sein und Nicht-Sein sich befindet.»

«Das ist seltsam», antwortete deine Mutter. «Aber auch du bist seltsam mit deinem breiten Hut und deinem Bart. Wo kommst du denn her?»

«Ich bin an der Mosel zu Hause, und den Hut hat mir der Papst vor langer, langer Zeit verliehen. Ich jage nach Weisheit und versuche, Gott zu schauen.»

«Aber wie stellst du das an?», fragte ich.

«Nun, natürlich nicht mit meinen sinnlichen, sondern mit meinen geistigen Augen. Für mich ist Gott der Zusammenfall der Gegensätze. Schaut», sagte er und zog einen Kreisel aus der Tasche, wie es sie heute kaum mehr gibt. Er schlug ihn mit einer kleinen Peitsche, bis er sich immer schneller drehte. «Seht ihr nicht am Anfang, wie ein bestimmter Punkt auf dem Kreisel sich von uns entfernte und dann zurückkehrte? Schließt ihr nicht daraus, daß er sich bewegt und nicht in Ruhe ist?»

«Gewiß, Nikolaus», rief ich, denn endlich hatte ich ihn erkannt.

«Nehmt nun an, der Kreisel würde sich immer schneller bewegen. Der Punkt A würde dann immer schneller zurückkommen. Was würde wohl passieren, wenn die Bewegung schließlich unendlich schnell würde?»

Wir schwiegen eine Weile, dann sagten wir: «Der Punkt A wäre immer an derselben Stelle in bezug auf den Boden.»

«Das aber gilt auch für die Ruhe! Unendliche Bewegung und Ruhe fallen also zusammen. Seht, so fallen in Gott alle Gegensätze zusammen.»

«Oh, mir wird schwindlig!» entgegnete ich, «wie wenn ich selbst der Kreisel wäre, den du schlägst. Was du sagst, ist ungeheuer. Wenn du recht hättest, müßten wir dann nicht auch sagen, daß in Gott auch Gutes und Böses zusammenfallen?»

«Ganz genau», meldete sich plötzlich jemand, der hinter einem Baum hervortrat. Ich erkannte sofort Aristoteles wieder. «Glaubt diesem Moselfischer ja nicht!» fuhr er erregt fort. «Er zerstört die Logik, die Grundlage jeder Argumentation. Denn ein Satz ist unbestreitbar: Etwas ist entweder A, oder es ist nicht A, aber nie beides zugleich.»

«Warum denn?» fragte Nikolaus.

«Nun, willst du bestreiten, was ich sage? Ja oder Nein?»

«Ja.»

«Wenn du das bestreitest, sagst du, daß ich nicht recht habe; aber wenn du recht hättest, dann bestünde kein absoluter Unterschied zwischen recht und unrecht haben. Also hätte ich recht.»

«Nun, ich bestreite gar nicht, daß du recht hast, wenn denn Bestreiten den Satz vom Widerspruch voraussetzt!»

«Ja, dann habe ich erst recht recht!»

«Oh, Aristoteles, ich weiß wohl, daß man dem Satz

des Widerspruchs nicht entrinnen kann. Aber er gilt eben nur für die endliche Welt, in Gott ist er aufgehoben.»

«Niemals! Der Satz vom Widerspruch gilt absolut, also auch und erst recht für Gott, das Absolute.»

«Du denkst Gott nach dem Modell der geschaffenen Welt. Aber Gott übersteigt diese Welt, und wir brauchen ein anderes Erkenntnisvermögen, um ihn zu erkennen – die Vernunft, nicht bloß den Verstand, der für die endliche Welt hinreichend ist. Du bist vermessen, wenn du glaubst, Gott könntest du dich mit denselben Argumenten nähern wie dem Endlichen.»

Nikolaus zog seinen roten Hut vom Kopf und schwenkte ihn aufgeregt – und da geschah, was Dir Deine Mutter wohl schon erzählt hat, daß mir viel Pollen, der sich auf der Krempe gesammelt hatte, in die Augen flog und eine akute allergische Reaktion auslöste. Einige Stunden konnte ich nichts sehen und auch nicht richtig denken; und jedenfalls ist es mir bis heute nicht gelungen, herauszufinden, wer denn eigentlich recht hat. Aber die Frage ist mir sehr wichtig, und ich brauche Deine Hilfe!

Herzlich grüßt Dich und gratuliert Dir zur ersten, sicher nicht letzten, Veröffentlichung, meine liebe Dichterin,

Dein
Vittorio

6. Juli 1994

Lieber Vittorio,

vielen Dank für Deinen interessanten Brief. Der war ja wirklich sehr spannend! Nikolaus kannte ich noch nicht. Er war wohl ein Mystiker?! Ich war auf jeden Fall sehr beeindruckt von seiner Meinung, bei Gott könnten die Gegensätze aufgehoben sein. –

Erstmal muß ich Dir jetzt aber erzählen, wie schön es hier bei uns in Italien ist ... Unser Häuschen liegt an einen mit vielen Fichten bewachsenen Berg angeschmiegt. Wir haben einen sehr romantischen Seeblick, und alles ist ruhig. Hier fahren ja keine Autos her. Nur die Grillen machen Lärm, aber das stört nicht. Und wie viele unterschiedliche schöne Blumen und Gräser wachsen hier! Aber das kennst Du ja sicher. Weißt Du, ich finde, es wirkt alles ein wenig melancholisch.

Gestern waren wir in Pisa. Ich war zwar schon mal mit fünf Jahren dort, aber daran konnte ich mich nicht mehr erinnern. Davon habe ich Dir ja auch eine Karte von uns allen mitgeschickt. Du warst sicher schon in Pisa und hast den schiefen Turm, den wunderschönen Dom und das Baptisterium beschaut? Leider hatten wir nur wenig Zeit und konnten den Monumental-Friedhof nicht besehen. Und Pisa hat ja noch so viele andere schöne Kirchen ...

Trotzdem hatte ich wenigstens schon mal einen kleinen Eindruck; und als ich im Baptisterium die obere Galerie betrat und zur Kuppel schaute, wurde mir ein wenig schwindelig. Was die Menschen wohl gedacht haben, als sie diese Wunderwerke schufen? Ich glaube, sie waren sehr froh ... Auch der Dom ist ja ganz toll! Und weißt Du, was mir da ganz besonders aufgefallen ist? Daß die Musen und die Tugenden in Menschengestalt an der wunderschönen Kanzel Frauen waren. Das fand ich sehr komisch, denn der Staat und sicher auch die ganze Gesellschaft hatten doch früher, im 12., 14. Jahrhundert, ein eher negatives Frauenbild. Auch die Muse Philosophie war eine gekrönte Frau, mit der Weltkugel in der Hand. Auf jeden Fall fühlte ich mich in dem Dom irgendwie sehr geborgen. Ganz zum Schluß waren wir noch auf dem kleinen jüdischen Friedhof. – (Italien ist wirklich ein ganz tolles, wunderschönes Land, aber bis jetzt lief in jedem Café, das wir besuchten, ein Fernseher.) –

Jetzt zu Deinen Fragen:

Ich glaube, Theaterfiguren oder ein Theaterstück sind so ähnlich wie Feste. (Z.B. Weihnachten, Geburtstag, Ostern, Christi Himmelfahrt ...) Jedesmal, wenn es aufgeführt wird, ist es, als wenn die Handlung jetzt gerade passieren würde. Als wenn sie das erste Mal aufgeführt würde. Auch Feste wie Weihnachten feiert man doch nicht nur zum Erinnern an Jesu Geburt. Vielmehr feiert man sie, um das Geschehen, das man feiert, zu wiederholen, als wäre es gerade geschehen. (Ich glaube, das war ein bißchen unverständlich ausgedrückt.) Das war *ein* Punkt. Der andere ist, glaube ich, daß die Figuren unfrei sind. Sie dürfen nicht das reden, was sie «wollen», sondern werden von ihrem Dichter gelenkt. Sie spielen bestimmte Charaktere nach.

Ja, und wie ist es mit den halb fertigen Stücken ...?

Vielleicht sind die «doppelt unfrei». Denn ich glaube, sie können sich nicht aus dem Bewußtsein ihres Dichters befreien, während die anderen, indem sie in die Öffentlichkeit kommen und von vielen gekannt oder aufgefaßt werden, dieses können. Die «fertigen» Theaterfiguren kommen sozusagen in den Kreis der Ewigkeit, denn überall werden sie gespielt, überall kennt man sie. Aber die «Halbfertigen» bleiben immer nur im Bewußtsein, können ihr Mittelteil und den Schwanz nicht bekommen. Sie haben nur einen Kopf. (Vergleich: Kobra.)

Dann hattest Du ja noch die Frage, ob es die Figuren wirklich gibt. Ich glaube, es gibt sie schon, nur sie leben in einer anderen Welt. Diese Welt ist unsichtbar und kann sich nur durch die Phantasie bei uns bemerkbar machen. Vielleicht heißt diese Welt sowieso nur Phantasie?! Ich weiß es nicht genau. Ich glaube zumindest, daß es sie (die

Figuren) gibt. Denn sie verkörpern ja bestimmt auch eine Idee. Nur eben eine menschliche und keine göttliche. –

Jetzt kommt ja noch die Frage, ob es Gegensätze bei Gott gibt oder nicht. Ich bin durch merkwürdige Weise an meine Meinung geraten: An dem Tag, als wir hier in Italien ankamen, schlenderte ich ein wenig in der Umgebung herum, ich war sozusagen auf «Entdeckungsreise». Ich kam ein bißchen vom Weg ab und befand mich plötzlich zwischen einigen vertrockneten Gräsern wieder. Vor mir lagen ein paar dicke Steine, die wohl irgendwann mal aus dem Berg gebrochen worden waren. Ja, und was sah ich? Ein Mann jungen Alters saß auf einem dieser Steine und besah sich immer wieder – mit einer großen Lupe – zwei Käfer, die auf seiner Hand herumkrabbelten. Das war mir dann aber doch zu komisch – ich prustete los. Erschrocken fuhr der Mann auf.

«Oh!», rief er.

Verschämt wollte ich mich entschuldigen und sagte deshalb: «Scusi. Mi dispiace.» (Ich ging natürlich davon aus, daß der Mann Italiener war.)

Zu meiner Verwunderung sagte er aber: «Das macht nichts. Ich war so vertieft in meine Wissenschaft.»

«In Ihre Wissenschaft?»

«Ja. Ich war gerade dabei herauszufinden, was für Unterschiede die beiden Käfer haben und welcher Käfer wohl seine Eigenschaften der künftigen Welt überliefern wird, oder was für seine Lebenschancen am wichtigsten ist. – Wer bist du?»

«Ich? Ich heiße Nora. Und könnte es sein, daß Sie Herr Darwin sind?»

«Genau getroffen, mein Kind. Wirst Du denn auch Dino-Nora genannt?»

«Ja. Auf jeden Fall bei den Philosophen.»

Darauf setzte ich mich neben Charles auf den Stein. Wir unterhielten uns noch länger und kamen dabei auf

Deine Frage von den Gegensätzen zu sprechen. Da gab mir Charles die Lupe und sagte mir, ich solle mir die Käfer beschauen. Ich sah, daß der eine Käfer längere Beine hatte als der andere. Dafür hatte dieser längere Flügel und Fühler. Langsam wanderte mein Blick von den Käfern weg, zu Ameisen, die auf dem Stein eifrig umherliefen. Es gab braune, aber auch rötliche. Es war ein richtiges Wunder, daß es so viele verschiedene Ameisen gab. Keine sah der anderen genau gleich. Deine Frage im Sinn murmelte ich: «Wenn es für Gott keine Gegensätze geben soll, warum hat er dann die Welt so geschaffen, daß es immer Gegensätze gibt?»

«Das meine ich auch. Gott hat so viele, viele Gegensätze geschaffen, da können sie ihm doch nicht egal sein. Auf jeden Fall ist ihm der Unterschied zwischen einem Menschen und einem Tier bestimmt nicht egal! Aber bis dahin geht meine Philosophie nicht. Außerdem muß ich jetzt leider gehen. Auf den Galapagosinseln im Stillen Ozean gibt es noch viel zu erforschen.»

«Oh, wie schade! Ich hätte dich gerne noch zu einem Kaffee eingeladen.»

«Vielen Dank, ein anderes Mal sehr gerne. Ich bin überzeugt davon, daß wir uns wiedersehen werden. Also, bis bald, Dino-Nora.»

Er zog seinen grünen Hut und war wie vom Erdboden verschluckt. –

So bin ich zu der Erkenntnis gekommen, daß es auch bei Gott Gegensätze gibt. Ich stimme Aristoteles zu. Denn die ganze Schöpfung besteht doch aus Gegensätzen. Gleich beim ersten Schöpfungsakt kann man es ja sehen: Gott schuf aus dem Dunkel heraus Licht. Oder: Er ließ es Land werden aus dem Wasser usw.

Außerdem leuchtet es mir sehr ein, was Du mit Gut und Böse gesagt hast. Denn wenn in Gott Gutes und Böses zusammenfallen, wäre es ihm ja im Grund egal, ob wir Menschen gut oder böse sind. Aber das ist es ihm doch ganz und gar nicht. Sonst hätte er ja auch bei Abraham und Isaak nicht so energisch eingegriffen. Du kannst aber Nikolaus Cusanus sagen, daß ich seine Meinung noch einmal stark überdenken muß. Vielleicht stimme ich ihm irgendwann noch mal zu ... Ich finde allein schon den Gedanken sehr beeindruckend.

Vittorio, mir hat sich da noch eine Frage zu den Theaterfiguren gestellt: Kann man uns Menschen als Theaterfiguren bezeichnen? Dann wäre Gott unser Dichter. Wir wären in der Hinsicht unfrei, daß Gott uns als Menschen geschaffen hat und nicht als z. B. Engel; d. h. daß wir Böses in uns haben. Also, nehmen wir an, es wäre so, könnten wir uns dann auch aus Gottes Bewußtsein heraus befreien? Wenn nämlich unser Stück oder das Leben beendet ist, müßten wir das doch können?! – (Ich glaube, die Frage war absurd.)

Im Augenblick lese ich eine Biographie über Martin Luther King. «Sofie» habe ich vor einer Woche durchgelesen. Es endet wirklich sehr spannend. Nach Hegel habe ich an Philosophen noch Kierkegaard, Marx, Darwin, Freud, ein bißchen über Nietzsche und Sartre gelesen.

Bis bald,
Deine Nora.

P.S.: Überleg es Dir doch nochmal genau, ob Du wirklich nach Amerika willst. Ich fände das sehr schade!

P.P.S.: Morgen fahren wir nach Florenz.

Lieber Vittorio, hier kommt die Karte, von der ich in meiner Antwort auf Deinen Brief geredet habe. Wie gesagt, Pisa hat auf uns alle großen Eindruck gemacht, auch auf Bettina. Gestern waren wir in Florenz. Nur leider waren viele schöne Museen und auch das Baptisterium geschlossen.

Viele Grüße, Deine Nora.

Essen, den 14. Juli 1994

Liebe Nora!

Deine Briefe gehören zu den größten Freuden meines Lebens, und Dein letzter, aus meinem Mutterland in mein Vaterland geschickter, war wieder besonders tief und lehrreich. Wen Du so alles triffst! Und wie Du einen solchen Urlaub dazu nutzt, neugierig in die schöne Welt zu blicken, zu der wir gehören – und zwar in die Welt der Kultur ebenso wie die der Natur. Du weißt ja, daß sowohl Platon als auch Aristoteles der Ansicht waren, die Philosophie beginne mit dem Staunen, und in der Tat glaube ich, daß wir heute deswegen so wenige wirklich gute Philosophen haben, weil wir verlernt haben zu staunen. Von dieser schrecklichen «déjà vu»-Mentalität können uns nur Kinder erlösen (natürlich nicht jedes Kind, aber so besonders wache wie Du) – und zumindest durch Deine Fähigkeit zu staunen (wenn schon nicht durch die Welt) muß sich jeder Erwachsene verblüffen lassen.

Sehr beeindruckt hat mich Deine Beobachtung, daß im

Dom von Pisa die Tugenden und die Musen Frauen waren. Dich überraschte das wegen des negativen Frauenbildes des Mittelalters. Aber wenn Du Dich an meinen ersten Brief erinnerst, als ich im Café erstmals den Philosophen begegnete, weißt Du noch, daß wir nicht zu sehr auf frühe Zeiten herabblicken sollten. Gewiß kannte das Mittelalter keine politischen Rechte von Frauen. Aber das Mittelalter war davon durchdrungen, daß jeder Mensch, Mann wie Frau, eine Bestimmung hatte, eine unsterbliche Seele, die einst dem Seelenrichter gegenübertreten würde. Tugenden adelten diese Seele, und selbstverständlich konnten auch Frauen tugendhaft sein. So tief eine Frau verehrt und geliebt wie Dante Beatrice hat in der modernen Welt kaum jemand mehr. Eine Vielzahl an Beziehungen ersetzt das religiöse Pathos der mittelalterlichen Einstellung zur Frau. Ich sage nicht, daß das schlecht ist – ohne Zweifel gibt es heute mehr Freiheit und mehr Gleichheit von Frau und Mann; aber da die Gerechtigkeit diejenige Tugend ist, in der die Moderne wirkliche Fortschritte gemacht hat, sollten wir wenigstens gerecht sein und anerkennen, daß auch die mittelalterlichen Menschen ihre Tugenden hatten – im Dom von Pisa kann man sich tatsächlich mehr geborgen vorkommen als in der Uni Essen.

Schade, daß selbst in einem an Kunstschätzen so reichen Land wie Italien die Menschen, statt ihre herrliche Wirklichkeit zu bestaunen, es vorziehen, fernzusehen. Stell Dir vor, meine Eltern fuhren einmal mit Bekannten nach Viareggio (auch in der Toskana) zu dem berühmten Karneval. Auf dem Höhepunkt des schönen Festes verabschiedeten sich letztere mit den Worten: «Wir müssen jetzt nach Hause: Im Fernsehen wird nun der Karneval von Viareggio gesendet ...» Ist das nicht eine Form von Wahnsinn, daß die Menschen der Wirklichkeit das Abbild vorziehen? Aber derselbe Wahnsinn besteht, wenn wir diese sinnliche Wirklichkeit für realer halten als die Ideen, die ihr zugrunde liegen. Wer vor dem Fernseher hockt (danke Deinen Eltern, daß sie keinen haben), sitzt in einer Höhle der Höhle, ist in Wahrheit selbst eine Figur, die *im* Fernsehen *vor* einem Fernseher sitzt. Denn, wie Du richtig schreibst, diese ganze Welt ist ein Drama, dessen Regisseur Gott ist. Ich finde diese Deine Idee gar nicht absurd, sondern sehr tiefsinnig. Allerdings glaube ich nicht, daß wir je (wie Sofie) aus Gottes Bewußtsein heraustreten können. Wir bilden uns das nur ein, und es ist Gott, der uns diesen falschen Eindruck vorgaukelt. Was wir hoffen dürfen, ist, daß wir immer tiefer in Gottes Bewußtsein eindringen können und daß wir schließlich begreifen, was er mit seinem Theaterstück eigentlich vorhat. Aber dies gänzlich zu begreifen, ist uns in diesem Leben wohl versagt.

Charles Darwin würde ich auch sehr gerne einmal begegnen. In dieser Hoffnung bin ich auch mit Deinem Brief gleich ins Café gerannt, aber stell Dir meine Enttäuschung vor, als ich ein Schild auf der verschlossenen Türe entdeckte, auf dem zu lesen war: «Auch tote (aber ewig junge) Philosophen brauchen Urlaub. Im Sommer geschlossen.»

Ich vermute, daß sich viele von ihnen nun in ihren Heimatorten herumtreiben bzw. an Plätzen, an denen sie in ihrem Leben gewirkt haben. Diese Vermutung ist keine bloße Spekulation, sondern basiert auf einer Erfahrung, die ich kürzlich machte. Meinen letzten Brief schrieb ich Dir ja im Zug nach Jena, und gleich nach meiner Ankunft warf ich ihn in den Briefkasten. Ich war sehr aufgeregt, in dieser Stadt zu sein, die eine so große Bedeutung hat in der Geschichte der deutschen Philosophie und Literatur und besuchte u. a. den Friedhof (wo z. B. die Mutter des schrecklichen Arthur Schopenhauer begraben ist), den Botanischen Garten, in dem Goethe und Hegel oft weilten, schließlich das Romantikerhaus, in dem Fichte wohnte. Du kannst Dir kaum vorstellen, was mir dort passiert ist.

In einem der Räume war ich allein (die Wächterin war gerade herausgegangen), und so näherte ich mich einem großen Spiegel. Der Mensch, der mich aus ihm anblickte, war mir recht ähnlich, nur kratzte er sich mit der linken Hand auf dem Kopf, während ich das meist mit der rechten tue. Er amüsierte mich wegen dieser Besonderheit, und ich nutzte das Alleinsein, um auf seine Hand zu schlagen. Er kam mir freundlicherweise mit der Handbewegung entgegen, so daß wir uns genau auf der Spiegeloberfläche trafen. Doch da geschah etwas ganz Merkwürdiges! Die Oberfläche begann zu zittern, so als ob sie aus silbrigem Wasser oder Quecksilber wäre, und die andere Hand packte mich am Ärmel und zog mich in Windeseile in den Spiegel hinein. Ich hatte nicht einmal Zeit zu schreien, schon war ich in einem Raum, der ganz ähnlich war demjenigen, in dem ich mich vorher befunden hatte. Allerdings hatte er doch einige Merkwürdigkeiten. So erkannte ich ein Schild, auf dem stand: ИƎTOꓭЯƎV ИƎЯHÜЯƎꓭ ⅃ƎӘƎIꟼƧ; ich brauchte eine Weile, bis ich verstand, was da geschrieben war, und das Verbot gab ja durchaus Sinn! Zumal ich plötzlich den Eindruck hatte, etwas ganz Sonderbares passiere mit mir. Meine ersten grauen Haare wurden wieder braun, meine Gesichtsmuskeln strafften sich, plötzlich hatte ich keine Goldfüllungen mehr im Mund, sondern ganze Zähne, schließlich wurde ich kleiner. «Was läuft mit mir ab?», schrie ich entsetzt, bis ich endlich begriff: Ich wurde jünger, weil in diesem Raum – die Zeit rückwärts lief! Kannst Du Dir das vorstellen? Ich mußte befürchten, plötzlich vom Klapperstorch abgeholt zu werden (in der Spiegelwelt, so wurde mir berichtet, halten erwachsene Menschen die Geschichte vom Klapperstorch für die einzig richtige, nur Kinder haben andere Vorstellungen); aber glücklicherweise gelang es mir, mich dadurch zu retten, daß ich einen Satz zitierte, den ich im Romantikerhaus irgendwo gelesen hatte: ICH SETZE MICH, rief ich und hörte als etwa Elfjähriger zu schrumpfen auf. Ich rannte beruhigt aus dem Haus, doch was sah ich! Eine rasante Verwandlung fand statt: Autos wurden plötzlich zu Pferdedroschken, Plakate fielen ab, Hochhäuser stürzten zusammen, Bäume wuchsen an ihrer Stelle, die Kleider der Menschen wurden ganz anders. Ich hatte Angst, aus dem Spiegel-Romantikerhaus herauszutreten, denn ich mußte befürchten, ich weiß nicht was zu werden, meine Identität zu verlieren – was schlimmer gewesen wäre, als von einem zusammenbrechenden Hochhaus erschlagen zu werden: Denn wenn ich plötzlich nicht mehr ich gewesen wäre, wäre mir das bedeutend peinlicher gewesen, als gar nicht mehr zu sein. Da fiel mir ein anderer Satz ein, den ich im richtigen Haus gelesen hatte, und ich rief: «ICH SETZE NICHT-ICH ...»

Ja, da normalisierte sich das Leben draußen wieder, alles gewann wieder Stabilität, doch es war eine Welt, wie ich sie nur aus Büchern kannte. Wo war ich? Nun, eindeutig in Jena. Doch wann war ich? Das war mein Problem.

«Entschuldigen Sie», fragte ich jemanden, der mir gerade entgegenkam, «können Sie mir die Zeit sagen?»

Der Herr zog eine Taschenuhr aus der Weste und antwortete: «Vier Uhr.»

«Nun, ich meinte nicht eigentlich die Stunde. Was ich wissen wollte, ist das Datum.»

«Du weißt nicht, welchen Tag wir heute haben? Also es ist der 22. Juni.»

Ich nickte dankend, obwohl ich auch das schon wußte. Was ich erfahren wollte, war das Jahr, und ich merkte, daß man mich für blödsinnig halten würde, wenn ich danach fragte – denn wir wissen ja normalerweise wenigstens das Jahr, in dem wir leben! Da kam ich auf einen listigen Gedanken. Ein Mann mit tiefliegenden dunklen Augen und einer riesigen Nase bewegte sich auf das Romantikerhaus zu; ich verbeugte mich kurz und fragte: «Entschuldigen Sie bitte, wie lange ist es her, daß in Frankreich die Revolution ausbrach?»

«Fünf Jahre ist es her», erwiderte der Mann, «daß die Völker die Denkfreiheit zurückfordern von ihren Fürsten. Seit fünf Jahren kämpft man um die Freiheit.»

«Also 1794 haben wir», murmelte ich. «Sind Sie etwa der hochberühmte Professor Fichte?»

«Derselbe. Sogar Kinder kennen mich also?», lächelte er.

«Nun, ich habe eine Freundin namens Nora, die kennt nicht nur Sie, die kennt fast alle Philosophen – die Dinosaurier-Nora nämlich.»

«Dinosaurier-Nora? Was sind Dinosaurier?»

«Lebewesen, die schon vor sehr langem existiert haben, die seit Jahrhunderttausenden der Vergangenheit angehören. Und die Nora gehört noch der Zukunft an. Wenn ich das Nicht-Ich nicht gesetzt hätte, wäre ich selber bei den Dinos gelandet, während ich lieber zu Nora zurückwill.»

«Dinos? Nora? Vergangenheit? Zukunft? Ich? Nicht-Ich? Mein Junge, mich dünkt, dich fiebert.»

«Ganz und gar nicht. Ich kenne Sie ganz gut und habe viel von Ihnen gelesen – Ihre Sätze haben mir gerade erst aus einer Verlegenheit geholfen.»

«Was hast du denn von mir gelesen?»

«Nun, die ‹Grundlage der gesamten Wissenschaftslehre› z. B.» – hier nickte er erfreut – «oder auch die ‹Grundlage des Naturrechts›.»

Hier starrte er mich fassungslos an.

«Du lügst!» schrie er. «Die ‹Grundlage des Naturrechts› kannst du noch gar nicht gelesen haben, weil sie noch nicht erschienen ist. Ich arbeite zwar daran, aber bin noch lange nicht fertig.»

«Ja, ja, ich weiß, Ihr Buch kommt erst in zwei Jahren heraus. Und auch dann ist noch nicht alles wirklich zufriedenstellend. An Ihrem Intersubjektivitätsbeweis hätten Sie durchaus noch länger arbeiten können.»

«Du Scheusal!», stieß Fichte leichenblaß hervor. «Du kannst doch nicht die Gedanken kennen, die ich in zwei Jahren entwickeln werde.»

«Ich kann noch viel mehr. Ich kann Ihnen vorhersagen, daß Sie Ihre Meinungen noch ziemlich ändern werden – sowohl bezüglich der Französischen Revolution als auch bezüglich des Ichs.»

«Aber dann wäre meine Freiheit ja eine Illusion! Wenn jetzt schon vorhersehbar ist, was ich in der Zukunft tun werde, dann habe ich ja in Wahrheit keine Freiheit.»

«Nun, offen gestanden, ich komme aus der Zukunft – deshalb sind Sie für mich Vergangenheit. Und das Vergangene kann ja niemand ändern (vermutlich auch nicht Gott, ich muß mal Nora fragen).»

«Die Vergangenheit ist in der Tat unveränderlich – aber eben nicht die Zukunft.»

«Das ist doch merkwürdig», entgegnete ich. «Daß absolute Unveränderlichkeit der Vergangenheit zukommt, aber nicht der Zukunft, ist doch unplausibel, zumal der Unterschied zwischen Vergangenheit und Zukunft relativ ist – relativ zu dem jeweiligen Jetzt. Was jetzt Zukunft ist, wird einmal Vergangenheit sein.»

Fichte dachte lange nach, dann sagte er: «Wenn es Freiheit gibt, dann hängt sie auch an diesem Jetzt. Und die Freiheit wird gefährdet, wenn du durch deine Reise in der Zeit den Unterschied zwischen Vergangenheit und Zukunft nach Belieben verschieben kannst. Um der Freiheit willen: Die Zeit darf nicht rückwärts laufen! Derartige Reisen sind kategorisch verboten! Fort von hier, oder ich brauche Gewalt.»

Um der Freiheit willen ist er zu allem fähig, dachte ich mir und begann zu rennen – und zwar auf das Spiegel-Romantikerhaus zu, da er mir den Weg davon weg versperrte.

«Ich werde deine Konterbande aus der Zukunft noch beschlagnahmen», rief Fichte hinter mir her, und völlig verängstigt rannte ich in das Haus hinein – bis ich vor dem Spiegel stand. Kein Ausweg mehr, dachte ich entsetzt – da packte mich die Hand meines Spiegelbildes und zog mich in den Spiegel hinein ... Ich war wieder in Jena 1994, knapp 34 Jahre alt.

Die Wächterin schimpfte: «Sie dürfen den Spiegel nicht berühren. Er ist historisch!»

«Ja, ja», sagte ich, «nie wieder! Sie haben völlig recht!»

Die Moral dieses Briefes: Sei vorsichtig mit Spiegeln.

Herzlich grüßt Dich
Dein Vittorio

P.S. Von Dir würde ich gerne wissen, bin ich derselbe Mensch wie der, der in der Spiegelwelt war? Ich hatte ja einen anderen Körper. Was macht unsere Identität aus?

27. Juli 1994

Lieber Vittorio,

ich hätte es äußerst spannend gefunden, wenn Du ein elfjähriger Junge geblieben wärst, dann hätten wir zusammen in die Schule gehen können, aber das habe ich Dir ja schon gesagt, als Du bei uns warst am Wochenende. Ich habe mich sehr über Deinen Besuch gefreut. Und ich lese jetzt auch «Alice im Spiegelland». Mir gefällt es sehr gut, aber noch verstehe ich den Sinn nicht recht. Ich werde noch ein wenig darüber nachgrübeln müssen. Nur komisch finde ich, daß die Personen immer so auf Alice herabsehen, obwohl sie selber viel dümmer sind als Alice. Aber vielleicht hat das mit ihrem Land oder den «Rückwärts-Sitten» zu tun?! –

Mich erschreckte Deine Erzählung von dem Karneval, dem sein Abbild vorgezogen wurde. Manche Leute sind der Wirklichkeit nicht gewachsen. Es ist ihnen genug zu sehen, was andere machen, sie kommen nicht auf die Idee, selber etwas zu tun. Wahrscheinlich wollen sie das gar nicht! Aber daß die Menschen so einfallslos werden, macht vielleicht nur die moderne Technik. Eigentlich kämen wir ohne sie genausogut aus. Aber manche Menschen haben sich so an die schläfrige, bequeme Art gewöhnt, daß sie den Sinn des Lebens ohne Technik nicht finden können. So hat jedes Zeitalter seine guten und schlechten Seiten. Das Mittelalter hatte Mangel an Gerechtigkeit, unsere Neuzeit an Einfällen, Ideen und an Gemeinsamkeit. Denn dadurch, daß viele Arbeiten, z. B. bei der Ernte, nun nicht mehr von vielen Leuten gemeinsam mit Rechen und Heugabel verrichtet werden, sondern in heutiger Zeit einer die Arbeit ganz allein, nur mit Hilfe eines Treckers, macht, entsteht Einsamkeit. Wir müssen aufpassen, daß die moderne Technik uns nicht wichtiger wird als wir selbst. Und daß sie uns unterlegen ist, nicht wir ihr. Weißt Du, welcher Film mir dazu einfällt? Der Film «Moderne Zeiten» von Charlie Chaplin. Den haben wir einmal mit unserem Deutsch-Lehrer gesehen, und er hat mir sehr gefallen. Du kennst ihn doch?

Das, was Du gesagt hast, daß wir in Gottes Bewußtsein eindringen sollen und uns nicht daraus befreien, hat mir sehr eingeleuchtet. Denn wenn wir aus Gottes Bewußtsein heraustreten könnten, wären wir, glaube ich, keine wirklichen, zufriedenen Menschen mehr. Vielleicht würde dann Gottes Lebenshauch in uns erlöschen. Wir würden ohne Geist und Seele sein wie Tiere, wenn wir überhaupt noch existieren würden.

Und so finde ich es jetzt auch viel spannender, in Gottes Bewußtsein einzutauchen, um den Sinn unseres Lebens vollständig zu erfahren. Aber Du hast gesagt, daß wir es wohl nicht mehr in unserem jetzigen Leben erschauen können. Das hat mich erst ein wenig traurig gemacht, aber dann habe ich mir überlegt, daß wir es vielleicht nach unserm Tod erfahren. Denn ich glaube nämlich, daß wir nach unserem Tod zu Gott zurückkommen. So wie wir aus Gottes Geist entstanden sind, so kommen wir zu ihm zurück. Ich, auf jeden Fall, will dafür sorgen, daß die Menschen schon bald die Wahrheit erfahren. –

Jetzt zu Deinen Fragen:

1. Daß Gott die Vergangenheit verändern kann, glaube ich nicht. Er kann sie höchstens vermildern, indem er die Tat vergibt, oder er kann vergangene Taten bestrafen. Zum Beispiel im Paradies: Er hat Adam und Eva für ihre verbotene Tat, daß sie nämlich von dem Apfel des Wissens aßen, bestraft, indem er sie aus seinem Paradies jagte. Und von dem Augenblick an waren die Menschen frei, und er konnte sie nicht mehr beherrschen. Aber er hatte die Menschen in Zeit und Raum geschaffen, und wenn man von Vergangenheit redet, kann man bezüglich Gott gar nicht davon reden. Vielleicht gibt es für Gott keine Vergangenheit. Er lebt immer in der Gegenwart, und für ihn ist die Vergangenheit vielleicht auch Gegenwart ... Aber halt! Mir wird wirklich etwas schwindelig. Ich weiß nicht, ob das richtig ist, was ich da geschrieben habe.

2. Ja, ich glaube sicher, daß Du derselbe Mensch bist, der in der Spiegelwelt Fichte traf. Du hattest zwar den Körper eines Elfjährigen, aber dadurch, daß Du das «ICH SETZE NICHT-ICH» geschrieen hast, hast Du doch Deine Identität als 34jähriger nicht verloren. (Denn Du hast doch sicher nicht schon mit elf die «Grundlage des Naturrechts» gelesen, oder?!) Identität macht ja das jeweilige «Jetzt» aus. Es kommt nur darauf an, ob Du dieselbe Person bist. Und deshalb ist es auch wohl richtig, was Fichte sagt: daß man sein «Jetzt» nicht zwischen den Zeiten verschieben darf, denn sonst ist die Freiheit gefährdet. Und da Gott die Freiheit im Sinn hat, müssen wir uns unbedingt daran halten. Du willst ja auch nie mehr einen historischen Spiegel berühren; «um der Freiheit willen!» –

So, jetzt muß ich aber schleunigst ins Bett!

Morgen fahre ich für eine Woche auf einen Reiterhof.

Viele Grüße,
Deine Nora.

P.S.: Weißt Du, was mir an Anne Frank aufgefallen ist? Daß sie sehr, sehr, ja erstaunlich viele Gemeinsamkeiten mit mir hat. Auf jeden Fall in ihren Gedanken.

P.P.S.: Wenn in der Spiegelwelt die Zeit rückwärts läuft, gibt es dann dort keine Freiheit?

Essen, den 2. August 1994

Liebe Nora!

Wie immer habe ich mich über Deinen Brief sehr gefreut, den ich heute erhalten habe, und ich will gleich antworten (auch wenn ich natürlich dankbar dafür bin, daß Du etwas säumiger bist – denn sonst würde die Post überlastet zusammenbrechen). Ja, auch mir scheint es, daß es gar nicht schlecht gewesen wäre, wenn ich ein kleiner Junge geblieben wäre – hauptsächlich weil ich dann mit Dir hätte heranwachsen können. Doch halt! In die Spiegelwelt gebannt, in das 18. Jahrhundert versetzt, hätte ich doch nicht mit Dir in die Schule gehen können – also dann lieber im späten 20. Jahrhundert leben und schon 34 Jahre alt sein! Denn um den Genuß, Dir zu begegnen, möchte ich ja nicht kommen. Außerdem hat ja der Altersabstand zwischen uns den großen Vorteil, daß ich Dir einige Dinge über die Welt begrifflich machen kann, die mich als Elfjährigen noch sehr verwirrten (Fichte hatte ich damals noch nicht gelesen, auch wenn ich nicht unbedingt sagen will, daß seine Lektüre mich wirklich entwirrt hat; auch hat mir unsere Begegnung in Jena einen unangenehmen Geschmack hinterlassen – der Mann hat einen Hang zur Gewalt). Das ist im übrigen einer der vielen Gründe, warum Du dankbar sein mußt, mit einer Großmutter im Hause aufzuwachsen – auf diese Weise erhältst Du einen tiefen Blick in die Vergangenheit und viel Hilfe beim Bestehen der Welt.

Du hast zwar recht, daß gerade in der modernen, technischen Welt eine furchtbare Tendenz zur Einsamkeit besteht, aber es gibt doch genügend geistige und moralische Menschen, die, durch ein freundschaftliches Band verbunden, den Irrtümern der Mehrheit Widerstand leisten; und dieses Band erfaßt auch Menschen, die schon lange tot sind – wie etwa Anne Frank, in der Du offenbar einiges von Dir wiedererkennst. (Was genau?) Um noch etwas zur Kindheit zu sagen, habe ich manchmal den Eindruck, daß ich in vielem auch wie ein Elfjähriger bin – eine gewisse Naivität und Spontaneität will ich mir nicht nehmen lassen, und Du hilfst mir sehr dabei, daß sie nicht versiegen. Es kann zwar sein, daß manche komische Figuren auf uns, wie auf Alice, herabsehen, denn leider ist das nicht nur in der Spiegelwelt so, daß Dummheit und Arroganz auf einem Holz wachsen; aber da wir das ja wissen, wollen wir uns nicht weiter dadurch beunruhigen lassen.

Was Du über Gottes Wissen sagst, finde ich sehr richtig, auch wenn Dir dabei schwindlig wird: Ich glaube in der Tat, daß es für Gott nur ewige Gegenwart gibt. Er ist ja außerhalb der Zeit, und er wußte schon vor einer Milliarde Jahren genausogut wie heute, daß Nora K. sich derzeit auf einem Reiterhof im Münsterland befindet und beim Reiten ständig spürt, daß Descartes Unrecht hat, wenn er höheren Tieren Bewußtsein abspricht. Aber eben hier besteht ein Problem. Wenn Gott schon vor so langer Zeit wußte, daß Du reiten würdest, kann es wirklich noch Dein freier Entschluß gewesen sein, reiten zu gehen? Oder sind nicht Deine Entschlüsse alle durch Gott vorherbestimmt? Du erinnerst Dich, welche Aufregung es einmal im Café gab über diese Frage. Ein bekanntes Argument für die Auffassung, daß alles vorherbestimmt (determiniert) ist, ist gerade die Tatsache, daß ja die Vergangenheit unveränderlich ist (auch für Gott); daß aber die Zukunft änderbar sein soll, ist doch sehr merkwürdig, zumal sich die Grenze zwischen Vergangenheit und Zukunft ständig verschiebt: Was gestern Zukunft war – heute –, ist morgen Vergangenheit. Wenn kein seinsmäßiger Unterschied zwischen Vergangenheit und Zukunft besteht, dann ist Freiheit schwerlich vorstellbar.

Diese Frage wälzte ich in mir (oder sollte ich eher sagen: Diese Frage wälzte sich in mir), als ich vor ein paar Stunden, Deinen Brief in der Hemdtasche, in Richtung des bekannten Rüttenscheider Cafés spazierte. Ich dachte nicht daran, daß es in den Sommerferien geschlossen ist, und nur als ich schon zur Türklinke gegriffen hatte, fiel mir ein, daß ich wohl niemanden finden würde. Aber die Türe ging merkwürdigerweise trotzdem auf – ich trat ein. Das Café schien ganz leer, und erst jetzt merkte ich, daß am Ende des Raumes zwei große Spiegel einander gegenüberstanden. Trotz Deiner Warnung fühlte ich mich wie magisch angezogen und eilte auf die Spiegel zu. Dort trat aus einer dunklen Ecke neben einem Spiegel eine merkwürdige Gestalt hervor. Es handelte sich um einen kleinen Mann, der verkniffen um sich blickte und dessen dünne, messerscharfe Lippen ironisch lächelten. Trotzdem war etwas Bedrohliches an ihm, und ich blieb sofort ängstlich stehen, als er leise, aber im Befehlston rief: «Halt! Gib mir Noras Brief.»

Offen gestanden fand ich das unverfroren, und ich tat etwas, was ich vielleicht nicht hätte tun dürfen (oder was meinst Du?) – ich log.

«Ich habe keinen Brief von Nora bei mir», entgegnete ich, aber da trat er schon ungeduldig auf mich zu, zog mir den Brief aus der Tasche, aus der er hervorlugte, sagte sarkastisch: «Jetzt hast du ihn wirklich nicht mehr» und las ihn rasch durch. Es war unheimlich, wie schnell er las; gegen Ende schüttelte er den Kopf und bemerkte: «Armes Kind! Ihre Antwort zum Identitätsproblem ist sehr schwach. Sie ist zirkulär – Nora bewegt sich in Kreisen. Identität heißt Selbigkeit – insofern erklärt sie gar nichts, wenn sie behauptet, für die Identität sei es wichtig, daß man derselbe sei. Das ist trivial. Ich möchte wissen: Warum bin ich derselbe? Muß der *Körper* identisch sein? Oder kann ich derselbe sein auch in einem anderen Körper? Muß ich mich an meine früheren Erlebnisse *erinnern* können, damit ich sagen kann, ich sei jetzt derselbe wie in San Casciano? Aber nehmen wir an, ich hätte alles aus früheren Zeiten vergessen – wäre ich immer noch derselbe Mensch?»

«Ja, Mac», rief ich, denn inzwischen hatte ich ihn erkannt, «du bist wirklich derselbe, auch wenn dein Körper ein anderer wäre, auch wenn dein Erinnerungsvermögen nachgelassen hätte. Aber dein Verhalten der Welt gegenüber hat sich nicht geändert. Dein Machtwille ist genauso wie früher. Warum treibst du dich überhaupt hier herum? Ich dachte, auch tote Philosophen nehmen Urlaub. Und was bist du so neugierig auf Noras Brief?»

«Was deine erste Frage betrifft, so kann ich dir nur antworten: Ein Machtmensch kann sich leider keinen Urlaub leisten. Ständig und überall muß ich intrigieren, um Komplotte zu vereiteln; muß ich Verschwörungen schmieden, um andere aufzudecken: Selbst nachts komme ich kaum zum Schlafen. Urlaub, Urlaub – das ist etwas für diese kontemplativen Faulenzer! Ich trage Verantwortung – ich kann mir Freizeit nicht leisten. Wenn du wüßtest, wie viele deutsche Philosophieprofessoren ständig bei mir anrufen, mich um Rat bitten. Die Zeiten sind vorbei, wo man noch Gott nachsinnen konnte: Jetzt geht es um die Macht.»

«Und was meine zweite Frage betrifft?»

Hier wurde Mac etwas verlegen; ja, er errötete.

«Weißt du, Nora schrieb in einem anderen Brief (über den mir einer meiner zahllosen Agenten berichtete), sie wisse noch nicht, ob sie mich möge. Es interessiert mich, ob sie zu einem Ergebnis gekommen ist.»

«Weshalb?»

«Nun – offen gestanden, weil ich es selbst nicht weiß.»

«Ob sie dich mögen solle?»

«Nein, ob ich mich selbst mögen soll. Ich bin mit mir nicht ganz im einen. Deshalb bin ich auch an der Identitätsfrage so interessiert: Manchmal hasse ich mich geradezu – obwohl der Gehaßte und der Hassende dieselben sind. Wie ist das möglich?»

Mac hatte sich wieder rückwärts bewegt und stand genau zwischen den Spiegeln, so daß er sehr, sehr häufig (unendlich Mal?) reflektiert wurde. Da passierte nun etwas ganz Unheimliches. Ein Spiegelbild auf der rechten Seite begann plötzlich zu reden.

«Ich bin wirklich ein Monster», sagte es, «ich habe den Tyrannen glänzende Ratschläge gegeben, wie sie Unschuldige unterdrücken sollen. Gewalt, Lüge, Verrat – ich kenne alle Tricks. Und ich kann euch sagen: Wenn ihr sie nicht anwendet, werdet ihr bald von den anderen niedergemacht werden. Denn die Menschen sind böse, und deswegen dürft, ja müßt ihr böse zu ihnen sein.»

Dabei lächelte der Spiegel-Mac ganz grausam. Aber auf der anderen Seite begann ein anderes Spiegelbild zu reden.

«Die Leute halten mich für brutal. Aber in Wahrheit habe ich nur die Brutalität der Bösen beschrieben. Man hält mich für einen Tyrannenfreund. Aber indem ich die Gemeinheiten der Tyrannen in meinem Büchlein aufgezählt habe, habe ich doch nur dem Volke einen Dienst getan. Denn die Tyrannen brauchen doch nicht meine Hilfe – sie taten, was ich schilderte, schon immer. In ihrem Interesse wäre es gewesen, wenn ich geschwiegen hätte. Wäre ich wirklich ein Machiavellist, dann hätte ich nur religiöse Erbauungsliteratur verfaßt und die Aufmerksamkeit der Menschen von den Tricks der Tyrannen abgelenkt.»

«Danke, Mac», rief das erste Spiegelbild. «Jetzt glauben alle, daß ich ein vielleicht nicht mutiger, aber doch guter Mensch bin. Das kommt mir sehr gelegen. Damit kann ich mich in das Vertrauen der Unterdrückten einschleichen, um sie dann um so besser den Tyrannen auszuliefern.»

«Oh, Mac», rief das andere Spiegelbild, «du bist wirklich ein toller Schauspieler. Ich hätte dich bei den Tyrannen fast verraten, und jetzt hast du die Situation wieder gerettet. Gratuliere!»

«Wenn du nicht sofort aufhörst, mir moralische Absichten zu unterstellen, und nicht endlich begreifst, daß es mir nur um die Macht und um nichts anderes geht, laß ich dich umbringen!» schrie Mac 1 mit wutverzerrtem Gesicht.

«Oh, Mac, deine Güte ist unendlich! Du schämst dich, dich als anständigen Menschen auszugeben, und deshalb spielst du den wilden Mann», entgegnete Mac 2, der sich vor Lachen kugelte. «Wer zuviel von der Moral redet, ist mir verdächtig, aber du bist mein Idol!»

Hier blickte der wirkliche Machiavelli, der regungslos zwischen den Spiegeln gestanden hatte, verzweifelt auf mich. Er lief nach vorne, und die Spiegelbilder verschwanden.

«Verstehst du, warum ich Identitätsprobleme habe? Ich weiß wirklich nicht mehr, wer ich bin! Ein Wohltäter oder ein Unmensch? Soll ich mich hassen oder lieben? Nur Nora kann mir hier helfen.»

Hier verlor Mac die Fassung und warf sich schluchzend an meine Brust.

«Sprich mit Nora über mich. Ich muß wissen, ob sie mich mag oder nicht!»

«Ruhig Blut, Mac», rief ich, «es ist alles nicht so schlimm. Die Welt ist besser, als du denkst, und Nora kann auch dein Problem lösen. Ich schreibe ihr heute noch, und du sollst ihre Antwort zu lesen bekommen – du brauchst weder Agenten zu bemühen noch dir ihre Briefe zu stehlen: Ich zeige sie dir gerne.»

Ich ging nach Hause und schrieb Dir gleich, denn wenigstens ich wollte den armen Mann nicht zu lange warten lassen. Er leidet wirklich.

Herzlich grüßt Dich
Dein
Vittorio

Lieber Vittorio,

vielen, vielen Dank für Deinen Brief und die schönen
Briefmarken! Jetzt bin ich also im 7. Schuljahr. Und als
neues Fach habe ich ja jetzt Englisch. Das macht mir
sehr großen Spaß, und das ist auch gut so, denn Englisch muß ich ja später fließend können, um in der Welt
herumzukommen. Erdkunde finde ich äußerst spannend! Auch Latein ist natürlich schön, aber da nehmen
wir gerade den ACI, Infinitiv und Partizip Futur durch.
Das hab' ich erst nicht richtig verstanden, aber jetzt verstehe ich es. –
    Aber nun zu Deinen Fragen:
    1. Ja, worin ist mir Anne Frank gleich oder ähnlich? ...
Ich glaube, daß sie auch manchmal so eine Wut im Bauch
hat und nicht mehr weiter weiß. Das habe ich auch oft.
Außerdem setzt sie sich Lebensziele: Sie möchte Journali-
stin werden. Und das ist ja so etwas Ähnliches wie
Schriftstellerin, was sie, glaub' ich, dann sowieso geworden wäre. Sie ist lernfreudig und versucht mit allen Mitteln, etwas zu haben von der Welt, auch wenn sie nur versteckt im Hinterhaus leben muß. Ja, und sie hat so viele
gleiche Gedanken wie ich, z. B., daß das Leben, solange
man die Natur hat, wunderschön ist ... Anne Frank hat
ja auch philosophiert, was ich ebenso mit Leidenschaft
tue.
    Sie sagte immer, daß sie sich ihre eigene innere Welt
bauen müsse, um durchzukommen, und das glaube ich
auch.
    Geschichten schreiben tut sie auch gerne. Also alles in
allem: Wenn wir einander getroffen hätten, wären wir bestimmt Freundinnen geworden.
    2. Weißt Du, Du hast doch geschrieben, daß Gott viel-

leicht schon vorher gewußt hat, daß ich mich auf einem Ponyhof befand. (Da war es übrigens schön.) Aber das gefällt mir nicht so. Das würde zwar meinem vorigen Brief entsprechen, aber ich weiß trotzdem nicht so genau … Vielmehr glaube ich nun, daß Gottes «Leben» und unser «Leben» stark unterschieden werden müssen. Jede der beiden «Welten» ist sehr verschieden und darf nicht mit der anderen verwechselt werden. Gott lebt in seiner Welt in ewiger Gegenwart. Will er sich aber den Menschen zuwenden, so muß er hinunter in ihre Welt steigen. So geht er mit ihnen und kann mitleiden. Denn wenn Gott alles im voraus wüßte, wäre doch unser freies Handeln gefährdet. Dann wäre es doch nicht mehr meine freie Entscheidung, ob ich zu einem Ponyhof fahre oder nicht. Auf jeden Fall nicht ganz.

3. Wirklich, daß die Zukunft veränderlich ist, die Vergangenheit aber nicht, ist sehr seltsam. Ich glaube aber, daß es einen seinsmäßigen Unterschied zwischen Vergangenheit und Zukunft gibt. Du weißt ja, daß ich nicht an das Vorhersehen Gottes glaube, und das paßt hier zu meiner Meinung. Denn die Zukunft ist ja etwas Menschliches, nichts Göttliches, und kann deshalb ein Gegensatz zu der Vergangenheit sein. Daß sich Vergangenheit und Zukunft immer verschieben, ist doch gerade das Wichtige!

4. Ja, ja, lieber Mac! Du brauchst Dich doch nicht so furchtbar darüber aufzuregen, daß ich wohl einen Fehler gemacht habe. Ich meine, jeder macht mal Fehler. Gut, daß es die Zukunft gibt – da können wir sie wieder verbessern. Außerdem hast Du doch auch viele Fehler in Deinem Leben gemacht!

Und ich muß sagen: Du hast ja eine ziemlich gräßliche und verschlagene Seite! Aber Du kannst trotzdem beruhigt sein: Ich hege doch Sympathien für Dich! Weißt Du, warum? Weil Du 1. einsehen kannst, was Du falsch gemacht hast, und 2., weil Du leidenschaftlich bist. Siehst Du – Du kannst dem Guten gar nicht ausweichen, denn Du hast immer noch gute Seiten in Dir. Dein böses Spiegelbild ist, was das Böse betrifft, fast geschlagen. Nur hast Du natürlich den Mächtigen Tricks gegeben. Ich glaub', da kannst Du Dich schlecht herausreden, aber – wie gesagt – wir haben ja die Zukunft!

Und jetzt habe ich noch eine Frage an Dich, Mac: Was ist wichtiger: Macht oder guter Einfluß bei den Menschen?

Ach ja, welche Philosophen rufen denn immer bei Dir an? Eins kann ich Dir sagen: Vittorio bestimmt nicht!

Und was Deine Selbstliebe angeht: Überlege Dir mal, ob Du schon mal etwas entscheidend Gutes getan hast! Wenn nicht, dann tu jetzt alles für den Frieden, und wenn ja, dann hast Du etwas, an dem Du Dich festhalten kannst, etwas zum Lieben. Und Du hast ja nun auch Freunde! –

(Vittorio, wenn Du ins Café gehst, dann sage ihm, daß dieser Teil des Briefes an ihn gerichtet ist!)

Ich habe vorgestern «Ben Hur» zu Ende gelesen und jetzt lese ich eine Art Biographie über Anne Frank von Ernst Schnabel. Übrigens habe ich «Deinen» Artikel in der Zeitung gelesen. Ich fand ihn sehr gut, aber Du wurdest dort als märchenhafter Star dargestellt, und ich finde, das paßt gar nicht zu Dir.

Und außerdem wird gesagt, daß Du gerne in früheren Zeiten gelebt hättest, oder? (Das wollte ich auch mal!) Aber das paßt doch auch nicht, da Du doch ganz auf dem Boden der Tatsachen stehst! Du willst doch nur alte Gedanken (z. B. von Hegel) wieder aufgreifen, nicht?

Hoo Nam hat uns letztens angerufen, und vielleicht fahren wir bald mal nach Hamburg.

Schade, daß Du jetzt nach Spanien fährst. Trotzdem wird es sicher ganz schön dort! Mama hat mir schon erzählt, wie wohl Deine Spanien-Portugal-Route aussehen wird. Schreibst Du mir dann aus Spanien? Ich habe leider Deine Adresse nicht. Du kannst sie mir ja schicken.

Bis spätestens in einem Monat,
Deine
Nora!

P.S.: Sag' Deinen Philosophen mal, sie sollten mal wieder bei mir «aufkreuzen». Das ist immer so interessant. (Danke!)

Aranjuez, 31. August 1994

Liebe Nora,

Dein Brief kam genau rechtzeitig, denn ein paar Stunden später brach ich in den Urlaub auf. Offen gestanden war ich etwas aufgeregt, als ich Deine Sympathiebekundungen gegenüber Mac las, denn ich verstand sofort, wie wichtig es für ihn sein würde, Deine Bemerkungen zu lesen, und daß ich ihn unmöglich bis zu meiner Rückkehr aus Spanien warten lassen könnte. Andererseits mußte ich noch packen, und ich sah nicht, wie ich es zeitlich noch schaffen würde, ihm den Brief ins Café zu bringen. Ich blickte wohl grüblerisch auf den Tisch, denn plötzlich hüstelte es hinter mir, und Mac rief: «Mach dir keine Sorgen wegen deines Zeitproblems. Wenn der Berg nicht zu Mohammed kommt, muß eben Mohammed zum Berg gehen.»

Ich war entgeistert: «Wie kommst du in die Wohnung? Woher weißt du, daß Nora gerade heute schreiben würde? Kannst du Gedanken lesen?»

«Ich kann dies und noch viel mehr. Aber darf ich dich freundlich bitten, mir den Brief zu reichen? Ich bin sehr gespannt.» Er überflog den ersten Teil und las dann sehr genau, was ihn betraf.

«Hm, hm, dann habe ich doch gewisse Chancen bei diesem netten Mädchen. Gut, gut. Ich hege ja auch große Sympathien für sie. Also erkläre ihr bitte folgendes: Ich bin immer für den Frieden gewesen. Nur habe ich erkannt, daß mit guten Worten alleine der Friede nicht zu haben ist. Warum schlagen sich die Menschen im Staate nicht tot? Weil sie Angst vor der Strafe haben. Diese Angst haben sie aber nur so lange, als die Strafe erfolgt, wenn sie sich vergehen. Deswegen muß der Fürst (oder wer auch immer den Staat repräsentiert) wirklich fürchterlich sein. Wenn er aus Gutmütigkeit schwach wird, tanzen die Mäuse, und es gibt sofort Streit, bis hin zu Blutvergießen. Wir wollen doch alle Leben schützen – aber dann müssen wir auch für einen starken Staat sein. Alle Tricks, die ich vorschlage, dienen nur diesem Ziel – ich bin ein moralischer Mensch, auch wenn mir der Moralismus derjenigen auf den Geist geht, die nur schwafeln, aber kein Problem lösen.»

Da hörte ich plötzlich ein Geräusch im Nebenzimmer – ein Buch war anscheinend vom Regal herabgefallen. Ich blickte in das Zimmer; es war der «Leviathan» von Thomas Hobbes. Ja, und aus dem aufgeklappten Buch trat ein Männlein hervor, das zwar etwas wuchs, aber nicht über die Größe eines Kindes hinaus. Es blinzelte ironisch-boshaft zu uns und sagte: «Die Diskussion ist sehr spannend, darf ich mich einmischen? Gestatten, für meine Freunde bin ich Tom.»

«Lieber Herr Hobbes, ich wußte gar nicht, daß man mit Ihrer Philosophie Freunde haben kann. Aber Sie sind willkommen, an unserem Gespräch teilzunehmen.»

Er glückste vor sich hin, dann warf er den Kopf nach hinten und rief: «Eure kleine Freundin, der ich schon einige Male über den Weg gelaufen bin, die mich aber geflissentlich ignoriert (selber schuld also, wenn sie sich darüber beklagt, daß sie keine Philosophen mehr trifft), Nora also von den großen Dinos, sollte gefälligst zwei Dinge kapieren. Erstens schreibt sie doch selber, daß sie etwas im Bauche hat – nämlich Wut. Was tut man aber mit Wut? Man streitet mit anderen, und das letzte Mittel der Auseinandersetzung ist Gewalt. In der Tat sind Menschen ganz besonders aggressive Tiere, und ihrer Streitlust werden Grenzen nur durch zweierlei gesetzt: erstens das Recht, das genau festlegt, was wem gehört. Es ist vollkommen egal, ob die Bestimmungen des Gesetzes gerecht sind oder nicht – oder besser: Sie sind per definitionem gerecht. Denn wie auch immer diese Bestimmungen beschaffen sind, sie endigen den Streit. Freilich tun sie das nur, wenn das Recht zweitens auch die höchste Gewalt hat; und dann spricht man vom Staat. Die Mac & Tom AG vertritt die Interessen des Staates, natürlich aus moralischen Gründen.» (Hier wieherte er wieder wie ein Pferd.) «Zweitens finde ich die Unterscheidung, die Nora zwischen Macht und Einfluß macht, nicht so gut. Denn auch Einfluß ist eine Form von Macht – alle Menschen wollen Macht, wollen wirken. Nur wollen einige mit Waffen ihren Willen durchsetzen, andere mit Geld, andere schließlich mit Worten. Das sind wir Intellektuelle – und ich habe den Eindruck, daß unsere kleine Nora auch eine Intellektuelle werden wird.» (Hier schüttelte er sich nur so vor Lachen, bis ihm die Tränen kamen.)

«Hör mal, Tom», entgegnete Mac, «Nora hat vielleicht gar nichts gegen Macht. Ihr geht es darum, *wofür* diese Macht eingesetzt wird – das ist doch das moralische Problem. Und vermutlich wirft sie uns vor, daß wir zu leicht staatliche Macht schlechthin legitimieren.»

«Wie auch immer, ich muß noch packen. Trollt Euch, oder ich zeige Euch, wer nach den Gesetzen dieses Staates in dieser Wohnung Hausrecht hat.» Das wirkte, und die beiden verflüchtigten sich sofort.

Die Macht des Wortes scheint mir in der Tat ein sehr wichtiges Problem. Journalisten etwa haben heute viel Macht – die meisten Politiker tun ja nur, was nach ihrer Ansicht die öffentliche Meinung will. Daher haben sie eine besondere Verantwortung, genau und präzise zu berichten. Der Journalist in der ZEIT hat gewissenhaft geschrieben – doch er kennt mich eben nicht so gut, wie Du das tust. In dem Artikel, den ich Dir jetzt beilege, sind hingegen aus dem einen Mädchen mit den vielen Briefen, von dem ich erzählt habe (dreimal darfst Du raten, wie es heißt), viele kindliche Leser von «Sofies Welt» geworden. Als ob die Quantität zählte und nicht vielmehr die Qualität dieser Briefe.

Meine Spanienreise begann mit einer großen Enttäuschung. Am Tag nach meiner Ankunft näherten sich mir auf einer Rolltreppe zwei Algerier, deren einer einbeinig war und Schwierigkeiten zu haben schien, auszusteigen. Ich mußte ihm die Arme entgegenhalten, um ihn zu stützen, was auch er tat. Dabei aber entwendete er meine Geldbörse, in der ich ca. 600 DM (ich hatte gerade gewechselt), Personalausweis u. ä. hatte. Einer der Passanten rief mir zu, ich solle achtgeben, aber da war es schon zu spät; und zusammen mit einem Brasilianer, den ich kennengelernt hatte, rannten wir dem unversehrten Kumpanen hinterher, um ihn festzuhalten. Er wehrte sich wie eine Katze, meine Brille flog auf den Boden, wir rollten uns auf der Erde, bis wir ihn schließlich zu zweit festhielten. Inzwischen aber humpelte der andere davon; zwei weitere Kumpanen nahmen ihn in ihr Auto. Als schließlich die Polizei kam und den ersten in Handschellen abführte, stellte sich heraus, daß der andere das Geld hatte – ich werde es nie wiedersehen.

Ich habe mich über mich sehr geärgert; auf meinen vielen Reisen in Indien, Lateinamerika, Rußland, Tunesien ist mir derartiges nicht passiert; auch weil ich das Bargeld besser versteckt hielt. Doch in Spanien, wo ich 1972/73 ein Jahr gelebt hatte, meinte ich, sorglos sein zu dürfen – doch hat sich das Land in den letzten 20 Jahren sehr verändert, und leider nicht nur zum Guten. Als ich nun abends traurig in meinem Hotelzimmer saß und auch über die Information der Polizei brütete, daß die Mehrzahl derartiger Diebstähle von Maghrebinern begangen werde, die hier illegal lebten, merkte ich plötzlich, daß ein älterer bärtiger Mann auf dem Fensterbrett saß. Ich zuckte zusammen, aber er lächelte freundlich und sagte: «Hab keine Angst, ich bin ein Freund. Eigentlich müßtest du mich kennen.»

«Ich kann mich nicht erinnern», antwortete ich verlegen.

«Warum bist du denn in Spanien?»

«Nun, man hat mich zu einem Kongreß über Ramon Lull eingeladen, diesen genialen Kauz aus dem 13./14. Jahrhundert, über den ich mal gearbeitet habe.»

Der alte Mann lachte fröhlich auf. «Ein Kongreß über Ramon Lull fast 700 Jahre nach seinem Tode! Wer hätte sich das je träumen lassen! Zu meinen Lebzeiten hielt man mich für verrückt, und jetzt reisen Professoren aus aller Welt an, um über mein Werk zu sprechen. Ja, diese Welt ist wirklich etwas verrückt, aber ich mag sie trotzdem gerne. Sie ist ja Gottes Schöpfung, und es ist sündhaft, sich zuviel über alles Schlechte aufzuregen. Du ärgerst dich über den Diebstahl? Fühlst Wut im Bauch gegen die Maghrebiner im allgemeinen? Das ist verständlich, aber nicht klug. Zwar hast du recht getan, gegen den Mann zu kämpfen, denn Unrecht darf man nicht durchgehen lassen. Andererseits hast du in deinem Leben so viel Glück gehabt, daß du diesen Verlust gelassen hinnehmen mußt. Ein bißchen mehr Würde, wenn schon nicht Mitleid mit dem Einbeinigen.»

«Ach, diese Maghrebiner …»

«Ich kenne den Maghreb besser als du, mein Freund, und auch wenn die gegenwärtige Situation alarmierend ist, kann ich dir sagen: Der Islam ist eine beachtliche Religion, und von der arabischen Philosophie habe ich seinerzeit viel gelernt. Du weißt ja, daß ich die Moslems zum Christentum bekehren wollte, und die Diskussion mit ihnen hat mir viel Spaß gemacht. Wir waren uns einig, daß es nur einen Gott gibt; aber wir Christen glauben außerdem an die Dreieinigkeit und an die Inkarnation. Ich versuchte seinerzeit, dies mit der Vernunft zu beweisen, denn ich begriff bald, daß es nichts hülfe, wenn ich mich auf den Glauben beriefe – denn die Moslems haben eben einen anderen Glauben. Schade, daß heute wenig Dialog ist zwischen Christen und Moslems. Seit der Neuzeit ist unsere Kultur so viel mächtiger geworden (was natürlich noch nicht heißt, daß wir recht haben), und das macht das Gespräch schwieriger. Vermutlich hat der Glaube an die Inkarnation ein neues Verständnis der Geschichte zur Folge gehabt – es wurde möglich, sie als Fortschritt zu denken. Frag’ mal deine Nora, was sie zur Trinität meint.»

«Kennst du auch Nora?»

«Aber sicher. Ich mag Kinder sehr gerne. Zwar habe ich meine Familie nach meiner Vision auch verlassen, aber für meinen Sohn habe ich ein eigenes Buch geschrieben.»

«Sag mal, Ramon, wie sollen wir mit den Moslems umgehen?»

«Reden, reden, reden. Mac & Tom haben zwar recht: Der Frieden braucht auch ein Gewaltmonopol. Aber das reicht nicht. Man muß sich einigen auf Grundwahrheiten. Erinnern wir die Araber an das Potential an Vernunft in ihrer eigenen Tradition. Und vielleicht begreifen sie einmal, daß unser Gespräch ein Abbild des dreieinigen Gottes ist. So, das war's, Vittorio. Guten Lull-Kongreß wünsche ich dir! Ich muß fort, um das Gespräch mit einem Buddhisten fortzusetzen.»

Meine Bitterkeit verschwand nach dieser Begegnung, und bei den Wundern Kastiliens denke ich immer daran, wieviel das große Spanien der Synthese von Abendland und Islam verdankt.

Dein
Vittorio

25. September 1994

Lieber Vittorio,

das war ja ein spannender Brief! Denn daß Philosophen aus Büchern krabbeln, plötzlich im Zimmer stehen oder «mir nichts, dir nichts» auf dem Fensterbrett eines Hotels sitzen, ist ja nicht der Normalfall. Und dann noch das Erlebnis in Spanien ... Das war bestimmt enttäuschend für Dich, jemandem Deinen Arm zu reichen und ihn zu stützen, und als Dank dafür bekommst Du eine leere Tasche! Es ist gemein, wie andere Menschen die Hilfsbereitschaft ausnutzen, um ihre krummen Geschäfte zu machen. Ich finde es aber sehr gut, daß Du diesem Schurken hinterher gerannt bist und ihn zusammengeschlagen hast, aber leider hatte der ja nicht das Geld. Weißt Du, wenn alle oder viele Menschen so hinterhältig betrügen würden, könnte bald keiner mehr mit ruhigem Gewissen helfen, wenn überhaupt noch jemand helfen würde. Aber zum Glück hattest Du ja noch Deinen Personalausweis und konntest so über die Grenze. –

Weißt du was, dieser Hobbes gefällt mir ganz und gar nicht. Für ihn habe ich, glaub' ich, nichts übrig. Er ist mir zu ironisch und – ach, ich weiß nicht recht – zu gehässig. Mac gefällt mir viel besser. Außerdem muß Wut nicht unbedingt in Streit ausarten. Und wenn schon – Streit ist wichtig.

Man muß nur streiten *können*. Gewalt spielt bei «richtigem» Streit keine Rolle. Vielleicht kann man Streit auch eine furchtbar lebhafte und geistreiche Diskussion nennen. Zum Schluß muß man sich aber vertragen, auch wenn man keine gemeinsame Lösung gefunden hat. Dadurch, daß man dem anderen seine Meinung gesagt hat, ihm Argumente für diese Einstellung gesagt und dessen Argumente für seine Einstellung gehört hat, fühlen wir uns wieder frei, oder auf jeden Fall nicht mehr so wie vor dem Streit! Wenn Gewalt in den Streit mit einbezogen ist, dann haben wir sehr dumme Streiter, die keine Argumente mehr haben und durch Gewalt völlig vom Thema abweichen. Leider gibt es die aber; und hier braucht man auch einen Staat, der Gewalt bestraft. Das glaube ich auch. Nur muß dieses Gesetz selber gerecht sein, sonst hat man als Mensch doch kein Vorbild, sondern nur Angst, daß, wenn man Gewalt ausgeübt hat, mit Gewalt zurückgezahlt wird. Das ist doch nicht der Sinn der Sache. Oder findest du die Folterungen in der Türkei gerecht, Hobbes? Also ich überhaupt nicht!!! Hobbes, du gehst zu sehr nach dem Motto «das Mittel heiligt den Zweck», und das ist eine Sache, die ich nicht mag. Da sind Materialisten (wie du) aber wohl anderer Meinung. Ach ja, es gibt zwei verschiedene Arten von Macht: 1. Macht, weil man eine gewisse Würde und Ausstrahlung bei den Mitmenschen hat (z. B. Martin Luther King), und 2. Macht, die man hat, weil die Mitmenschen Angst vor einem haben und deshalb alles tun, um nicht in Ungnade zu fallen (z. B.: ein König). –

An Deiner Frage mit der Trinität habe ich viel rumgeknobelt, aber so, wie es die christliche Kirche vorschreibt, kann ich es nicht glauben. Ich finde es zwar eine schöne Vorstellung, aber geht das nicht sogar schon etwas ins Heidnische? Ein Mensch, also Jesus, als Gott? Ich glaube zwar, daß Gott in drei Funktionen auftreten kann, nämlich als Gott in der anderen Welt, bei dem die Gegensätze aufgehoben sind und bei dem auch Zeit keine Rolle spielt; und derselbe Gott, der zu seinen Geschöpfen, den Menschen heruntersteigt, mit ihnen durch die Zeit geht und sich mit ihnen freut und auch leidet. Und nun noch Gott (auch derselbe), der in den Menschen einen Funken hat, der den Menschen seinen Atem einhaucht und sie heiligt. In der Kirche ist der Herrscher der «Vater», der Leidende «Jesus» und der Funke der «heilige Geist». Damit bin ich eigentlich einverstanden, aber ob Jesus auch Gott ist? Ich glaube das immer noch nicht. Jesus hat Gott doch selber angebetet. Er war, glaube ich, von Gott als Vorbild für uns Menschen auserwählt, aber nicht Gottes Sohn. Er war «nur» in besonderer Weise mit Gott verbunden. Das wußte er auch. Insofern stimme ich nicht ganz mit der christlichen Kirche überein, Lull! (Ich finde es gut, daß du Vittorios Wut besänftigt hast.) Aber vielleicht kannst du, Lull, mir erklären, was es genau mit der Trinität auf sich hat, oder besser, wie du dazu stehst. Weißt du, Lull, daß man viel mit den Menschen reden muß (insbesondere mit den Moslems), glaube ich auch. Man muß gemeinsam reden, diskutieren und Lösungen finden. Dann spielt es nämlich auch bald keine Rolle mehr, ob man weiß oder schwarz ist, Jude oder Christ, Chinese oder Indianer usw. Aber bis die Menschheit das verstanden hat und auch einhält, dauert es bestimmt noch lange. Ich möchte gerne mit anfassen, Frieden auf die Welt zu legen. Hoffentlich tue ich das auch. Aber das ist die Sache der Zukunft. –

Es war sehr schön gestern bei Dir! Besonders die Tortellini haben prächtig geschmeckt. (Wie immer!) Kochen muß man nämlich auch gut können, nicht nur Philosophie. Schade, daß Du jetzt wieder wegfährst. In den Herbstferien fahre ich wahrscheinlich zu Hotti und Co. Da freue ich mich schon drauf.

Daß ich im Augenblick Dein «Ugarit» lese, weißt Du ja schon. So, gleich laufe ich zum Briefkasten und werfe den Brief ein!

Bis bald,
Deine Nora!

Zu Deinem 12. Geburtstag

Liebe Nora!

Zunächst einmal ganz herzlichen Glückwunsch zu Deinem zwölften Geburtstag! Das ist eine schöne Zahl, die Du jetzt erreichst – sie deutet eine gewisse Abrundung und Vollkommenheit an. So allmählich verläßt Du die Kindheit und trittst ins Jugendalter ein: Manche Probleme treten auf Dich zu, aber ich bin sicher, daß Du sie bewältigen und noch viel aus Dir machen und viel der Welt geben wirst. In Eurer Schülerzeitung hat mir alles, was Du geschrieben hast, gefallen, ganz besonders aber der Artikel über den Regenwald. Du analysierst die Probleme klar, Du bist bereit, für Deine persönliche Lebensführung die Konsequenzen zu ziehen, schließlich hast Du Optimismus und Elan, um auch andere zum Richtigen anzuregen. Wenn es mehrere Noras gäbe, wäre die Welt besser! Jedenfalls wünsche ich Dir für das neue Lebensjahr weiterhin so viel Energie, so viel geistige Neugierde und so viel Herzensgüte. Das Büchlein, das ich Dir schenke, soll Dir helfen, den Zusammenhang zwischen Antike und Christentum besser zu verstehen. Den Alten Orient (Ugarit z. B.) soll man nicht vernachlässigen, aber unsere eigene Kultur hat in Antike und Christentum die wichtigsten Wurzeln. Es ist großartig, wie das Christentum jüdisches und griechisch-römisches Denken zu einer Synthese integrierte. Lulls letzte Bemerkung in Madrid deutet darauf hin, daß unsere Zeit die Aufgabe hat, Christentum und fernöstliche Religiosität zu verbinden. Wie passend, daß Du auch über Korea in Eurer Schülerzeitung geschrieben hast. – Hoo Nam wird Dir noch mehr über ihr Land erzählen. –

Dein Brief hat mir wieder einmal große Freude bereitet, wie natürlich auch Euer Besuch. Da ich diesmal erst nachmittags verreisen mußte, hatte ich noch Zeit, in das Café zu gehen, das nach den Sommerferien wieder geöffnet hat. Es herrschte Hochstimmung: Manche der Philosophen waren ganz gebräunt, alle erholt und entspannt. Als man mich sah, riefen alle ganz aufgeregt: «Der Nora-Vittorio – ohne Brief von der kleinen Philosophin darf der aber nicht herein.» Ich schwenkte Deinen Brief und las ihn vor. Mehrfach wurde ich unterbrochen; als ich etwa Deine Bemerkung wiedergab, wenn alle Menschen betrögen, gäbe es keine Hilfsbereitschaft mehr, sagte Immanuel Kant: «Das Kind ist eine anima naturaliter kantiana. Sie hat schon verstanden, wie man moralische Prinzipien begründen muß. Man macht das Gedankenexperiment, was wohl eintreten würde, wenn alle eine bestimmte Maxime befolgen würden. Ist das Resultat unmöglich oder nicht wünschenswert, ist die Maxime unmoralisch.»

«Aber woher weißt du, was wünschenswert ist und was nicht?» unterbrach ihn jemand.

«Diese Diskussion wollen wir jetzt nicht weiterverfolgen», bat ich. «Nora hat ein anderes Problem, das sie beschäftigt, und zu dessen Verständnis sie euer aller Hilfe braucht. Laßt mich weiterlesen.» Als ich erwähnte, Du mögest Hobbes nicht leiden, rief René: «Guten Geschmack hat das Kind! Ich fand ihn auch immer unerträglich.»

Mac errötete übrigens (ich habe ganz genau hingeschaut), als die Stelle kam, er gefalle Dir viel besser. Der schreckliche Hobbes aber brach in ein schauderhaftes Gelächter aus, als ich vorlas, Du lehntest das Motto ab, das Mittel heilige den Zweck. Er schüttelte sich geradezu vor Lachen, bis er schließlich von René angeschrieen wurde, er solle sich gefälligst zusammennehmen.

«Nun, nun», sagte er, «ich habe immer gedacht, Leute wie ich meinten, der Zweck heilige die Mittel. Aber Nora stellt das ganz spiegelverkehrt dar. Hahaha! Und ihre Unterscheidung von Streit und Gewalt ist mir zu spitzfindig. Wir Intellektuelle sind nur ganz besonders stark in Argumenten, deshalb wollen wir den Kampf von der physischen Auseinandersetzung auf die argumentative Ebene übertragen. Das ist in unserem Interesse, zugegeben, aber es entspringt eben nur unserem Machtwillen. Hahaha! Wenn es in der Türkei Gesetze geben sollte, die Folterungen gestatten, so sind diese natürlich gerecht; denn der einzige Maßstab der Gerechtigkeit sind die Gesetze. Was bilden sich denn die Naturrechtler ein, einen anderen Maßstab zu haben? Ich kenne keinen anderen!»

«Schweig, Scheusal!», rief Immanuel. «Gewiß können Gesetze ungerecht sein, und natürlich kommt es darauf an, den Staat nicht nur sklavisch zu *fürchten,* sondern seine Gesetze als Ausdruck unserer verantwortlichen, sich selbst bindenden Freiheit *anzuerkennen.*»

«Sich selbst bindende Freiheit? Ist zu hoch für mich», rief Hobbes und trabte, vor Lachen wiehernd, aus dem Café heraus. Offen gestanden, war ich erleichtert, diesen hämischen Kerl loszusein. Zur Diskussion über die Trinität hätte er nichts beizutragen gewußt. Ich las Deine Ausführungen vor, und es war mucksmäuschenstill im Café. Am Ende stand ein dicklicher Mann mit Tonsur und einem weißen Habit mit schwarzem Mantel auf und verkündete:

«Niemand kann die Trinität verstehen. Wir können nur daran glauben. Und wir müssen daran glauben, weil die Kirche es lehrt. Wer nicht glaubt, wird verdammt werden.»

«Also, Thomas, das geht zu schnell», rief da – wer wohl? – natürlich Freund Lullus, den ich noch gar nicht gesehen hatte und der mir freundlich zuzwinkerte. «Gott kann niemanden verdammen, der sich wirklich bemüht, etwas zu verstehen, aber dabei scheitert. Ja, gerade weil Gott geliebt werden will, aber niemand geliebt werden kann, der nicht auch gekannt wird, muß er im Prinzip rational begreifbar sein. Also ist die Trinität rational erklärbar ...»

«*Wenn* es sie gibt», riefen da Alfarabi und ein als Rabbiner gekleideter Mann, der sich als Maimonides herausstellte. «Wenn sie hingegen nicht rational einsichtig ist, dann gibt es sie nicht», fuhren der islamische und der jüdischen Philosoph fort, indem sie gleichsam im Chor sprachen.

«Du bist verrückt, wenn du ihnen das zugestehst», rief Thomas ängstlich. «Du mußt dich auf deinen Glauben berufen.»

«Aber dann werden sie sich doch auf *ihren* Glauben berufen», entgegnete Lullus. «Ich kann doch nicht von ihnen erwarten, daß sie im Prinzip bereit sein müssen, meine Argumente als überlegen anzunehmen, wenn ich selbst nicht willens bin, meinen eigenen Glauben ihren Einwänden zu opfern. Vielleicht sind wir gar nicht so weit voneinander weg.»

«Also, Ramon, schieß los», hieß es von Alfarabi und Maimonides. Ramon sah sich im Café um und erkannte an einem Tisch weit hinten einen älteren Herrn mit langem Bart und jüdischer, aber moderner Kleidung. «Martin, komm doch mal her», rief er. «Es geht um ein spannendes Problem. Du bist meinen Gesprächspartnern gegenüber unverdächtig. Sag mal, was war deine wichtigste philosophische Erfahrung?»

«Nun, die Ich-Du-Erfahrung. Mir scheint, daß es ganz falsch ist, sie so zu kategorisieren, wie man das mit Subjekt-Objekt-Beziehungen tut. Einem anderen Menschen gegenüber verhalte ich mich in grundsätzlich anderer Weise als etwa der natürlichen Welt gegenüber.»

«Und ist diese andere Weise höher oder niedriger als das Subjekt-Objekt-Verhältnis?», fragte Lullus verstohlen lächelnd alle drei Dialogpartner.

«Höher natürlich!», kam von allen die Antwort. «Wer verhielte sich nicht lieber zu einem anderen Menschen als zu einem Stein?»

«Und nun sag: Sollen wir Gott höhere oder niedrigere Fähigkeiten zuschreiben?»

«Höhere selbstverständlich – ja die höchstmöglichen.»

«Dann aber muß Gott sich nicht nur denkend zu einer objektiven Welt verhalten – er muß in sich selbst eine Struktur der Interpersonalität besitzen. Sonst wäre er einsam und zu einer Subjekt-Subjekt-Beziehung unfähig.»

«Was du sagst, ist gut argumentiert», antwortete Alfarabi nach einer Weile, «und ich muß zugeben, daß dein Gedankengang mich ziemlich beeindruckt. Auch kann ich noch nicht sehen, welche der beiden Prämissen, aus denen du deinen Schluß ableitest, wir zu schnell zugestanden haben. Sie scheinen mir beide weiterhin wahr, aber die Schlußfolgerung gefällt mir nicht – auch wenn ich natürlich weiß, daß die Schlußfolgerung richtig sein muß, *wenn* die Prämissen richtig sind. Mein Einwand ist:

Seid ihr Christen nicht Polytheisten? Glaubt ihr nicht an eine Mehrzahl von Göttern?»

«Das verhindere der eine Gott!», rief Lull mit Leidenschaft. «Natürlich gibt es nur einen Gott. Aber sein Wesen ist in sich differenziert und strukturiert. Wenn Gott einer ist, gibt es in ihm ein einendes Moment, ein geeintes Moment und den Akt des Einens – also eine dreieinige Struktur. Und die ganze Welt, die doch von ihm geschaffen ist, spiegelt diese Dreieinigkeit. Du erwähntest erst den Schluß – besteht er nicht aus zwei Prämissen und einer Schlußfolgerung? Hat der Raum nicht drei Dimensionen? Hat nicht die Zeit die drei Zeitmodi von Vergangenheit, Gegenwart, Zukunft?»

«Moment, Moment, du hast die Argumentationsstrategie gewechselt. Jetzt sprichst du von der Bedeutung der Dreiheit in der Ordnung der Welt. Vorher sprachst du von der Intersubjektivität. (Übrigens ist das ein ziemlich neues Argument, in deinen Werken habe ich es noch nie gelesen.) Aber zur Intersubjektivität gehören doch zwei, nicht drei!»

«Wirklich? Denkt an die Familie. Zwei Menschen, die sich lieben, schaffen durch die Liebe eine neue Person – das Kind», warf plötzlich Hegel ein, da Lull verlegen schwieg. Hegel hatte sich vor kurzem an den Tisch gesetzt und verfolgte die Diskussion ganz aufgeregt.

«Also ihr seid wirklich raffiniert», lachten die drei anderen. «Doch selbst wenn wir euch die Trinität zugestehen sollten (darüber freilich müssen wir noch lange nachdenken, und immerhin können wir Thomas daran erinnern, daß wir offenbar bisher nicht verdammt wurden, sondern nach dem Tode in dieses nette Café verwiesen wurden, wo wir uns ausgesprochen wohl fühlen), bleiben Noras Einwände zu Jesus stark. Es ist etwas Heidnisches daran, einen Menschen so ohne weiteres für göttlich zu halten.»

«Zunächst einmal ist es sehr wichtig», antwortete Lull, «zwischen immanenter und ökonomischer Trinität zu unterscheiden, also zwischen der Dreieinheit, die in Gott vor der Schöpfung und damit natürlich auch vor der Geburt Jesu bestand, und der Trinität, die in der menschlichen Geschichte wirkt. Erstere ist schwer genug, doch leichter zu verstehen als die zweite. Ferner muß man unterscheiden zwischen der Frage, ob eine Menschwerdung Gottes überhaupt ein sinnvoller Gedanke ist, und dem Problem, ob gerade Jesus der menschgewordene Gott ist. Mir persönlich scheint folgendes für die Menschwerdung zu sprechen: Gott ist unendlich, und als unendlich muß er etwas schaffen, in dem er sich ganz ausdrücken kann. Ein unendlicher Raum, eine unendliche Zeit – all das ist einem unendlichen Gott nicht angemessen. Das, worauf es ankommt, ist das höchste Wesen, also den moralischsten Menschen, zu vergöttlichen.»

«Genau», schloß sich Hegel an, «die Kluft zwischen Gott und Welt muß aufgehoben werden. Und das geschieht nur, indem etwas Innerweltliches zugleich göttlich ist. Was aber ist dieser Vergöttlichung würdig? Der reinste Mensch. Daß er Gottes Sohn ist, heißt nichts anderes, als daß das Sittengesetz in ihm in unüberbietbarer Form verwirklicht ist.»

«Und was bedeutet dann der Heilige Geist?»

«Nun», fuhr Hegel fort, «daß die Verwirklichung von Gottes Wille mit der Gestalt Jesu nur ihren Anfang genommen hat, nicht ihr Ende. Einerseits die Realisierung des Rechtsstaates, andererseits die philosophische Durchdringung des Glaubens (ach, natürlich auch die Geschichte der Kirche) sind Werke des Heiligen Geistes. Im Augenblick flattert er ganz mächtig unter uns.»

«Oh, rationalistisches Scheusal», rief Thomas ganz erregt.

«Nun», lachte Hegel, «daß du es bei Beleidigungen

bleiben läßt und nicht tätlich wirst, ist auch Zeichen des Wirkens des Geistes der Nächstenliebe.»

Mir schwindelte von all diesen so schwierigen Gesprächen. Da war ich wirklich froh, am nächsten Tag ein Seminar für Manager zu geben – das ist nüchternerer Stoff. Inzwischen bin ich, auf Deinen Spuren, in Ligurien und breche bald nach Neapel auf – einer philosophischen Stadt, in der ich mich auf manche Begegnung gefaßt mache.

Herzlich grüßt Dich
Dein Vittorio

27. Oktober 1994

Lieber Vittorio,

zunächst vielen Dank für das Buch, das Du mir zum Geburtstag geschenkt hast. Ich habe schon ein wenig darin gelesen, und es ist sehr interessant – d.h. es gefällt mir gut! Bloß kann ich manche lateinischen Sätze noch nicht übersetzen. Über Deinen Brief habe ich mich natürlich auch sehr gefreut. Was diese Philosophen doch für raffinierte Einfälle und Argumente haben! Jetzt haben wir es Hobbes ja «gegeben». Und wenn Du ihn wieder triffst, dann kannst Du ihm ja sagen, daß ich mich, als ich schrieb «das Mittel heiligt den Zweck», nur vertan hatte. Ich meinte natürlich «der Zweck heiligt die Mittel». Aber daß Hobbes so gelacht hat darüber, ist nicht schlimm, nein, ich kann es sogar verstehen: Denn wenn man von so gut wie allen in die Enge getrieben wird und sich vielleicht schämen muß, sucht man gerne nach Fehlern, die die Gegner getan haben.

Ja, Immanuel, ich kann mir nur wünschen, ein paar

Züge von dir und euch allen im Café zu bekommen. Gut, daß es Vittorio gibt, der uns zueinander führt!

Liebe Café-Philosophen: Könnten wir bald einmal darüber diskutieren, was «wünschenswert» und was «nicht wünschenswert» ist? Das klang ja schon mal an; das ist nämlich auch ein spannendes Thema, oder?

Und nun wieder zur Trinität:

Wie auch Maimonides und Alfarabi kann ich zunächst nicht viel gegen das Argument von Lull zur Trinität einwenden.

Das Argument ist nämlich wirklich nicht schlecht. Trotzdem ist etwas faul an der Sache; das meine ich auch. Müssen Gott denn die gleichen Eigenschaften wie dem Menschen gegeben werden?! Vielleicht braucht Gott gar keine richtige Subjekt-Subjekt Beziehung! Für Gott gelten doch andere Gesetze – nicht unbedingt die des Menschen. Außerdem kann Gott doch mit dem Menschen Beziehungen aufnehmen, auch wenn das nicht das gleiche ist; wir Menschen haben immerhin etwas Göttliches, und wenn Gott selber in sich sowieso schon Beziehungen hergestellt hätte, dann brauchten wir dieses Göttliche nicht, denn dann müßten wir Gott nicht unbedingt erkennen können, um so eine Beziehung mit ihm herzustellen. Außerdem widerspricht sich Lull:

Einmal sagt er, die Trinität müsse für Menschen begreifbar sein, damit wir an sie glauben können. Andererseits erklärt er, daß Gott drei in einem sein kann, um Beziehungen herzustellen. Das ist nun aber wirklich sehr schwer zu begreifen für unseren kleinen Menschenverstand, oder? Ich kann mir das auf jeden Fall nicht vorstellen. Du etwa? Ach – weißt Du, wer mir dazu einfällt? Nikolaus Cusanus: Der sagte doch, daß in Gott die Gegensätze aufgehoben wären. In der Hinsicht würde die Trinität wiederum passen: Eins kann für Gott (oder bei Gott) drei sein ...

Na, ich weiß nicht genau, was ich jetzt glauben soll. Ich möchte nämlich auch nicht so viel gegen die Trinität sagen, da ich doch selber Christin bin und jetzt auch in den Konfirmandenunterricht gehe. –

Endlich haben sich meine Erwartungen erfüllt:

Endlich traf ich mal wieder einen der «klugen Köpfe». Diese Philosophen treiben sich aus unergründlichen Ursachen manchmal in der Nähe meiner Schule herum. Aber das liegt wahrscheinlich daran, daß hier der Bahnhof nur 10 Minuten entfernt liegt. Ja, ich war auf dem Weg von der Schule zum Bahnhof und war allein, denn ich hatte als einzige Zugfahrerin noch Chor, war also noch eine Stunde länger geblieben. Auch der Bahnhof war fast leer, nur ganz hinten saß auf einer Bank ein Mann. Ich setzte mich neben ihn und beachtete ihn nicht besonders.

Mir war ein wenig langweilig – ich hatte noch eine Viertelstunde auf den Zug zu warten; deshalb holte ich mein Religionsbuch heraus, um ein bißchen darin zu stöbern (wir sprachen nämlich gerade über den Islam). Aber ich ließ meine Blicke auch über das Kapitel des Judentums schweifen. An einem Bild, wo ein Rabbi abgebildet war, machte ich halt, denn der Mann neben mir sagte auf einmal: «Oh – der hat aber Ähnlichkeit mit Rabbi Jizchak!»

«Wer bitte?», fragte ich.

«Rabbi Jizchak. Natürlich, Nora, du bist Christin und kannst deshalb nicht wissen, wer dieser Mann ist. Er war ein alter Schriftgelehrter (ein jüdischer). Mit seiner Hilfe (unter anderem) habe ich mein Buch ‹Der Weg des Menschen› geschrieben!»

«Martin! Das ist ja eine Überraschung! Was suchst du denn hier?»

«Ich warte auf den Zug. Ich fahre nach Essen, in das berühmte Café.»

«In dieselbe Richtung muß ich auch. Das paßt ja. Und wenn wir uns nun schon mal hier treffen, müssen wir das auch ausnützen, um über wichtige Sachen zu sprechen», sagte ich. «Martin, erzähle von dir und deinem Leben.»

«Eigentlich frische ich gerade mein Kapitel ‹Hier, wo man steht› wieder auf. Ich muß ja schließlich allen Interessierten erklären können, was ich damit meine.»

«Dann versuche doch mal, mit mir darüber zu sprechen, d. h. es mir zu erklären.»

«Na, fangen wir an. Aber nimm es mir nicht übel, wenn ich ein paar Fehler mache. Ich bin auf meine alten Tage etwas tüddelig geworden. Glaubst du deinen Träumen oder Visionen?»

«Na ja. Es kommt darauf an. Aber eigentlich nicht.»

«Gut. Das tat aber Herr Eisik aus Krakau (ein Jude)...» (Er erzählte mir die Geschichte von dem Schatz unter der Brücke usw.) Dann fuhr Martin fort: «Ich habe diese Geschichte so interpretiert: Man soll bei sich anfangen zu ‹graben›. Dort, wo man steht. D. h. man muß nicht erst warten, bis man z. B. reich geworden ist etc. Man soll in jeder Situation darauf achten, etwas Gutes zu tun, mit dem Frieden anzufangen. Ja, man findet in seinem Inneren die Schätze und Talente. Man braucht meistens nie weit in ferne ‹Länder› zu reisen. Man muß in sich selber reisen. Du kannst mit dem ausgegrabenen Schatz oft Gott auf die Erde herunterziehen ...»

«Wie meinst du das?», fragte ich neugierig.

«Gott läßt sich von uns in die Welt ziehen. Wenn wir ihn anbeten, an ihn glauben und ihn ein bißchen begriffen haben, dann ist er in uns und um uns, dann haben wir ihn heruntergeholt. Nur so können wir beide Welten (Gottes und unsere) vereinen, irgendwann einmal.»

«Glaubst du, daß das Paradies auf Erden sein wird?»

«Was meinst denn du dazu?»

«Ich glaube es. Denn sonst haben wir Menschen doch hier auf Erden gar kein richtiges Ziel. Außerdem muß doch das Paradies für uns verständlich sein. Sonst ist es nicht für Menschen. Aber sind wir dann vielleicht Engel?»

Dschschsch ... unser Zug ratterte auf den Schienen und blieb neben uns stehen. Wir stiegen ein. Martin hatte geantwortet, aber ich verstand es akustisch nicht ganz. Im Zug hatte ich den Faden verloren und griff die Frage nicht noch einmal auf. Leider muß ich immer schon nach einer Station wieder aussteigen.

«Tschüß, Martin. Es war mir eine Ehre, mit dir in Subjekt-Subjekt Beziehung zu reden!», rief ich.

«Mir auch. Grüße Vittorio von mir!»

Rattatarums ... Die Bahn fuhr wieder an. Ich winkte noch ein bißchen. – Jetzt grüße ich Dich noch von Martin, Vittorio.

Im Moment lese ich eine Biographie über Einstein. Das ist wirklich höchst spannend. Was der alles für Theorien hatte. Wie war es denn in Neapel? Jetzt bist Du ja schon längst wieder da.

Gibst Du vielleicht Deine Unterschrift für Greenpeace gegen die Ausrottung und Abholzung des Regenwaldes ab? Ich habe schon mehr als sechzig zusammenbekommen.

Mama und Papa fahren morgen nach Israel (Jerusalem). Dann sind wir hier eine Woche allein. Vielleicht können wir uns danach einmal treffen.

Viele Grüße,
Deine Nora.

Liebe Nora!

Das war ja ein höchst anregender Brief – es hat sich ge-
lohnt, so lange zu warten. Wie klar und klug Du denkst
– was Du alles liest – wen Du alles triffst! Ich wundere
mich gar nicht, daß sich die Philosophen gerne in der
Nähe Deiner Schule herumtreiben – so hellwache und
sympathische Mitstreiter finden sie wohl selten. Und
weißt Du, der Altmännergeruch im Café kann einem mit
der Zeit auf die Nerven gehen – so ein frisches Kind
bringt Leben in die Gedanken der Philosophen! Schön,
daß Du Martin Buber begegnen konntest – schade freilich, daß der Lärm des anfahrenden Zuges Euer Gespräch
über die Möglichkeit eines Paradieses auf Erden unterbrochen hat. Das Thema ist nämlich sehr wichtig, und
wir sollten es unbedingt weiterverfolgen. Aber vorher
muß ich Dir von meinen Abenteuern in Neapel berichten,
denn diese betreffen Dich ganz persönlich und erklären
Dir leichter, warum Philosophen das Gespräch mit Kindern suchen.

Wie Du sicher weißt, ist Neapel eine außerordentlich
chaotische, aber auch sehr anregende Stadt – verrückt
und genial zugleich. Der Verkehr ist völlig ungeregelt
(d. h. die Leute verständigen sich irgendwie unterneinan-
der, aber die Verkehrszeichen werden überhaupt nicht be-
achtet), der Schmutz auf den Straßen gräßlich, die Krimi-
nalität hoch – und gleichzeitig floriert die Philosophie.
Inmitten der Altstadt, durch die sich gelegentlich wie im
Mittelalter Prozessionen ziehen, steht der Palazzo Serra
di Cassano, wo ein berühmtes philosophisches Institut
seinen Sitz hat, gestiftet von Avvocato Gerardo Marotta,
einem reichen Juristen und edlen Mäzenaten. Dort hielt
ich meine Vorträge, und etwa am Abend Deines Ge-

burtstages eilte ich, nach einer heftigen Diskussion über meine Thesen, in das herrliche Opernhaus San Carlo, wo man Haydns «Il mondo della luna» gab. Ich weinte vor Lachen über die menschliche Tendenz, sich allerlei Wunschträume einzubilden und Betrügern auf den Leim zu gehen, die einem sagen, was man hören will. Etwas melancholisch trat ich aus dem Opernhaus und ging zur Piazza Plebiscito, die so schön von der Säulenhalle der Kirche umfangen wird. Ich setzte mich an ein Tischchen des Café Gambrinus (in dem in unserem Jahrhundert häufig Benedetto Croce weilte) und bestellte ein Zitroneneis. Versonnen blickte ich in den Mond, der ganz nah zu sein schien, und fragte mich, was ich wohl gerne jetzt auf ihm sähe. Da – der Mann auf dem Mond wurde plötzlich sichtbar und – fiel vom Mond auf unsere gute alte Erde. Ich schloß die Augen vor Angst, denn ich fürchtete, er könnte auf mich stürzen und mich erschlagen. Aber es passierte nichts; nur daß, als ich nach einer Weile meine Augen wieder öffnete, ich nicht mehr allein am Tisch saß. Mich lächelte ein Herr mit dunklen Augen und schöner Adlernase an, den ich irgendwo schon gesehen hatte. Aber ich war so verwirrt, daß ich ihn nicht gleich wiedererkannte.

«Nun, du hättest auf dem Monde gerne Nora gesehen, aber sie ist nun einmal daheim in Deutschland und feiert ihren und ihrer lieben Großmutter Geburtstag. Da bin als Ersatz ich gekommen – darf ich mich vorstellen, ich bin Noras Schutzphilosoph.»

«Schutzphilosoph?», fragte ich verblüfft. «Was ist denn das?»

«Nun, gewöhnliche Kinder haben bekanntlich einen Schutzengel. Aber philosophisch begabte bekommen einen Schutzphilosophen abgeordnet, der ihre geistige Entwicklung verfolgt. Du kannst dir vorstellen, daß sich um Nora viele gerissen haben, was sich auch aus all diesen

Begegnungen ergibt, die sie mit vielen anderen Philosophen hat. Aber der wahre und eigentliche Schutzphilosoph der kleinen Nora bin ich, auch wenn sie mir noch nicht begegnet ist.»

«Wie heißt du?»

«Nun, das mußt du schon selbst herausfinden. Wir sind in Neapel – einer philosophischen Stadt.»

«Ohne Zweifel», sagte ich, «was in Oslo Gaarder ist, ist hier De Crescenzo – treffliche Popularisatoren der Philosophie vom hohen Norden bis zum tiefen Süden unseres Kontinents. Aber du bist doch nicht De Crescenzo?»

«Nein, nein», lachte er, «ich bin eher ein Gegentyp. Als ich meine Bücher schrieb, war ich unbeachtet; heute dagegen spricht man viel über mich – De Crescenzo wird es eher umgekehrt gehen.»

Da erbleichte ich, denn ich erkannte ihn – ich war ihm ja schon einmal in Rüttenscheid begegnet; zudem hatte ich ja nicht selten auf sein Portrait und seine Statue geblickt. Aber Haydns Musik hatte mich blind gemacht für das nächstliegende.

«Giambattista!», rief ich, «verzeih deinem Übersetzer um der Mühen willen, die er mit dieser Arbeit hatte! Es ist mir unsäglich peinlich, daß ich dich nicht gleich erkannt habe. Und ich bin so glücklich, daß gerade du Noras Schutzphilosoph bist.»

«Ich auch», lachte er, «denn ich habe mich ja als einer der ersten für Kinder interessiert – d. h. für ihre eigene Denk- und Empfindungsweise. Insofern war meine Wahl recht naheliegend – Jean-Jacques hat zwar auch kandidiert, aber Noras spitze Bemerkung, wahre Kinderfreunde brächten ihre Kinder nicht ins Findelheim, hat ihm sehr geschadet. Ich hingegen habe die ‹Neue Wissenschaft› geschrieben, während meine Kinder an meinen Beinen zerrten.»

«Ich weiß, Giambattista, und das hat mir immer sehr

imponiert. Einen besseren Schutzphilosophen für Nora hätte ich mir nicht vorstellen können.»

«Danke, danke. Aber neben meiner persönlichen Zuneigung zu Kindern spielte bei meiner Wahl noch eine Rolle, daß ich ein Forschungsprogramm mit meiner Schutzphilosophenschaft verbunden habe. Wie du weißt, gehe ich erstens davon aus, daß sich die ganze menschliche Gattung und das einzelne Individuum parallel entwickeln: In früheren Epochen waren, wie auch heute noch bei jedem Kind, die Phantasie und die Gefühle kräftiger; in späteren Zeiten und beim Erwachsenen werden sie von dem Verstand zurückgedrängt. Der dichterische Schwung eines Homer ist einer rationalen Zeit wie der unseren versagt, und selbst die 30jährige Nora wird nicht mehr so spontan schreiben wie heute. Zweitens bin ich der Ansicht, daß zwar die Entwicklung hin zu immer mehr Vernunft insgesamt gut ist, daß aber die Gefahr besteht, ein emotional ausgetrocknetes Denken führe zur Barbarei der Reflexion, d.h. zu einem Räsonieren ohne Glauben an die Wahrheit, einer egoistisch berechnenden Falschheit, einer Gschaftlhuberei ohne Verantwortung. Das antike Rom ist daran zugrundegegangen, das moderne Europa ist dadurch gefährdet. Regeneriert werden können wir durch die naive und kluge Güte von Kindern und einfachen Kulturen. Ich finde es z.B. außerordentlich wichtig, daß sich Nora für die Indianer und ihren Regenwald einsetzt – da die Kinder von den selbstzerstörerischen Tendenzen des Siegeszugs der modernen Wissenschaft am stärksten betroffen sein werden, müssen sie sich früh zu wehren anfangen! Ich finde es auch sehr wichtig, daß Nora sich nicht nur für die Probleme der Gegenwart und Zukunft, sondern auch für alte Kulturen interessiert. Paradoxerweise kann man sich den gefährlichen Tendenzen unserer Zeit nur entgegenstellen, wenn man die geistigen

Schätze der Vergangenheit kennt. Wer etwa in der griechischen Kultur Bescheid weiß, begreift leichter, was gefährlich ist an unserer Welt – etwa die Hochschätzung des Unendlichen anstatt des Sinnes für Grenze und Maß.»

«Sehr wahr», entgegnete ich, «und daher hoffe ich, daß Nora auch noch Griechisch lernen wird.»

«A propos Griechisch, wir sind ja hier in Großgriechenland, und nachts lebt in Neustadt (das heißt ja Neapolis auf Griechisch) das alte Griechentum wieder auf. Kennst du Posillipo?»

«Wie sollte ich nicht? An diesem schönen Kap, wo auch Vergil seine Villa hatte, habe ich ja selbst längere Zeit gelebt, als ich dich übersetzte.»

«Posillipo kommt von παυσίλυπος: wo die Schmerzen ihr Ende haben. Heute ist dort eine schöne Party, und wir sollten uns dort blicken lassen.»

«Sind wir denn eingeladen?»

«Gewiß», lächelte Giambattista geheimnisvoll, «Noras Schutzphilosoph und ihr Brieffreund dürfen nicht fehlen.»

Er winkte ein Taxi heran, in das wir stiegen, aber wie erstaunt war ich, als ich merkte, daß der Taxifahrer nicht wie ein moderner Neapolitaner, sondern wie ein Grieche gekleidet war. Er grinste mich an und sagte: «Heute sind es nicht Pferde, die mich dahintragen, sondern Motoren. Aber zur Wahrheit kommen wir trotzdem, wenn auch nicht so naturverbunden wie früher.»

«Mein lieber Parmenides», entgegnete Giambattista, «also gibt es doch die Zeit, wenn du von ‹früher› sprichst. Ich dachte, du nähmest nur reines Sein ohne Werden an.»

«Nachdem ich dich gelesen habe, habe ich meine Ansichten revidiert. Aber Albert hat mich wieder gerächt – da alles determiniert ist, in jedem Zeitpunkt alles Spätere enthalten ist, ist die Zeit letztlich doch eine Illusion.»

Ob Illusion oder nicht – wir waren ganz schnell in Posillipo angekommen. Und auf einer großen Wiese über den Klippen, mit herrlichem Blick auf Capri, standen eine Menge Menschen – fast die ganze Besatzung des Rüttenscheider Cafés und noch manche mehr. Sie hielten Gläser mit Wasser in der Hand (nur einer hielt Wasser in der hohlen Hand, es war natürlich Diogenes), und als wir ausstiegen, sangen sie alle im Chor: «Happy Birthday, dear Nora.»

Heraklit sagte am Ende zu Parmenides: «Weißt du, alles wird, und die Zeit ist die eigentliche Macht. Aber so zu tun, als ob man sie anhalten könnte, schöne Momente in Dauer zu vergegenwärtigen, ist ausgezeichnet – freilich merkt man nachher, daß wir ruckartig älter geworden sind und die Zeit wirklich uns alle bestimmt.»

«Und sie ist doch eine Illusion», murmelte Parmenides, doch begriff er, daß jetzt nicht der Augenblick war, die Partystimmung durch philosophischen Streit zu stören ...

Liebe Nora, ich hoffe, daß dieser Bericht Dir noch weitere Freude für das neue Lebensjahr vermittelt!

Dein Vittorio

27. November 1994

Lieber Vittorio,

über Deinen Brief habe ich mich wieder sehr gefreut. Er war wirklich schön, aber auch lehrreich, denn ich habe ja nur durch einen Zufall erfahren, daß Giambattista mein Schutzphilosoph ist! Und jetzt haben wir auch gleich das Schutzphilosophenbüro ausfindig gemacht: Das ist ja offensichtlich der Mond. Denn vom Mond aus hat Dich Giambattista doch besucht. Vielleicht stehst Du selber ja auch mal da oben auf dem Mond als Schutzphilosoph zur Verfügung?!

Schade, ich wäre furchtbar gerne auf meiner Geburtstagsparty dabeigewesen. Ich hätte einen Kuchen mitgebracht (weil wir beiden doch ganz besonders Kuchen mögen). Ich muß Giambattista mal fragen, ob er auch Kuchen mag. Ich glaube ja.

Na ja, auf Geburtstagen, da darf Diogenes doch auch mal aus einem Glas trinken. Sonst sind Feste doch gar nichts Besonderes für ihn. – Weißt Du, daß Neapels Autofahrer doch eigentlich nicht Hobbes' Spruch: «Der Mensch ist des Menschen Wolf!» entsprechen? Denn hier können sich die Menschen auch ohne Verkehrszeichen (Gesetze) verständigen. So dumm sind die Menschen also doch nicht! –

Die Entwicklung der Menschen parallel zu der Entwicklung der Geschichte ist ... eigentlich wahr. Ein Beispiel dafür ist der Götterglaube. Die Menschen dachten sich phantasievolle Götter aus, die zu ihnen passen und die man sich erklären kann. Das wäre ein Kinderglauben. Der Glaube an einen Gott ist ein Fortschritt der Vernunft: also ein Reifer- und Klügerwerden, also Erwachsenerwerden. Auch daß Giambattista sagt, man solle sich mehr den Problemen der Menschheit und der Erde widmen, als immer nur versuchen, Gott zu finden oder ihn zu erklären, finde ich gut. Allerdings ist es so verführerisch, sich damit zu befassen.

Ach ja, was meint er denn damit, daß Europa gefährdet ist? Laut Hegel wendet sich doch alles zum Guten, und die Menschheit macht immer wieder kleine Fortschritte. Es gibt zwar zwischendurch auch immer wieder Gefahren und Stürze der Menschen, aber trotzdem lernen wir immer Neues und wenden uns ganz langsam der Wahrheit zu. Und gerade Westeuropa ist doch auf dem Wege der Vereinigung! Das ist doch wirklich ein Fortschritt. Und gerade dann sind doch alle Bewohner geradezu aufgerufen, nicht nur um sich selber zu kreisen, sondern die nun offenen Länder Europas kennenzulernen und sich Gedanken zu machen. Ich glaube eher, daß es jetzt wieder bergauf geht, oder wenigstens bald, mit Europa. Dann sind wir doch auch ein Vorbild für andere Staaten und Kontinente. Leider ist da nur das ehemalige Jugoslawien! Das gehört doch auch zu Europa. Aber vielleicht könnten wir, als zusammengehöriges Westeuropa, versuchen, dort den Krieg zu beenden, vielleicht.

So – um nun mal auf das Thema «Paradies auf Erden» zu kommen, was ja auch zu den Fortschritten der Menschheit gehört: Ich glaube, auf jeden Fall im Augenblick, daß es dieses Erdenparadies geben wird. Denn a) das Paradies soll doch für uns Menschen sein, und deshalb müssen wir es doch verstehen können, und b) was hätte die Erschaffung der Erde für einen Sinn, wenn nicht der Garten Eden hierher kommt?! Wir Menschen müssen es doch irgendwann einmal geschafft haben, das Gute herrschen zu lassen und danach zu handeln. Sonst wäre doch auch das Gute in uns und auch das Göttliche in uns eigentlich überflüssig, wenn wir darum nicht zu kämpfen brauchten. Und wir wissen doch auch, daß in der Welt eigentlich das Gute herrschen müßte! Und diese Erkenntnis wäre auch überflüssig, wenn wir nicht danach handeln würden. Wir haben ja auch den Wunsch, daß irgendwann alles gut sein wird. Erstmal müssen wir es schaffen, das Paradies auf Erden zu bauen, und dann, wenn Gott gesehen hat, daß wir dazu reif genug sind, holt er uns in die Welt der Seelen, und dort beginnt die Ewigkeit! Ich glaube, daß wir es schon schaffen werden. Aber weißt Du, was mir gerade einfällt? Was passiert denn dann im

Paradies mit denen, die schlecht gewesen sind und auch nicht reuig sind? Glaubst Du an das Jüngste Gericht? Ich weiß noch nicht so genau. –

Ob die Zeit eine Illusion ist, darüber muß ich auch noch kräftig nachdenken. Was mir jetzt dazu einfällt, ist, daß es für uns Menschen eigentlich unwichtig ist, zu wissen, ob die Zeit eine Illusion ist oder nicht. Denn was hätten wir davon zu wissen, daß sie z. B. eine Illusion ist?! Wir könnten nichts damit anfangen, denn *wir* müssen trotzdem in Zeit und Raum weiterleben. Andererseits ist es natürlich spannend, das Geheimnis der Zeit herauszufinden! Parmenides' Ansicht finde ich raffiniert. Denn es ist ja wahr: Aus nichts kann nichts werden. Aber vielleicht hat gerade hier Gott mitgewirkt. Und das glaube ich ganz bestimmt. –

Ich lese gerade die Nibelungen-Sage. Davor habe ich auch schon zwei Ritterromane gelesen: Parzival und Gudrun. Das Mittelalter ist wirklich sehr reizvoll!

Bye,
Deine Nora.

P.S.: Hoffentlich: bis bald!

Essen, 29. November 1994

Liebe Nora,

der Club ist fast ausgeflippt, als ich heute, direkt nach der Uni, Deinen neuen Brief, für den ich vielmals danke, schwenkend, ins Café trat. Ich war ja verhältnismäßig lange nicht mehr da gewesen, und man erwartete Neuigkeiten von Dir mit größter Ungeduld. Von Giambattistas

Ernennung zu Deinem Schutzphilosophen hatten die meisten schon gehört, und ich kann Dir sagen, daß der Arme nun manche Eifersüchteleien ausstehen muß – die Position war sehr begehrt. Jean-Jacques hat einen Monat lang Giambattista geschnitten, und Tom zieht ihn damit auf, daß er bei jeder Gelegenheit fragt, ob ihm denn etwa schon Flügel wüchsen – richtige Schutzphilosophen müßten sich auch im Äußeren Schutzengeln angleichen. Nun, auch Philosophen sind menschlich-allzumenschlich. Ich habe mich übrigens sehr gefreut, daß Du meinst, auch ich könnte einmal Schutzphilosoph werden. Ich könnte mir kaum eine schönere Aufgabe nach dem Tode vorstellen – schade nur, daß Du dann zu groß bist, um mir noch zugeordnet werden zu können. (Jedenfalls wenn ich noch einige Jahre lebe, was ich natürlich hoffe, zumal mein Traumjob im Jenseits sowieso schon besetzt ist.)

Deine Bemerkung über Neapels Autofahrer ist übrigens sofort aufgegriffen worden. Ein eleganter Amerikaner, den man Lawrence nennt und von dem man mir sagte, er dürfe nur auf Einladung eines Philosophen das Café besuchen, weil er eigentlich etwas anderes gemacht habe, rief aus: «The girl is really smart! Sie erfaßt, daß das Leben mit Gesetzen und Regeln nur eine Möglichkeit ist – auch wechselseitiges Geben und Nehmen (z. B. der Vorfahrt) ist eine Lösung des sozialen Problems. Sie müßte jetzt nur noch diesen Gedanken mit dem Entwicklungsbegriff zusammenbringen, dann würde sie erkennen, daß die Law-and-Order-Moral eine spätere Stufe ist als bloße Gegenseitigkeit, in der Entfaltung des einzelnen wie auch der Gattung. Allerdings muß ich gestehen, daß mich dieses Kind auch wieder beunruhigt. Denn so sehr sie mich als Gesprächspartner fasziniert, als Forschungsobjekt würde sie mich sehr verunsichern. Sie philosophiert in einer Weise, die nach meiner Theorie Kindern in diesem Alter noch gar nicht zusteht. Also:

Entweder ist meine Theorie falsch, oder diese Nora gibt es gar nicht.»

Da lachte Tom laut und rief: «Viel eher gibt es dich, ja uns alle, nicht! Jedenfalls meinen die meisten Erwachsenen dies – während Noras Kindlichkeit sich gerade darin manifestiert, daß sie alles glaubt, was ihr Vittorio aufbindet. Ich wette, die glaubt noch an den Weihnachtsmann!»

In dem Augenblick ging die Tür auf – und der Weihnachtsmann kam herein! Tom fiel die Kinnlade nach unten – so überrascht war er.

«Mensch, Tom», rief René, «das verblüfft dich, nicht wahr? Jetzt fühlst du dich widerlegt. Aber der Widerspruch, daß du erst gegen deine eigene Existenz argumentiert hast, ist doch viel krasser, auch wenn du den gar nicht gemerkt hast. Wann wirst du endlich lernen, auf dich selbst zu reflektieren?»

Der Weihnachtsmann hatte inzwischen seinen Bart abgenommen (es war ein falscher), und man erkannte ihn: Diogenes aus Sinope. «Kinder, Kinder», seufzte er, «mag ja sein, daß ich etwas übertrieben habe – aber der Konsumismus *dieser* Gesellschaft grenzt an Wahnsinn. Ich war gerade bei Karstadt und hatte mich als Weihnachtsmann verkleidet, um näher an diesen Kaufrausch heranzukommen. Schrecklich, wie viele Kinder ihm verfallen sind – was die alles haben wollen und immer mit dem Argument, der Klassenkamerad bekomme ja auch so viel. Ob Stereoanlagen, ob Walkman, ob Mobiltelefone – das Ganze nimmt kein Ende. Und wie beliebt CD-Players erst sind! Und dabei hat doch der gute alte Platon in einem wenigstens recht: Die Medien beeinflussen die Botschaft ganz erheblich. Das Buch hat den wirklichen Dialog verdrängt, und der CD-Player macht es nicht mehr nötig, sich auf eine Musik mit der ganzen Person vorzubereiten. Früher konnte man die Bachsche Matthäuspassion nur in der Karwoche hören – nach der Fastenzeit, nach der Entschlackung des Körpers und der Reinigung der Seele wurde man zu diesem Kunstwerk zugelassen. Und heute kann jeder beim Frühstück oder Zeitunglesen oder im Musikgeschäft ein paar Takte hören und dann schnell den CD-Player wieder ausschalten.»

«Und was mich besonders bedrückt», schüttelte Augustinus den Kopf, «ist, daß dieser Konsumtaumel fast das einzige ist, was vom Weihnachtsfest zurückgeblieben ist. Das Christentum hat uns seinerzeit aus den Fängen des Hedonismus befreit – heute hingegen ist es zusammengeschrumpft auf Geschenke und ihre Verpackungen.»

«Ach, ob es Europa wirklich gelingen wird, seine Probleme zu lösen und insbesondere seinen Lebensstandard einzuschränken?», fragte ein Mann mit starkem schweizerischen Akzent. (Er fiel im Club schon deswegen auf, weil zu ihm nicht viele Schweizer gehören.) «Hegels Fortschrittsoptimismus ist doch nach den Schrecknissen des 20. Jahrhunderts unerträglich naiv!»

«Nun, Jakob», rief Immanuel, «Hegel darfst du ja kritisieren, aber den Kindern muß man Mut machen, und ihr Pessimisten verschlimmert nur die Situation. Eure Prophetien werden zu einer sich selbst erfüllenden Erwartung – wenn man keine Hoffnung mehr hat, strengt man sich nicht mehr an. Aber wachsam muß man sein gegenüber allen Gefahren, die uns drohen, und insbesondere müssen wir erkennen, daß nicht alles, was wir faktisch wünschen, wünschenswert ist. Ich glaube, das schönste Weihnachtsgeschenk, das wir uns machen können, ist, daß wir unsere Wünsche auf das Wünschenswerte begrenzen. Nicht alles sollen wir bekommen, was wir wünschen, wohl aber die richtigen Wünsche wollen wir haben – und dazu gehört, daß man mit wenig glücklich und zufrieden sein will. Eine bescheidenere Lebensweise ist das Wertvollste, was uns zuteil werden kann.»

«Ist das nicht unheimlich, daß die Menschheit heute nicht primär durch Kriege und Krankheiten bedroht wird – jedenfalls nicht die Menschheit hier bei uns in Westeuropa –, sondern durch ihre eigenen technischen Erfolge, die verhängnisvoll werden können?», fragte eine Stimme, die mir bekannt vorkam. Ich blickte hin – und es war Hans Jonas.

«Sie hier?», fragte ich überrascht.

«Wo sonst?», lächelte er freundlich. «Allerdings mußt du deiner Freundin sagen, daß das mit dem Paradies auf Erden nicht ungefährlich ist. Ich finde es gut, daß Nora sich für Gerechtigkeit engagiert, aber leider kann der Kampf für das Gute leicht in Schrecken umschlagen – man denke an das kommunistische Experiment. Wie jämmerlich ist dieses Projekt gescheitert!»

«Ja, mein lieber Namensvetter», meldete sich ein düster und vornehm blickender Herr, den ich sofort für einen Spanier hielt, »das kommt davon, wenn man die Sündhaftigkeit vergißt.«

«Aus so krummem Holze kann nichts Gerades werden», krächzte Immanuel.

«Ja», fuhr der Spanier fort, «und wenn man in vermessener Selbstüberschätzung glaubt, man könne aus der Erde ein Paradies machen, dann wird leicht die Hölle draus. Das Leben hat seinen Sinn darin, daß wir für das Gute kämpfen – aber vollkommen werden wir das Böse in dieser Welt nie ausrotten können. Dazu bedarf es einer anderen.»

«Und gehört zu dieser anderen Welt – die Hölle?», fragte ich. «Nora muß es wissen.»

«Nie und nimmer», rief da ein Mann mit massigem Oberkörper und recht hoher Stimme. «Wie wäre das mit Gottes Güte verträglich?»

«Ach, Origenes», fuhr Augustinus dazwischen, «wann wirst du von deiner Häresie lassen.»

«Hör mal, Augustin, wenn es nach dir ginge, würde ich ja jetzt schon in der Hölle braten. Statt dessen bin ich aber im Café und fühle mich sehr wohl hier. Also gibt es keine Hölle.»

«Nun gut, für dich gibt es keine – da war ich voreilig, dich dort zu vermuten. Aber du bist voreilig, wenn du niemanden in der Hölle annimmst. Wo sollen denn wirkliche Bösewichte sein (also nicht artige Häretiker, mit denen ich inzwischen gerne diskutiere – dieses Café ist so gemütlich)?»

«Hast du denn kein Mitleid mit ihnen? Besonders wenn Gott sie prädestiniert hat, böse zu sein, kann er sie doch nicht endgültig, sondern nur zum Fegefeuer verdammen.»

«Und wieder sind wir beim Freiheitsproblem! Doch in der Vorweihnachtszeit wollen wir uns nicht streiten, sondern einfach Nora fragen – was meint sie, ist Judas in der Hölle oder nicht?»

Ja, liebe Nora, diese Frage quält alle im Club! Sie brauchen Hilfe! Schreib mir bitte bald!

Dein
Vittorio

23. Dezember 1994

Lieber Vittorio,

leider kam ich doch nicht dazu, eine richtige Antwort auf Deinen Brief zu schreiben. Dies hier ist sozusagen ein Zwischenbrief. Auch Dein Weihnachtsgeschenk ist noch nicht ganz fertig. Es tut mir wirklich sehr leid. Aber Dein Brief war sehr schön und lehrreich! Also, ich wünsche mir so direkt keinen CD-Player mehr, aber das kommt auch daher, daß ich Diogenes getroffen habe. (Als Weihnachtsmann verkleidet schaute er sich belustigt und höchst beeindruckt einen CD-Player an. Dazu aß er Haribo!) Er besucht mich nochmal. Glaubst Du, daß Diogenes in der heutigen Zeit wohl auch noch in einer Tonne gewohnt hätte? Ich nicht!

Und das mit dem Paradies auf Erden: Wenn manche Menschen die Hölle aus ihrem Friedensversuch machen, dann haben sie den Frieden und die Menschen nicht richtig angefaßt. Ich glaube, daß es auch ein Paradies auf Erden geben wird. Wenn wir es so weit geschafft haben, dann kann das Himmelreich kommen.

An Hobbes: Lieber Hobbes, ich glaube an die Weihnachtsfrau! Die Menschen selber geben mit ihrer Freude einen himmlischen Geist, der oft zu spüren ist. Oder spürst Du die Geheimnisse, die in der Luft liegen, etwa nicht!? Diese Weihnachtsfrau ist keine körperliche Gestalt, sie ist der Weihnachtsgeist, und wenn man richtig Weihnachten feiert und sich freut und jubelt, dann ist sie da. Aber leider scheint sie bei Dir nicht zu kommen, sonst würdest Du es wahrscheinlich nicht so komisch finden, an Weihnachtsgeister zu glauben! Außerdem gibt die Weihnachtsfrau nicht Geschenke und Tannenbaum, sondern Freude und Geist! Frohe Weihnachten, Deine Nora.

Vittorio, wenn Du Hobbes triffst, gibst Du ihm dann bitte diesen kleinen Brief an ihn? Gestern mußte ich die Regie unseres Krippenspiels übernehmen. Ich habe aber auch mitgespielt: Ich war ein Wirt. Den Text hatten wir von Hotti. Es war sehr schön. Wie geht es Dir und Deinen Eltern? Hoffentlich gut! Uns geht es auch allen gut, und wir freuen uns auf morgen abend. Letzten Endes habe ich mir Bücher, ein Klavierheft und vielleicht einen Photoapparat gewünscht. Mal sehen, ob etwas davon in Erfüllung geht. Ich sitze hier am Tisch und sehe nach draußen. Gleich wird es schon dunkel. Heute war der erste Frost. Bei Euch auch? Gestern waren wir im Weihnachtsoratorium. Es war toll! Als ich beim letzten Choral aufs Kreuz schaute, meinte ich, Jesus lächeln zu sehen. Hoffentlich tut er das auch! Ich wünsche Dir und Deiner Familie frohe, frohe Weihnachten und ein gutes neues Jahr. (Mama, Papa, Omi und Bettina natürlich auch.)

Deine Nora.
P.S.: Ich freue mich auf die Oper.

Gedicht

Michelangelos Skulpturen, sagte er,
hätten einzig und allein
von überflüssigem Stein befreit werden müssen.
Läßt sich nicht dies Prinzip auch auf Menschen übertragen?
Von vielen kann man sagen, sie sind unbehauen.
Es muß – nichtsdestotrotz – auf einen groben Klotz
nicht immer nur ein grober Keil gehören.

Hörst Du da nicht den Trommler,
der beharrlich in Dir schlägt,
der Dich bei aller Gegenwehr
auch durch Feindeslager trägt?
Hör auf ihn – er sagt Dir was:
Wenn sich nichts mehr regt,
ist das ein Zeichen dafür,
daß sich gar nichts mehr bewegt.

Es ist inzwischen Mode, verinnerlicht zu sein;
man lauscht in sich hinein und ist ergriffen.
Seltsam dabei ist nur, daß sie, die sich nach innen so verfeinern,
nach außen oft versteinern.

Doch stehst Du am Beginn und weißt noch nicht wohin –
Es gibt da eine Orientierungshilfe.

Hörst Du da nicht den Trommler ...

HERZ

*(Holländischer Songtext von Rob Chrispijn, deutsche
Nachdichtung von Thomas Woitkewitsch)*

Das Gedicht hat mir so gut gefallen, besonders jetzt zur
Weihnachtszeit. Ich habe es von einem Pater.

Weihnachten 1994

Liebe Nora!

Rechtzeitig zu Hl. Abend kam gestern Dein schöner
Brief, über den ich mich sehr gefreut habe und den ich sofort meinen Eltern und Schwestern vorgelesen habe, denen er auch sehr weihnachtlich vorkam. Besonders passend fand ich es, daß Du Hobbes geschrieben hast, Du
glaubtest an die Weihnachts*frau:* Vermutlich ist dieser
Zyniker auch noch ein Macho. Ich bin ihm hier in Regensburg noch nicht begegnet; in diesen Tagen versteckt
er sich vermutlich irgendwo. Wenn ich ihn treffe, werde
ich ihm ein paar Haribo-Gummibärchen anbieten – mir
schmecken sie sehr gut. Vielen Dank! Mach Dir keine
Sorgen, daß Dein Geschenk nicht rechtzeitig fertig wurde
– der Gedanke zählt, und außerdem sehen wir uns ja sowieso erst Anfang Januar wieder.
  Wie war bei Euch die Bescherung? Ich hoffe sehr,
schön! Wir hatten einen gemütlichen Abend, Gott sei
Dank mit nur wenig Geschenken, aber mit viel Weihnachtsgeist. Heute war ich in unserem gotischen Dom

zum Hochamt: Die weltberühmten Regensburger Domspatzen sangen ganz allerliebst; der herrliche dreischiffige Bau mit den alten Glasfenstern, den schönen Skulpturen wie dem lachenden Verkündigungsengel und der verlegen, aber durchaus selbstbewußt die Botschaft vernehmenden Maria, dem prachtvollen Hochaltar schien sich selbst in eine andere Form von Tönen aufzulösen, als die Lichter ausgelöscht wurden und «Heilige Nacht» erklang. Merkwürdig, welche Entsprechungen es zwischen Farbe und Tönen gibt. Geht es Dir nicht auch so, daß Dir manchmal Farben zu Stimmen werden und die Stimmen farbig erscheinen? Es scheint ein geheimnisvoller Zusammenhang zwischen den einzelnen Sinneswahrnehmungen zu bestehen. Nur die Predigt war nicht überwältigend – es ist auch nicht ganz einfach, nach der Lektüre des Prologs des Johannes-Evangeliums noch etwas zu sagen. Kleriker politisieren oft schnell; es ist zwar wichtig zu zeigen, daß das Christentum in alle Sphären unseres Lebens, also auch in die Politik, mit seinen Forderungen hineinreicht, aber man muß auch sozialwissenschaftliches Wissen haben, wenn man gute Ratschläge geben will. Nun ja, bei den Katholiken ist die Predigt ohnehin nicht so wichtig, und man ist jedenfalls in den Gefühlen und Sinnen ergriffen, wenn man ein so prachtvolles Hochamt erlebt.

Es scheint mir äußerst vernünftig, daß sich die Kirche auch darum bemüht, die nicht-rationalen Aspekte des Menschen zu erfassen; läßt man sie außen vor, rächen sie sich. Wie auch immer, auf dem Wege nach Hause kam ich am Bismarckplatz vorbei. Da fiel mir ein Mann auf in weißer Dominikanertracht, der barfuß auf die Dominikanerkirche zueilte. «Na», dachte ich mir, «das ist noch nicht Diogenes' Tonne, aber bei diesen Temperaturen erkältet er sich bestimmt. Ich sollte ihm ein Paar Strümpfe schenken, die ich zu Weihnachten erhalten habe.»

Ich ging auf ihn zu und sagte ihm: «Pater, Sie verkühlen sich.»

«Mach dir keine Sorgen, ich bin abgehärtet», antwortete er. «Richtig kalte Temperaturen erhalten mich jung – ja geradezu ewig jung», zwinkerte er mit den Augen.

Ich starrte den hageren Mann an, der mir irgendwie bekannt vorkam. Die Assoziation, die ich hatte, wies in meine Schulzeit. Handelte es sich um einen Lehrer? Ich lächelte verlegen und tat so, als wüßte ich genau, wer er war.

«Ach, das ist nett, Sie wiederzusehen. Sie sind inzwischen wohl pensioniert? Oder lehren Sie noch?»

«Zu lehren höre ich nicht auf – das, was von meiner Lehre übrig bleibt, muß ja nicht ein Teil von mir sein. Aber den Bischofssitz hier habe ich schon lange freigegeben; von dieser Pflicht bin ich entbunden.»

Bischof? An unserer Schule hat nie ein Bischof unterrichtet, ging es mir durch den Kopf. Ob der Mann wohl verrückt ist? Da zwinkerte er wieder mit den Augen und rief dabei: «Das mit dem Augenzwinkern ist kein Tick von mir, den du schon oft erlebt hast. Im Gegenteil, du hast mich noch nie zwinkern sehen. Zu jeder Tages- und Nachtzeit sahst du mich mit offenen Augen in das Sein blicken.»

Da wurde *ich* fast zu Stein – es war Albertus Magnus, ehemals Bischof von Regensburg, an dessen steinerner Statue vor unserer Schule ich einige tausend Male vorbeigelaufen war.

«Oh, Albert, vergib mir, daß ich dich nicht sofort erkannt habe!»

«Na», sagte er, «ich habe schon wesentlich Schlimmeres vergeben, und zwar nicht nur zur Weihnachtszeit. Mach dir keine Sorgen, man erkennt ja nur diejenigen, die man in seine Erwartungen einordnen kann, und ich gebe zu, daß mein Auftritt etwas von einer Überraschung an sich hat.»

«Freilich, doch sollte man sich als Philosoph ständig auf Überraschungen gefaßt machen. Der Sinn fürs Staunen ist das, was uns auszeichnet. Jedenfalls bin ich glücklich, dir begegnet zu sein. Schade, daß du nicht heute im Dom gepredigt hast.»

«Dafür kannst du an einem Religionsgespräch teilnehmen. Ich habe eine Verabredung mit ...»

«Maimonides oder Alfarabi?»

«Nein, das wäre zu einfach. Heute spreche ich mit Laotse. Er wartet in der Kirche. Komm mit.»

Wir traten in diese viel kleinere Kirche, als der Dom es ist, ein, und ein glatzköpfiger Asiat mit breitem Lächeln kam auf uns zu.

«Na, Albert, einen Bekannten zur Disputation mitgebracht? Ihr Abendländer, die ihr stets diskutieren wollt! Ich habe mir gerade eure Krippe beim Altar besehen und über das Verhältnis des Tao zu diesem neugeborenen Kind nachgedacht. Am Ende wußte ich nicht mehr, ob ich Laotse bin, der das Jesuskind betrachtet, oder das Jesuskind, das Laotse anlächelt.»

«Ja, wir haben ein anderes Verhältnis zum aktiven Leben als du, Laotse. Wenn du wüßtest, wie viele organisatorische Aufgaben ich als Bischof erfüllen mußte! Das hält mich von der Kontemplation ab, aber neben ihr ist auch die Gerechtigkeit unsere Pflicht, dieser werden wir nur gerecht, wenn wir handeln, verwalten, organisieren.»

«Ich halte es aber mit dem Wu-Wei, dem Nicht-Tun», lächelte Laotse. «Der große Mensch tut nichts, er wirkt. Er strahlt seine Einheit mit dem Tao aus, dann braucht er nichts zu organisieren.»

«Ich finde die Ausstrahlung einer großen Persönlichkeit ebenfalls etwas Überwältigendes – deshalb feiern wir ja Weihnachten.»

«Du vielleicht, aber du bist zwar ewig jung, doch du bist schon tot, nicht ganz so lange wie ich, aber immerhin auch schon 700 Jahre. Wenn ich aber diese festliche Beleuchtung eurer Städte sehe und diese die Geschäfte nach Geschenken durchsuchenden, hektisch eilenden Menschen beobachte, habe ich meine Zweifel, ob viele Menschen noch die Ausstrahlung des Kindes spüren. Wenn diese Westler ihre organisatorischen Fähigkeiten wenigstens zur Linderung von Not einsetzten – aber nicht selten nutzen sie, dank ihrer Fähigkeiten, die Not anderer aus. Sag mal, Albert, eine Frage mußt du mir beantworten, denn sie beschäftigt mich seit langem: Ihr christlichen Theologen habt mit großem argumentativem Aufwand die Überlegenheit des Christentums vor den anderen Religionen nachzuweisen versucht.»

«Ja, denn anders als die eure baut sich unsere Religion auf der griechischen Philosophie auf. Unsere Religion ist schon von ihrer Entstehung her auf den Logos bezogen – das Kind ist der inkarnierte Logos.»

«Mag sein, mag sein – aber findest du den Zustand, in dem sich heute Europa befindet, wirklich so attraktiv?»

«Nein, nein», Albert schüttelte den Kopf. «Ich finde ihn geradezu scheußlich. Dieser Materialismus hat sich so weit entfernt von dem, was die Wurzeln des Christentum sind. Meine Freunde aus dem Café, die durch die Schule des Historismus gegangen sind, sagen mir zwar, auch zwischen unserem mittelalterlichen Verständnis des Christentums und dem Urchristentum sei der Abstand groß. Aber der Abstand zwischen diesem und der heutigen Welt ist geradezu ungeheuer.»

«Genau. Und nun meine Frage: Wieso hat eure Kultur, die so stolz ist auf ihre Religion und sich immer als Höhepunkt der Menschheitsentwicklung angesehen hat, eine Gesellschaft hervorgebracht, die von so vielen kleinen Ehrgeizlingen und Konsumisten beherrscht wird? Den

Atheismus als Massenphänomen gibt es nur im Westen – auch in unserem Lande, in China, ist er doch das Resultat westlichen Imports. Wieso konnte sich eine atheistische Gesellschaft auf christlicher Grundlage entwickeln?»

«Ach», seufzte Albert, «wenn ich deine Frage nur beantworten könnte! Eine Zeitlang schien mir, als sich am Anfang der Neuzeit mit der Kolonisation das Christentum über den ganzen Planeten ausbreitete, sein Triumph zu kommen. Heute bin ich häufig beunruhigt, wenn ich sehe, was sich als christlich-europäische Kultur etwa durch die Massenmedien in den Köpfen aller Menschen festsetzt. Die Umweltzerstörung macht mir große Sorgen.»

«Nun, ihr Christen habt Gott und Natur viel zu stark auseinanderdividiert.»

«Nein, Laotse, daran kann es nicht liegen. Auch für mich ist die Natur gottdurchdrungen, sie ist meinethalben göttlich – aber sie ist nicht identisch mit Gott. Wer beide identifiziert, der beraubt den Menschen der Möglichkeit, sich zu Gott und d. h. über die Natur zu erheben. Weder ist Gott die Natur, wie du zu meinen scheinst, noch ist die Beziehung von Gott und Natur willkürlich, wie einige der späteren Theologen nach mir annahmen. Die Vernunft Gottes manifestiert sich in der Ordnung der Natur, aber geht über sie hinaus.»

«Ja, aber gerade weil ihr Europäer euch nicht als Teil der Natur seht, fühlt ihr in euch das Bedürfnis, alles umzugestalten, zu verändern, nichts hinzunehmen so, wie es ist.»

«Gewiß, aber manches muß man wirklich ändern. Soll man schweigen vor Ungerechtigkeiten? Soll man sich nicht darum bemühen, daß es Menschen besser geht auf Erden?»

«Oh ja, man soll allen Menschen helfen, ein erfülltes

Leben zu haben und alt zu werden. Aber wenn die Grundbedürfnisse befriedigt sind, dann sollte man ›Halt‹ sagen können. Und dazu erweist sich eure Kultur als unfähig.»

«Noch einmal: Du hast recht mit deiner Kritik. Aber merkwürdig und unerklärlich ist mir, warum der jetzige Zustand gerade aus dem Christentum hervorgegangen ist. Gerade da für uns Christen Gott sich auch in der Geschichte offenbart, stehe ich vor der für mich unlösbaren Frage, was die Pläne Gottes sind in jenem Teil der Geschichte, der mit ›Auflösung des Christentums‹ überschrieben werden könnte.»

«Vielleicht soll das Christentum bescheidener werden durch seine Krise? Es soll erkennen, daß sich Gott auch in anderen Religionen offenbart und daß sich etwas Neues vorbereiten muß, damit die Menschheit friedlich zusammenleben kann. Immerhin ist es doch ein großer Fortschritt, daß du mich nicht mehr einfach als Heiden betrachtest, sondern gewillt bist, mit mir zu diskutieren.»

«Ja», lächelte Albert, «das könnte eine Antwort sein. Aber es bleibt vieles rätselhaft und geheimnisvoll.»

«Gott sei Dank! Wäre es nicht langweilig, wenn alle Geheimnisse gelöst wären? Einerseits bedauere ich die Menschen, die heute leben müssen und nicht, wie wir, einfach beobachtend durch diese Welt schreiten, höchstens gelegentlich in Cafés sitzen und kleine Mädchen und junge Professoren, die uns hören, ansprechen; andererseits beneide ich sie. Denn es ist eine äußerst spannende Zeit, in der sie leben, und vermutlich ist die Begegnung zwischen unseren Kulturen eine der Hauptaufgaben, die der Menschheit bevorstehen. Neben allen Oberflächlichkeiten, die uns heute bedrängen, neben den schrecklichen Konflikten, die zwischen den verschiedenen Kulturen ausgetragen werden, besteht doch auch die Hoffnung, daß aus der Begegnung der unterschiedlichen Kulturen etwas Bleibendes hervorgeht.»

«Ja, unsere Religion entspringt ja auch der Begegnung des Judentums mit griechischem Denken – einer Begegnung, die sich über viele Jahrhunderte erstreckt hat, bis sie neben Platon auch Aristoteles mit dem Christentum zu versöhnen suchte …»

«Bekanntlich deine Leistung, lieber Albert! Wird es auch einen Albert geben, der das fernöstliche Denken mit dem Christentum vereint?»

«Nun, wollen wir das kleine Kind in der Krippe darum bitten.»

Und beide wandten sich dem Jesuskind zu, das zwischen Ochs und Esel sanft lächelte. Mir wurde es, so kalt die ungeheizte Kirche auch war, warm ums Herz, und nach einer Weile kehrte ich nach Hause zurück.

War das nicht eine schöne Weihnachtsbegegnung? Liebe Nora, ich wünsche Dir ein glückliches Neues Jahr mit viel Freude, Gestaltungskraft und Einsicht.

Dein
Vittorio

3. Januar 1995

Lieber Vittorio,

vielen Dank für Deinen Brief; er war wirklich ein weihnachtlicher Brief, nicht nur Deine Begegnung mit Albertus Magnus und Laotse in der kleinen Kirche!

Ich sitze gerade in einem gemütlichen Zimmer in dem Haus meiner Tante, im Sauerland. Es ist schon dunkel draußen, nur der Schnee leuchtet noch ein bißchen. Stell Dir vor – es liegt fast ein Meter hoch Schnee. Und das jetzt schon, seit wir hier sind, also seit Samstag. Wir wollen uns hier alle ein wenig erholen, Mama, Bettina und ich sind nämlich erkältet, und ich habe auch noch eine Nasenhöhlenverstopfung. Aber es geht schon besser.

Bei uns war Weihnachten auch sehr schön. Unser Pfarrer hat gut gepredigt, und zum Schluß wurden alle Lampen ausgemacht, nur die Lichter der Weihnachtsbäume brannten noch; und dann haben wir alle laut «O du fröhliche» geschmettert. Ja, da wurde uns allen sehr feierlich zumute. Danach haben wir noch die Krippe beschaut (wir haben nämlich auch eine sehr schöne) und sind dann durch die Kälte nach Hause gestiefelt. Zu Hause angekommen, haben wir einer Geschichte zugehört, die Mama vorlas, und haben dabei Tee getrunken. Um sieben ungefähr haben wir viele Weihnachtslieder gesungen, und dann klingelte in dem abgeschlossenen Zimmer (Mamas Arbeitszimmer) das Glöckchen: Und wirklich – die Tür ließ sich öffnen, und mit staunenden Augen sahen wir einen wunderschönen Tannenbaum. Darum herum lagen die Geschenke. Oh, Vittorio, obwohl ich mir gar keinen CD-Player mehr gewünscht hatte und das Papa und Mama auch ausdrücklich gesagt hatte, habe ich doch einen bekommen! Und er bewährt sich eigentlich gar nicht so schlecht, im Gegenteil. Ich habe dafür aber auch Bücher bekommen und ein neues Bett. (Von Omi, Großvater und den ganzen Tanten und Onkeln habe ich auch noch etwas bekommen, aber das ist jetzt nicht so wichtig.) Außerdem hast Du uns ja auch noch die Opernkarten geschenkt! Vielen, vielen Dank dafür.

Und Silvester haben wir auch schön gefeiert, hier oben im Sauerland. Du doch hoffentlich auch? Ich freue mich auf das neue Jahr (und es hat schon mal gut angefangen).

Hoffentlich bleibt Weihnachten im Herzen der Menschen im neuen Jahr bestehen und begleitet sie.

So, jetzt aber zu den Sorgen und Fragen von Albertus und Laotse:

Also, warum sich auf der Grundlage des Christentums eine atheistische und egoistische Gesellschaft entwickelt hat, ist wirklich keine leichte Frage. Ich glaube, daß sich eine solche Gesellschaft entwickelt hat, weil

1. das Christentum nicht so sehr mit dem Alltag verbunden ist, auf jeden Fall in der heutigen Zeit nicht mehr. Dadurch vergessen viele vielleicht schlicht, daß es einen Gott gibt, weil sie nicht ständig durch bestimmte, alltägliche Rituale an ihn erinnert werden, wie z.B. im Islam.

2. Die Menschheit hat ja sehr viel geforscht, und man kann jetzt wissen, wie die Erde entstand, nämlich durch den Urknall, wie sich alles entwickelte und wie alles zusammenhängt, mit dem Leben und den Naturgewalten. Und manche können sich vielleicht nicht mehr den schöpferischen Gott vorstellen, der all dies gemacht und erschaffen hat, sondern glauben, daß alles rein wissenschaftlich erklärbar ist und daß die Erdentstehung ein Zufall ist.

3. Dadurch, daß ja besonders das Christentum den einzelnen Menschen so emporhebt und er über die Natur gesetzt wird und, wie es ja auch in der Bibel steht, Herr der Erde ist, erheben sich viele Menschen selbst zu göttlichen Wesen?!

Weißt Du, es wurde ja noch gefragt, wie wohl die Pläne Gottes für die heutige technische Zeit sind; ich meine, daß Gott gar keine direkten Pläne mit uns hat, sondern nur einen Wunsch. Denn Gott hat die Welt doch uns Menschen überlassen, damit wir aus ihr durch harte Wege ein, ja ein Menschenparadies machen. Er hat uns die Welt sozusagen geschenkt und kann eigentlich nichts richtig bestimmen, hier auf Erden. Er kann uns nur helfen, wenn wir ihn «rufen».

Und deshalb müssen wir alleine – d. h. daß Gott zwar mit uns geht, aber nichts selber lenkt – aus der heutigen Zeit einen Ausweg finden, wie man es jetzt besser machen könnte.

Ein Weg könnte sein, sich mit der ostasiatischen Welt und Religion zu verbinden. Das wäre z. B. gut dafür, daß dann vielleicht das emsige, ehrgeizige Treiben und Arbeiten, nur um Geld zu verdienen, der Menschen hier in Europa sich etwas legen würde, weil man es dann mehr mit dem Wu-Wei, dem Nichtstun, hält. Vielleicht würde sogar eine neue Religion entstehen, wie damals das Christentum aus griechischer, hellenistischer und jüdischer Religion entstanden ist. Diesmal wäre es aus Christentum und fernostasiatischem Denken. Mit einer neuen Religion kommen aber auch wieder Kriege (wahrscheinlich), weil es ja immer Orthodoxe einer Religion gibt, die eine neue nicht haben wollen. Außerdem gehört zu ostasiatischem Denken ja nicht nur Konfuzianismus und Taoismus, sondern auch Buddhismus und Hinduismus, und das sind ja noch Religionen mit mehreren Göttern. Und ob es so einfach sein wird, das Christentum mit Multitheismus zu verbinden ...? –

Ihr hattet Euch ja auch über die Aktivität und den Forschungsdrang Europas und somit des Christentums unterhalten. Wenn ich mich recht erinnere, fanden Albertus und Laotse diesen technischen Fortschritt sehr bedenklich. Ich verstehe sie aber nur halb. Ich verstehe sie, wenn sie meinen, man sollte den Forschungsdrang mehr für arme Menschen spezialisieren, als dauernd neue Apparate und Medien für das sowieso schon so reiche Europa zu erfinden und damit auch noch Umweltkatastrophen einzubeziehen.

Aber ich meine, grundsätzlich ist doch Aktivität im Sinne von Forschen und Erfinden sehr gut! Wenn die Menschen nicht auch technisch etwas erfunden hätten, wären wir vielleicht noch Jäger und Sammler in der Steinzeit. Und es wäre doch auch sehr langweilig, nichts zu untersuchen. Wir Menschen haben eben eine gewisse Neugier in uns, mit der wir ja nicht nur schlechte Sachen herausfinden. Ich glaube, man darf die Aktivität nicht verbannen, man muß nur wissen, wofür man sie einsetzt. Deshalb darf man auch nicht den Kopf hängen lassen, sondern muß jetzt um so mehr aktiv werden, damit vieles geändert werden kann und man es für bessere Sachen einsetzt. –

Diogenes hat mich nochmal besucht. Ich glaube, er war nicht so böse darüber, daß ich jetzt doch einen CD-Player bekommen habe. Ich habe ihm Tee angeboten, aber er wollte wieder nur Wasser. Und er hat mir auch das Aus-der-Hand-Trinken beigebracht.

Ich lese im Augenblick eine Biographie über Friederike Caroline Neuber, das war eine berühmte Komödiantenprinzipalin im 18. Jahrhundert.

So, jetzt fahren wir zu Dir, in die Oper!

Bis gleich also,
Deine Nora!

Essen, 11. Januar 1995

Liebe Nora!

Dein Brief war, wie Du ja selber gesehen hast, wieder einmal eine große Freude für mich – und er wäre es sicher auch für Albert und Laotse gewesen, wenn ich sie wiedergetroffen hätte und ihnen den Brief hätte zeigen können. Dies war natürlich meine Absicht, aber in der Zwischenzeit geschah etwas ganz Merkwürdiges. Als ich gestern, Deinen Brief schwenkend, auf das Café zueilte, *fand ich es nicht mehr.* Ich irrte verärgert, geradezu verzweifelt in der Gegend herum und sah plötzlich drei Männer auf einer Bank sitzen.

«Verzeihen Sie», fragte ich sie, «ich muß mich verlaufen haben, denn ich kann das Café ‹Zu den toten, aber ewig jungen Philosophen› nicht finden, das hier in der Nähe sein muß. Wissen Sie zufällig, wie ich dahinkommen kann?»

Die drei lachten auf meine höflich vorgetragene Frage lauthals auf. Ich fand das unfreundlich und schaute mir dieses Trio etwas genauer an. Der eine trug spätantike Kleidung, der zweite einen Kilt, der dritte einen feinen Anzug, den ich auf Anfang des Jahrhunderts schätzte. Ungeachtet der starken Differenzen in der Kleidung hatten sie etwas Gemeinsames im Gesichtsausdruck – etwas einerseits Gequältes, andererseits Lustig-Aussehendes.

«Die Fliegen haben endlich den Ausweg aus dem Fliegenglas gefunden», sagte der Feingekleidete mit starkem österreichischen Akzent.

«Nein, es ist schlimmer gekommen, Ludwig. Das Café hat aufgehört zu existieren, und zwar ohne jede besondere Ursache.»

«Wieso?», unterbrach ich ihn aufs höchste irritiert. «Veränderungen haben doch stets eine Ursache; etwas kann doch nicht einfach mir nichts dir nichts verschwinden.»

«Meinst du? Weshalb denn?»

«Nun, sag mal, würdest du denn nicht überrascht sein, wenn die Sonne eines Morgens plötzlich nicht mehr aufginge?»

«Na, wahrscheinlich würde ich nicht mehr dazu kommen, überrascht zu sein, weil dann alles Leben aufhörte. Aber sei es dir zugestanden, daß ich überrascht wäre, wenn ich noch am Leben wäre – und zwar wäre ich über-

rascht wegen der Verletzung einer liebgewordenen Gewohnheit. Doch dann würde ich mir sagen: Aus der Tatsache, daß die Sonne bisher aufgegangen ist, folgt logisch
nicht, daß sie auch in Zukunft aufgehen muß.»

«Das mag stimmen», entgegnete ich. «Aber auf die Erfahrung kann man sich doch verlassen!»

«Die Erfahrung?», lachte er mich aus. «Erfahrung hat
man doch nicht von der Zukunft! Du hast *bisher* die Erfahrung gemacht, daß die Sonne alle Morgen aufgeht.
Aber du hast noch nicht die Erfahrung machen können,
daß die Sonne auch morgen aufgehen wird. Wie kannst
du die Erfahrungen von morgen heute schon vorwegneh-
men?»

«Also, ich kann vielleicht wirklich nicht ausschließen,
daß heute nacht eine kosmische Katastrophe eintritt und
die Sonne zerstört wird, aber diese Zerstörung müßte
doch eine Ursache haben. Sie müßte nach den Naturgesetzen stattfinden.»

«Naturgesetze? Wer sagt dir, daß es Naturgesetze
gibt? Du meinst doch damit etwas, was die Zeit über-
dauert?»

«Gewiß.»

«Aber da haben wir doch wieder unser Problem. Es
gibt nicht den geringsten Grund anzunehmen, daß das,
was wir heute für Naturgesetze halten, morgen noch in
Kraft sein wird. Naturgesetze könnten sich doch ebenso
auflösen wie dein Café mit all den armen Fliegen.»

«Aber wenn du nicht mit einer stabilen Zukunft rech-
nest, wie kannst du denn da überhaupt planen? Du könntest doch genauso gut aus dem Fenster eines Hochhauses
springen wie einen Aufzug nehmen, wenn es genauso
wahrscheinlich ist, daß die uns bekannten Fallgesetze
oder etwas ganz anderes gilt. Das scheint mir ein starkes
Argument für unseren Glauben an die Stabilität der Naturgesetze.»

«Argument?», mischte sich der spätantike Gelehrte in das Gespräch. «Sollte es wirklich Argumente für und wider eine Position geben?»

«Etwa nicht?»

«Also hör mal: Jedes Argument geht doch von einer Annahme aus.»

«Meinetwegen.»

«Entweder setzt du diese Annahme ohne Argument, dann ist sie aber beliebig, und wir können eine Gegenannahme genausogut setzen. Oder du argumentierst für diese Annahme. Dann aber brauchst du eine weitere Annahme, für die wiederum argumentiert werden muß usw. bis ins Unendliche. Oder du beweist eine Annahme durch eine andere, und diese wiederum durch die erste: Das ist aber ein Zirkel, mit dem man alles beweisen kann. Also: Wirklich stringente Argumente gibt es nicht. Zudem: Du mußt ja ein Kriterium haben, um ein gutes Argument von einem schlechten zu unterscheiden. Aber du brauchst Argumente, um das Kriterium zu legitimieren. Kurz: Du bewegst dich hoffnungslos im Kreis.»

«Ich bin nicht sicher, ob ich verstanden habe ...»

«Ich hingegen bin mir sicher, daß du ihn nicht verstanden hast», unterbrach mich der Herr mit österreichischem Akzent. «Du hast ihn nur ‹querstanden›.»

«Wie bitte?»

«Was ich sagen will, ist folgendes: Du weißt doch, was eine Addition ist?»

«Sicher.»

«Hast du sie bisher für alle Zahlen durchgeführt?»

«Das ist unmöglich. Ich bin ein endliches Wesen und lebe nur eine endliche Zeit.»

«Gut. Also nehmen wir an, du habest noch nie zwei Zahlen addiert, die beide größer sind als 100000. Mit allen Additionen, die du bisher vollzogen hast, ist es vereinbar, daß du plötzlich sagst: 101000 + 103000 = 5. Denn

149

du hast eben unter Addition in Wahrheit eine Quaddition verstanden, die eben so definiert ist: Für Zahlen unter 100000 ist sie gleich der normalen Addition, für Zahlen größer als 100000 führt sie immer zum Ergebnis = 5.»

«Dich habe ich wirklich querstanden – du machst Sams, wie wenn meine Freundin, die Dino-Nora, gut aufgelegt ist.»

«Ich mache Ernst.»

«Du meinst wohl Quernst. Denn wenn du recht hast (oh verzeih: qurecht quhast), dann gibt es keine stabilen Bedeutungen mehr, und dann können wir einander gar nicht mehr verstehen.»

«Nicht so schnell – ich halte mich einfach an das, was die anderen machen.»

«Genau!», rief der Mann im Kilt, «ich folge meinen liebgewonnenen Gewohnheiten. Es ist halt Brauch, an das Fallgesetz zu glauben und Additionen statt Quadditionen zu verwenden. Aber es gibt nichts Tieferes als die Trägheit unserer Natur.»

«Alles ist Sitte, alles ist Brauch», sang das Trio plötzlich im Chor.

«Ihr seid mir aber ein Trio Quinfernale!», rief ich aus. «Ich glaube, ihr existiert gar nicht, sondern quexistiert nur.»

Kaum hatte ich das gesagt, da verschwanden die drei spurlos! Und am Ende der Straße erkannte ich – das vergeblich gesuchte Café! Leider war es zu spät, da noch hineinzugehen, denn ich hatte noch eine andere Verabredung, und das Gespräch mit dem Trio war ganz schön aufwendig gewesen. Außerdem war ich so erschöpft, daß ich nicht mehr die Kraft hatte, mich auf anspruchsvolle Diskussionen einzulassen.

Was hältst Du denn von den Thesen dieser drei Käuze, Nora? Manchmal scheint mir, daß sie etwas Wichtiges zu sagen haben, dann wiederum bin ich der Ansicht, es seien ausgesuchte Spaßvögel. Was meinst Du?

Es tut mir leid, daß ich das neue Jahr mit einem so komischen Brief beginnen muß, aber leider ist es die Wahrheit über das, was mir widerfahren ist – und ich habe die Pflicht, Dir die Wahrheit zu erzählen, nichts als die Wahrheit.

Liebe Nora, sei herzlich gegrüßt

von
Deinem
Vittorio

11. Februar 1995

Lieber Vittorio,

vielen Dank für Deinen lustigen und seltsamen Brief. Weißt Du, er hat mich sehr verwirrt, und manchmal wußte ich gar nicht mehr, was ich meinen sollte! Das ist auch der Grund, warum ich so lange nicht geschrieben habe. Wirklich, den gequälten Ausdruck im Gesicht der drei «Käuze» kann ich mir wohl vorstellen: Ich glaube, ohne Wahrheit, die man (frau) finden kann und die man verehrt, ist das Leben trauriger und vielleicht sinnloser. Und auch so «trocken»! Es ist doch sehr langweilig, ohne etwas, das man (frau) herausfinden kann, oder? Jetzt hast Du wahrscheinlich schon gemerkt, daß ich glaube, daß es eine Wahrheit gibt. Ich glaube nämlich, das sind die ewigen Ideen oder Gott. Ich glaube, Mathematik ist dafür doch ein gutes Beispiel: Thales hat ja seinen Thales-Kreis nicht er-, sondern gefunden! Das hieße ja dann, daß die Menschen nur «ausführen» können oder die ewigen Ideen zusammensetzen, wenn sie z. B. Geschichten erfinden oder malen usw. Aber dann wären wir doch nicht ganz frei von dem Schicksal, weil wir immer nur etwas erfinden können, was aus den Schatten der ewigen Ideen ist. Oder doch nicht? Ich weiß nicht recht.

Ach ja, der Spruch: «Es gibt keine Wahrheit» widerspricht sich ja selber: Wenn nichts wahr ist, dann darf auch dieser Spruch nicht wahr sein. Und dann dreht sich alles im Kreis.

Vittorio, warum hast Du eigentlich das Café nicht mehr gefunden? Warst Du vielleicht so verwirrt über die drei Männer, daß Du selbst von ihrer Meinung eingenommen wurdest?

Wenn ja, dann kann ich das sehr gut verstehen! Aber zum Schluß, da hast Du wieder «Fuß» gefaßt, nicht? Da hast Du wieder gemerkt, daß es eine Wahrheit gibt, oder? Denn da war ja auch das Café wieder an Ort und Stelle!

Ja, die drei haben die Welt – und hier Dich und mich – ja ziemlich in Unordnung gebracht! Schade, daß sie soviel bewirkt haben, denn das könnte ja auch ein Grund sein, warum es in unserer Zeit so viele Atheisten gibt – denn wenn man an keine Wahrheit glaubt, dann glaubt man auch nicht an Gott!

Aber Du hast gesagt, daß Du manchmal denkst, sie würden etwas Wichtiges sagen wollen, die drei. Was meinst Du damit?

Als ich ein wenig darüber nachgedacht hatte, dachte ich mir folgendes: Vielleicht muß man insofern auf sie hören, als man (frau) kritisch sein muß und nicht einfach alles so selbstverständlich hinnehmen darf, wie es ist (daß die Sonne aufgeht, daß man lebt, daß sich die Erde um die Sonne dreht usw.). Aber ich meine, daß die «Dinge» Ursachen haben, das ist doch klar! Denn wenn es die ewigen Ideen also gibt, dann sind sie natürlich die Ursachen. Ihre «Folgen» werden dann in Raum und Zeit ausgeführt. (Die Menschen sind ja auch so beschaffen, daß sie zu allen Ereignissen eine Ursache suchen. Das unterscheidet sie auch von Tieren und Pflanzen. Und ich glaube, daß es wirklich Ursachen gibt, denn wenn sich Menschen Ursachen vorstellen können, dann ist das doch ein Beweis dafür, daß es sie auch gibt.) Was meinte Ludwig eigentlich, als er sagte: «Die Fliegen haben den Ausweg aus dem Fliegenglas gefunden!»? Meinte er damit die Philosophen, die immer einen Ausweg aus ihren Fragen suchten, nun endlich den Ausweg gefunden haben und nun wissen, daß es gar keine Naturgesetze usw. gibt? Was meinte er?!! Weißt Du das? Ich gucke gleich noch mal im Lexikon nach.

Im Augenblick interessiere ich mich sehr für die Renaissance! Das war bestimmt eine wunderschöne Zeit. In der Zeit tauchten ja auch spannende Philosophen wie Descartes auf. Weißt Du, was mir letztens, d. h. vor zwei Tagen passiert ist? Ich erzähle es Dir:

Ich ging spazieren im Wald und sah freudig, wie viele Blumen schon ihre Blüten entfaltet haben (z. B.: Schneeglöckchen, Märzenbecher, …). Vögel zwitscherten, und die Bäume hatten schon Knospen. Auf allem lag ein weiches Grün; Sonnenstrahlen zwängten sich durch die Äste der Bäume und spiegelten sich dann in kleinen Tümpeln. So ging ich und bewunderte alles. Da sah ich plötzlich einen Mann mit schwarzem Haar auf einem Baumstumpf sitzen und fasziniert einige Schneeglöckchen beobachten. Ich fand, daß man von seinem Platz aus eine wunderbare Aussicht hatte, und setzte mich – weil ich sowieso etwas erschöpft war – neben ihn. Er schaute auf, und ich staunte, weil er so komische, etwas bunte Kleidung hatte. Dann sprach er mich an: «Wie schön, daß wir uns hier einmal sehen, Nora!»

Das «r» rollte er wie ein Italiener. Und ich war, ehrlich gesagt, ruckartig hochgefahren, weil er meinen Namen kannte. Ich schaute ihn mir genauer an, und weil ich in der Hinsicht, daß mir historische Menschen begegnen, schon etwas «Erfahrung» habe, überlegte ich, wer das hier sein könnte. Und plötzlich dachte ich mir – es könnte nur ...

«Entschuldigen Sie, weil ich Ihren Namen nicht sicher weiß. Aber – sind Sie Petrarca?»

«Ja, richtig! Genau getroffen. Aber Nora, du kannst mich ruhig ›duzen‹. Ich bin dir ja schließlich nicht unbekannt, und ich kenne dich doch auch gut!»

«Stimmt. Aber sag mal, woher und wie kommst du hierher?! Du lebtest doch in Italien.»

«Aber es ist sehr interessant, die Blumenwelt oder einfach die Natur von beiden Ländern zu vergleichen.»

Ja, ich kann ihn gut verstehen, den Petrarca! Wir plauderten noch eine ganze Weile, aber dann mußte ich weiter. Weißt Du, gerade der Frühling paßt doch zur Renaissance! Er bricht das Eis des Winters (bildlich: das Mittelalter) auf und blüht leicht und unbefangen und «entdeckt» dauernd neue Sachen, z.B. wenn dauernd neue Blumen usw. aus der vorher kalten Erde sprießen. Für den Geschichtsunterricht muß ich einen kleinen Vortrag über die Renaissance in Italien halten. Da kannst Du mir bestimmt auch viel erzählen.

Ach ja, den Vergleich mit den drei Skeptikern und dem Sams fand ich sehr gut. Denn das Sams bringt ja auch alles in Unruhe. Außerdem widerspricht es den Naturgesetzen, weil es zaubern kann und nicht zu definieren ist. Aber das Sams ist ja eine Witzfigur, und das kann man ja so nicht von den drei Männern sagen.

So, nun muß ich Schluß machen und laufe zu Dir hinunter, um Dir den Brief zu geben.

Deine Nora.

Liebe Nora,

wie Du selbst meinen Augen abgeguckt hast, die ja in Deiner Gegenwart Deinen Brief gelesen haben, habe ich mich wieder außerordentlich gefreut über Deine Zeilen – herzlichen Dank dafür, wie auch der ganzen Familie für den schönen Tag bei Euch! Heute morgen bin ich sofort zum Café gelaufen, das ich diesmal problemlos gefunden habe. Es war ziemlich leer, aber glücklicherweise traf ich Sokrates, zu dem ich mich an den Tisch setzte.

«Sokrates», sagte ich, «du erinnerst dich doch an Nora?»

«An Nora? Wie kann man denn die vergessen? Zumal doch Francesco uns jetzt alle mit ihr verrückt macht! Guck auf den Tisch!»

Und was sah ich da? Der Name «Laura», den er im letzten Frühjahr in die Tischplatte eingeritzt hatte, war in den ersten drei Buchstaben überarbeitet: Aus LAURA war NORA geworden.

«So was tut man doch nicht! In Tische ritzen – und dann noch Namen ändern – das ist ja treulos.»

«Sei nicht so hart, Vittorio», meinte Sokrates. «Es ist fast Frühling, Renaissance-Menschen sind selbst schon Frühlingsmenschen. Und dazu hat unser Freund noch italienisches Blut. Und zudem: Er hat einen guten Geschmack!»

«Da hast du auch wieder recht», entgegnete ich. «Aber sage mir, da du offenbar auch zu ihren Fans gehörst, wie soll ich ihr folgende Frage beantworten? Letztes Mal traf ich das auch dir wohlbekannte Trio Infernale. Sie verwirrten mich ganz entsetzlich und ebenso Nora. Besonders merkwürdig war ihr aber, daß ich ihr am Ende meines Berichts über unsere Begegnung mitteilte, ich hätte den Eindruck, sie hätten etwas Wichtiges zu sagen. Aber es ist nicht mehr als ein Eindruck, und du mußt mir helfen, ihn zu artikulieren. Denn du bist ja ein eigenwilliger Philosoph: Manchmal scheinst du mir selbst ein Skeptiker, manchmal aber kritisierst du die Skeptiker ganz heftig, jedenfalls in den Dialogen Platons – wobei ich nicht genau weiß, ob er dich gerecht dargestellt hat.»

«Sagen wir einmal so: Platon hat gewisse Züge meiner Person und meines Denkens sehr gut erfaßt und idealisiert, andere hat er vernachlässigt. Ob es die wesentlichen waren, die er dargestellt hat, oder ob das, was er ignorierte, nicht noch zentraler war, das hängt von der Frage ab, was mein Wesen ist – und das mußt du selbst herausfinden. Bedenke immerhin: Platon war der mit Abstand genialste meiner Schüler (ein bißchen zu blaublütig vielleicht, mit vielleicht zu starkem Drang nach Sicherheiten – aber ein Genie als Philosoph ebenso wie als Schriftsteller, zudem ein wirklich großer Mensch), und das ist bei der Darstellung eines Lehrers ein Vorzug ebenso wie eine Gefahr. Immerhin bin ich ganz mächtig stolz auf ihn.»

«Das kann ich wahrlich verstehen! Aber da er selber ganz gewiß kein Skeptiker war, will ich von dir und nicht von ihm eine Antwort auf Noras Frage.»

«Antwort? Ich habe keine Antworten. Ich stelle nur Fragen.»

«Nun, meinetwegen. Gute Fragen stellen ist auch viel wert, und wenn du mir durch deine Fragen nach alter Hebammenart ein kleines geistiges Kind entlocken willst, dann soll mir das recht sein. Also frage!»

«Du und Nora, das Duo Idealista, ihr glaubt doch an die Wahrheit?»

«Gewiß!»

«Und ihr glaubt, daß das, was in der Welt geschieht, einen Sinn hat?»

«Natürlich.»

«Ist der Skeptizismus ein wesentliches Geschehen in der Welt?»

«Ich glaube, das muß man bejahen. Von der Antike bis zur Gegenwart, von Griechenland zu Schottland gibt es immer wieder Skeptiker.»

«Also muß der Skeptizismus einen Sinn haben – meinst du nicht?»

«Wieso denn?»

«Überleg mal. Sagtest du nicht soeben, was vor sich gehe, habe einen Sinn?»

«Ja.»

«Folgt nicht daraus, daß auch der Skeptizismus einen Sinn haben muß?»

«Nun, ich fürchte, du hast recht.»

«Du brauchst dich nicht zu fürchten. Was aus wahren Prämissen folgt, ist wahr, und die Wahrheit darf man nicht fürchten. Also: Gerade wenn ihr zwei Idealisten recht habt, dann muß der Skeptizismus eine geheime Bedeutung haben.»

«Welche?»

«Und das fragst du mich, der doch nichts weiß? Du selbst mußt es herausfinden.»

Dabei lächelte Sokrates so verschmitzt, daß ich mich etwas ärgerte.

«Mein lieber Sokrates, du hältst mich wohl für dumm? Ich mag ja insofern dumm sein, als ich sehr, sehr vieles nicht weiß, was ich gerne, brennend gerne, wüßte. Aber daß *du* dich dumm *stellst* und mehr weißt als ich, das habe ich schon bemerkt! Ganz so dumm bin ich nicht, daß ich nicht begreifen würde, wann ich es mit einem Klügeren zu tun habe.»

«Also dann: Was ist der Zweck meines (scheinbaren?) Skeptizismus?»

«Nun, du willst mir keine Antwort geben; ich soll sie selber suchen.»

«Und warum sollst du sie selbst suchen?»

«Weil man das besser behält, was man selbst gefunden hat; zum Eigenen wird nur das, was man sich selbst erarbeitet hat.»

«Was hast du dir erarbeitet hinsichtlich eines möglichen Sinns des Skeptizismus?»

«Der Skeptizismus, scheint es, hilft uns, Überzeugungen, die wir aus unserer Erziehung und Tradition vermittelt bekommen haben, dadurch zu unseren eigenen zu machen, daß wir sie hinterfragen – und dann selbständig begründen.»

«Gut, gut, das läßt sich hören. Aber ist der Skeptizismus nur durch seine Fragen wichtig oder auch durch seine Behauptungen?»

«Ich verstehe nicht genau, was du meinst.»

«Fragt der Skeptiker nur? Oder behauptet er nicht auch mancherlei, z. B., daß es keine Wahrheit, keine Begründung, keine Regelbefolgung gibt?»

«Sicher, aber diese Behauptungen sind eben falsch.»

«Weißt du das, oder glaubst du das nur?»

«Ich *weiß* es, denn wenn der Skeptiker bestreitet, daß es Wahrheit gibt, dann widerspricht er sich; also muß das Gegenteil wahr sein!»

«Also dein Wissen – das mehr ist als Glauben – gründet auf der Einsicht in die Widersprüchlichkeit der skeptischen Position?»

«So muß man es wohl sagen.»

«Also ohne Skeptiker könntest du nicht *wissen,* daß es Wahrheit gibt?»

«Ach, Sokrates, da hast du mich aber in eine große Verlegenheit gebracht. Denn dem Skeptiker mein Wissen zu verdanken, das wäre doch arg. Und doch sehe ich, daß das, was ich bisher zugestanden habe, mich zu dieser Schlußfolgerung zwingt.»

«Vielleicht verstehst du nun, warum ich selbst teils Skeptiker, teils Kritiker der Skeptiker bin. Erst der Durchgang durch den Skeptizismus hat mich gleichsam die Feuerprobe bestehen lassen; erst seitdem ich Skeptiker war, bin ich aus einem Glaubenden zu einem Wissenden geworden.»

«Oh, Sokrates, darüber muß ich noch lange nachdenken und mit Nora reden.»

«Vielleicht wird Nora noch nicht alles verstehen», sagte eine bekannte Stimme von hinten. Ich drehte mich um und erkannte Giambattista. «Als Schutzphilosoph mit Interesse für Entwicklungsgesetze muß ich kurz Stellung nehmen. Nora ist noch nicht in der Lage, die Bedeutung des Skeptizismus angemessen zu erfassen. Sie ist ein Kind und noch in der Phase des Glaubens. Erst mit der Pubertät, in die sie wohl bald eintreten wird, wird unsere kleine Nora starke Zweifel an all ihren bisherigen Überzeugungen entwickeln. Sie wird, wie alle Jugendlichen, eine Krise erleben. Aber aus drei Gründen hoffe ich, daß diese Krise sie nicht umwerfen wird – im Gegenteil, sie wird sie glanzvoll bestehen. Erstens hat sie jetzt schon begriffen, warum man durch den Zweifel durchgehen muß, um das Wissen tiefer zu besitzen. Zweitens hat sie das Glück, daß das meiste von ihrem Glauben – wahr ist. Sie muß sich nicht so heftig von ihm oder ihrer Familie distanzieren wie andere Menschen, die keinem so offenen Elternhaus entstammen; sie muß ihre Überzeugungen nur tiefer begründen lernen. Und drittens bin ich ja da – als Schutzphilosoph werde ich über ihre Entwicklung wachen. Bei aller Verwirrung, die ihr das Trio Infernale noch zufügen mag, soll sie ein Grundvertrauen in diese Welt behalten.»

Nun, ist das nicht was, Nora? Durch alle Schwierigkeiten, die das Leben noch mit sich bringen wird (und die es im übrigen interessant machen), vergiß nicht: Die Welt ist schön, und Du sollst zu ihrer Schönheit beitragen durch das, was Du selbst bist und noch werden wirst.

Herzliche Grüße
Deines
Vittorio

16. März 1995

Lieber Vittorio,

endlich komme ich dazu, Dir zu schreiben. Dafür muß ich aber morgen nicht in die Schule gehen, weil ich Husten und Schnupfen habe. Ich danke Dir für den schönen Entwirrungsbrief! Ich habe mich sehr darüber gefreut und ihn (wie immer) oft gelesen. Jetzt muß ich Dir aber gleich erzählen, was mir letztens passiert ist! Vor ein paar Tagen saß ich an meinem Schreibtisch und las – nichts ahnend – Deinen Brief; die Tür, die mein Zimmer von meinem Balkon trennt, stand offen. Ich dachte über den Skeptizismus nach – da tippte mir auf einmal jemand auf meine Schulter und sagte: «Ach, du liest Vittorios Brief! Kannst du seine Schrift nun halbwegs entziffern?»

Ich drehte mich erschrocken um und sah, daß Giambattista hinter mir stand!

«Giambattista! Wie schön, daß du hergekommen bist! Ja, wenn mir meine Eltern den Brief ein paarmal vorgelesen haben, dann geht es; und wenn ich manche Wörter nicht lesen kann, dann kann ich doch wenigstens den Sinn erahnen!»

«Wenn ich nun schon einmal dein Schutzphilosoph bin, dann muß ich dich auch manchmal besuchen.

Außerdem ist heute ein besonderer Anlaß: Ich möchte dich nämlich einladen! Heute ist ein kleines Fest im Vorhof des Cafés, und ich fände es schön, wenn du auch dabei wärest. Was meinst du?!»

«Das wäre wunderschön.»

«Gut! Dann zieh dir schnell etwas an, in dem man dich nicht so leicht erkennt! Dann hätten wir nämlich die Hälfte der Gäste am Hals. Außerdem mußt du dich warm anziehen, sonst erkältest du dich: Wir fliegen nämlich.»

Ich begriff und zog hastig eine warme Jacke und ein Kopftuch über; dann nahm mich Giambattista an die Hand und wir flogen über die Häuser hinweg, auf dem Weg ins Café oder, besser gesagt, in den Vorhof des Cafés. Unterwegs fragte mich Giambattista: «Nun Nora, was meinst du zum Skeptizismus?»

«Theoretisch leuchtet mir seine Wichtigkeit ein. Ich verstehe, was du und Sokrates meinen und auch Vittorio. Aber bei mir selber kann ich mir wirklich schlecht vorstellen, daß ich einmal meinen jetzigen Glauben loslasse. Vielleicht werden sich meine Ansichten ändern, aber mir vorzustellen, nicht intuitiv zu sein und Märchen, Sagen usw. zu lieben, wie wir Kinder es tun, ist so schwer.»

«Ja, das verstehe ich. Aber, Nora, es ist überhaupt nicht gut, sich von manchem Glauben zu lösen. Nein, im Gegenteil, man sollte sich kindliche Fähigkeiten bewahren. Denn nur mit ihrer Hilfe kann man sich entwickeln und erwachsener werden. Weißt du, das beziehungsweise diese Entwicklung gibt es nicht nur bei den Menschen, sondern auch bei den Völkern. Denke an das alte Griechenland: Erst war man im ‹kindlichen Stadium›, die Griechen glaubten an Götter, erfanden Mythen usw.; dann kamen sie ins Heroen-Zeitalter: Hier fing bald die Herrschaft der Reichen an, und Sklaven oder Arme wurden unterdrückt. Leider auch die Frauen! Aber dann rummelte es in diesen unteren Schichten: Die Sklaven usw. wurden skeptisch, ob alles, was man ihnen erzählte, richtig wäre. Das ist der Skeptizismus. Zuletzt kam dann das Zeitalter der Philosophie, der Dichtkunst usw. – hier zeigte sich die Reife.»

Ich nickte. Dann fragte ich ihn: «Giambattista, in welchem Stadium, meinst du, bin ich jetzt?»

«Ich bin mir nicht sicher, aber vielleicht bist du im Heroen-Stadium?!»

Eine Weile schwiegen wir. Dann sagte ich: «Ich bin schon gespannt auf die Zeit, in der ich vielleicht skeptisch werde! – Giambattista, gibt es bei der ganzen Erde denn auch eine solche Entwicklung?»

Doch anscheinend hörte er das gar nicht mehr, denn er rief: «Siehst du, dort unten auf der anderen Seite des Flusses (siehe Brief Nr. 1) haben sich schon einige versammelt. Dort kannst du das Café schon halb sehen und dort ist der Vorhof!»

Langsam segelten wir in den Vorhof. (Daß wir geflogen kamen, wunderte keinen.) Giambattista meinte, es sei sicherer, wenn wir uns an einen der hinteren Tische, die auf dem Hof aufgestellt waren, setzten, denn dann wäre weniger Gefahr, daß man mich erkennen könnte. Er bestellte uns zwei Tassen mit heißer Schokolade – heute trank man hier wohl kein Wasser, weil ein Fest war. Allmählich fanden sich dann alle Gäste ein, und fast alle waren in ein munteres Gespräch vertieft. (Manche stritten sich auch.) Aber ich sah nicht nur Philosophen, sondern auch andere, jüngere. Wir waren ja auch auf dem Vorhof des Cafés. Doch dann wurde angekündigt, daß nun – ich traute meinen Ohren nicht – *Einstein* (!) die Geige spielen wollte. Erst ein paar Mozartsonaten und zum Schluß ein bekanntes Kinderlied. Und wirklich – Einstein trat auf in einfacher Kleidung, lustigem Gesicht und weißen, abstehenden Haaren. Er spielte schön, und zum Schluß, bei dem Kinderlied, sah ich, daß seine Ohren im Takt mitwackelten. Er wackelte mit den Ohren! Da stellten sich viele neben ihn und begannen auch, mit den Ohren zu wackeln. Auch ich hätte mich gerne dazugesellt, aber Giambattista meinte wieder, es wäre zu riskant.

«Zu dumm!», dachte ich. Anscheinend hatte Einstein den etwas mißmutigen Ausdruck auf meinem Gesicht gesehen. Auf jeden Fall kam er nach seiner Vorstellung an unseren Tisch. Wir lobten beide seine Spielkünste; doch da sah er mich plötzlich genauer an und rief dann: «Nora! ...»

Weiter kam er nicht, denn Giambattista hielt ihm die Hand vor den Mund. «Wir wollen keinen Trubel», erklärte er Einstein dann.

Als sich die beiden eine Weile unterhalten hatten, fragte mich Giambattista: «Nora, was liest du eigentlich im Augenblick? Als dein Schutzphilosoph habe ich doch ein Recht darauf, das zu wissen!»

«Ich lese gerade ‹Das Kartengeheimnis› von J. Gaarder, ‹Quo vadis?› und ‹Phaidon› von Platon.»

«Schön, schön. ‹Phaidon› liest du also! Der Tod des Sokrates, ja, ja ...»

«Ja, ich finde es wirklich gut, mit welcher Zuversicht Sokrates den Schierlingsbecher trank. Was für ein Glück für ihn, daß er vor seinem Tod noch ein Idealist geworden ist! Sonst hätte er wohl nicht an seine unsterbliche Seele geglaubt! Wie traurig müssen doch die sein, die glauben, daß ihre Seele mit ihrem Körper vergeht und daß man sie wohl bald vergessen wird», sagte ich.

Da stimmte Albert mir zu: «Ja, das stimmt! Ich hatte auch keine Angst vor dem Tode. Und wie du siehst, hatte ich auch keinen Grund dazu, weil ich hier sehr gut weiterleben kann. Zwar nur als Seele, aber das macht nichts.»

Ich fragte: «Hat Sokrates wohl keine Angst gehabt, weil er intuitiv wußte, daß es nach dem Tode etwas Schönes geben müßte, oder ob er das aus Verstandesgründen gemeint hat?»

«Ich glaube, beides!», sagte nun Giambattista.

Was meinst Du, Vittorio? Dann sagte ich: «Ich kenne auch ein Märchen von Hans Christian Andersen, das auch vom Tod und der unsterblichen Seele handelt. Es heißt ‹Die kleine Seejungfrau›. Ich mag es sehr gerne.»

Wir unterhielten uns noch über dieses und jenes, dann mußte ich nach Hause. Giambattista brachte mich wieder fliegend in mein Zimmer. Ich fand es schade, daß Du nicht auch bei dem Fest warst, aber wahrscheinlich hattest Du wegen Korea noch zu viel zu tun? –

Weißt Du, meine Erdkundelehrerin meint, daß wir Menschen vom Affen abstammen! Ich kenne auch sonst viele, die das meinen. Glaubst Du das auch? Ich bin mir überhaupt nicht sicher, denn obwohl die ersten Menschen Ähnlichkeiten mit Affen hatten, hatten sie doch schon Verstand und eine Seele, nicht? Und diese Seele kann sich doch nicht einfach so entwickelt haben! Meinst Du, daß Seelen sich entwickeln?

Ich schaue gerade aus dem Fenster, und es regnet ganz stark. Die Regenschauer fegen nur so durch die Luft! Außerdem läuten die Glocken. Es liegt etwas Feierliches in der Luft und in allem! Oben am Himmel fliegt eine seltsame Möwe ... Manchmal gibt es Augenblicke wie gerade, da meine ich, daß sie Vorboten für ein großes, großes Fest sind ... Ich weiß selber nicht genau, was ich damit meine. –

So, jetzt muß ich noch schnell zum Briefkasten, damit der Brief morgen auch ankommt! Wahrscheinlich ist das für Dich «heute»! Ich und alle anderen wünschen Dir ganz, ganz schöne Tage in Korea! Erzählst Du mir, wenn Du wiederkommst, davon?

Viele Grüße von allen,
Deine Nora!

Liebe Nora!

Das war eine Freude, aus Paris spät abends zurückgekehrt, um am nächsten Tag nach Korea zu fliegen, noch Deinen Brief vorzufinden. Er bestätigte, was sich offenbar auch die Organisatoren der ersten UNESCO-Tagung über Philosophie gedacht haben: Die Philosophie ist eine viel zu ernste Sache, um sie allein den Erwachsenen zu überlassen! Auf dem Pariser Kongreß, auf dem viele bedeutende Philosophen sprachen, traten nämlich einmal auch einige Volksschüler auf, die die Chance erhielten, an den bekannten Philosophen Michel Serres einige Fragen zu stellen. Die wichtigste, von einem vielleicht achtjährigen Mädchen, war: «Wieso ist die Welt so, wie sie ist, und nicht anders?» Worauf Serres antwortete: «Die Welt könnte auch anders sein, und ich hoffe von Herzen, daß sie am Ende deines Lebens dank deines Einsatzes anders sein wird, als sie jetzt ist!»

Wie hättest denn Du diese Frage beantwortet? Und was hättest Du für eine Frage gestellt? (Fragen zu stellen, ist fast so wichtig, wie sie zu beantworten.)

Ja, und nun bin ich also seit einer guten Woche im Fernen Osten. Es ist zwar recht anstrengend, aber auch eine faszinierende Erfahrung, die ich nicht missen möchte. Es ist das erste Mal, daß ich in einem außereuropäischen Land bin, das den Modernisierungsprozeß erfolgreich bewältigt hat – wo es innerhalb weniger Jahrzehnte gelungen ist, einen angemessenen und relativ gut verteilten Wohlstand zu schaffen. Das ist um so verblüffender, als dies erstens den anderen außereuropäischen Kulturen nicht, oder nicht so gut, gelungen ist (außerhalb Ostasiens) und als zweitens diese anderen Kulturen der europäischen verwandter sind als die ostasiatische: Die islamische Welt glaubt nur an einen Gott und hat die griechische Kultur rezipiert; ja, selbst mit den Indern sind wir sprachlich verwandt. Mit Ostasien verbindet Europa hingegen nur wenig – und doch wird dieser Kulturkreis sehr bald zum Zentrum der Weltentwicklung werden und das Erbe der europäischen Industrie antreten. Einerseits freue ich mich sehr über den Erfolg des Landes – die Begegnung mit furchtbarem Elend, wie in Indien, bleibt einem hier erspart. Andererseits fühlt man eine gewisse Beklemmung: Wenn die ganze Welt ein großes Europa oder Nordamerika würde, würde die Erde ökologisch kollabieren, und unabhängig von diesen Folgen führt der Modernisierungsprozeß zu Verlusten in der Seele des Menschen, die sehr bedauerlich sind.

Dir, liebe Nora, wird es gelingen, auch als Erwachsene den kindlichen Schwung Deiner Seele zu bewahren, aber ob das alle Menschen und alle Kulturen schaffen werden? Ich bezweifle das sehr, und es wäre schrecklich, wenn schließlich die Welt in einem Zustand ankäme, in dem jeder Funke des göttlichen, d. h. kindlichen, Zeitalters ausgestorben wäre. Vielleicht ist dies der Grund, warum sich nicht alle Kulturen gleich schnell oder gleich wirksam entwickeln? Also damit Reserven erhalten bleiben, die im Zeitalter der Vernunft bei den meisten versiegen? Mich hat es ziemlich betrübt, als ich gestern mit Hoo Nam ein wiederaufgebautes altes koreanisches Dorf besichtigte, von ihr zu hören, daß diese Welt in ihrer Kindheit so bestand, während heute die Seouler eine Stunde aus ihrer Hauptstadt hinausfahren müssen, um Seidenraupen, ja selbst um Hunde und Hühner zu sehen. In dreißig Jahren ist eine Welt untergegangen, die einige Jahrtausende gewährt hatte – ist das nicht ein Gedanke, bei dem einen schaudert? Der Tod eines Menschen ist auch dann bedrückend, wenn man mit Sokrates von der Unsterblichkeit der Seele überzeugt ist, aber der Tod einer ganzen Lebensform ist noch um einiges erschütternder. Oder was denkst Du?

Allerdings ist Korea nicht einfach ein modernes Land mit Hochhäusern, Autos, Computern geworden. Das, was Dein Schutzphilosoph einmal in einem schönen Gleichnis schreibt, daß nämlich, so wie Flüsse ihr Süßwasser noch lange nach ihrer Mündung unvermischt, ähnlich auch Kulturen ihre früheren Stadien bewahren, das trifft auch auf Korea zu. Schamaninnen spielen weiterhin eine große Rolle in der koreanischen Gesellschaft (mit Hoo Nam habe ich vor einigen Tagen eine bekannte Wahrsagerin besucht); auf modernen Aufzügen ist der vierte Stock durch einen Glück bezeichnenden Buchstaben und nicht durch die Zahl bezeichnet, weil 4 in Ostasien für den Tod steht und man Angst vor dieser Zahl hat. Die Beziehungen zwischen den Menschen sind viel zeremonieller als in Europa; man verbeugt sich ehrfürchtig vor Professoren. Ja, schon aus der Sprache ist ersichtlich, wie stark man auf den anderen eingeht und seine soziale Stellung berücksichtigt. Auf eine Frage wie: «Ist er nicht zu Hause?» antwortet man: «*Ja,* er ist nicht zu Hause» oder «*Nein,* er ist zu Hause», nimmt also Bezug nicht auf den Sachverhalt, um den es geht, sondern auf die Fragestellung des Gesprächspartners. Interessant sind ferner die sog. Honorative, Kategorien des Verbalsystems, die wir nicht kennen. Sicher unterscheidet man auch bei uns zwischen «Du» und «Sie»; aber ein Satz wie «der Tisch ist klein» wird allen Gesprächspartnern gegenüber gleich formuliert. Im Koreanischen dagegen lautet das Verb anders, je nachdem, mit wem man spricht. Was meinst Du denn über das Verhältnis von Sprache und Denken? Beeinflußt das Denken die Sprache, oder formt die Sprache das Denken?

Auf dem Flug nach Seoul haben wir China überquert. Als wir Peking überflogen, war es so wolkig, daß man

nichts sehen konnte, aber Shanghai habe ich genau er-
blickt: Eine riesige Stadt breitet sich an einem großen
Fluß aus, und man spürt förmlich die hektischen Aktivitäten der Menschen dort unten. Auch China wird,
denke ich, ein wohlhabender und moderner Staat werden.

Als ich der Frage nachging, wieso gerade Ostasien so
fähig ist, sich zu modernisieren, traute ich plötzlich meinen Augen nicht: Als ich aus dem Flugzeugfenster blickte,
sah ich auf dem Flügel einen alten Chinesen sitzen! Um
Gottes Willen, hoffentlich fällt er nicht herunter, fuhr es
mir durch den Kopf. Ich wandte mich entsetzt an meinen
Nachbarn, aber, obwohl er in dieselbe Richtung guckte,
schien er nichts zu bemerken. Ich schaute wieder auf den
Flügel, und da zwinkerte mir der Alte zu. Ach so, ein Philosoph!, begriff ich endlich. Ja, während Nora mit Giambattista durch die Lüfte segeln kann, muß ich leider ein
reales Flugzeug nehmen und meinen Beitrag zur Umweltverschmutzung leisten. Aber die wahren Philosophen
können, nach ihrem Tode, wieder wie die Kinder fliegen,
und nur wenn sie das Gespräch suchen mit Flugpassagie-
ren, ruhen sie sich auf den Flügeln der metallenen Vögel
aus.

Inzwischen hatte der Chinese auf sich gezeigt, und da
verstand ich schlaglichtartig, was er sagen wollte. Es war
Konfuzius, und er beantwortete meine Frage also dahingehend, daß der Konfuzianismus die Grundlage des ostasiatischen Wirtschaftswunders sei.

«Gefällt dir denn diese Entwicklung?», fragte ich ihn
weiter.

«Nun, solange die Familie intakt bleibt, habe ich
nichts dagegen – im Gegenteil; denn jene steigert den
Ruhm des Reichs der Mitte.»

«Aber ich habe viel dagegen», meldete sich plötzlich
ein anderer Chinese, den ich noch gar nicht bemerkt

hatte und der genau hinter Konfuzius gesessen hatte, sich aber nun in mein Blickfeld bewegte. «Schon der Ziehbrunnen ist mir nicht ganz geheuer gewesen – was soll ich dann von der jetzigen Welt sagen? Merkt ihr denn nicht, daß mit all den Maschinen das Herz des Menschen immer maschinenmäßiger wird? Wo bleibt da das Tao?»

«Dschuang Dse, sollen wir denn ganz auf die Technik verzichten? Und wenn nein, wo genau ist die Grenze, bis zu der wir gehen dürfen?»

«Das ist eine schwierige Frage, Vittorio, und ich kann sie dir nur annäherungsweise beantworten. Aber wenn du spürst, daß du die Schönheit von Berg und Wasser nicht mehr empfindest, wenn du dich nicht mehr wie ein Kind freuen kannst, dann bist du zu weit gegangen. Also: Genieße die Schönheit der Landschaft in Seoul und denke oft an und wie Nora, dann ist es vielleicht legitim, daß du dieses Flugzeug benutzt hast.»

Ich wollte ihn noch fragen, was er zur Abstammung des Menschen vom Affen meint (ich vermute, daß ihm das als Zeichen der Naturverbundenheit des Menschen nicht mißfallen hätte), aber wir setzten schon zur Landung an, und Dschuang Dse und Konfuzius hatten, einander die Hand gebend, schon zum Sprung vom Flugzeugflügel angesetzt und flatterten nun durch die Lüfte weiter nach Osten in Richtung Japan.

Liebe Nora, ich hoffe, Euch allen, insbesondere auch Deiner lieben Großmutter, geht es gut, und ich grüße Dich herzlich als

Dein
Vittorio

Lieber Vittorio,

weißt Du, wo ich gerade sitze? Im Sand zwischen zwei Dünen. Ich sehe durch die Gräser das Meer und höre, wie es rauscht. Gerade ist Ebbe. Der Himmel ist grau, nur über dem Meer ist er ein wenig blau. Ein paar Menschen gehen am Strand hin und her, und einer hat seinen Hund dabei. Am Horizont vereinen sich Himmel und Meer. Es ist sehr schön hier auf Juist. Es ist eine kleine Insel inmitten von Meer. Manchmal kommt einem das Meer unendlich vor, weil man mit dem Auge kein Ende erblicken kann. Aber hier gibt es so gut wie keine Bäume; die fehlen mir etwas. Es fängt jetzt leicht an zu regnen – ich werde wohl drinnen weiter schreiben. Geht es Dir besser? Ich hoffe es und sende Dir hiermit herzliche Genesungswünsche! Am Montag sind wir wieder zu Hause, dann kannst Du ja zu uns kommen für ein paar Tage. Vielleicht wäre Dir dann nicht so langweilig, weil Du wegen der kranken Augen doch nicht lesen darfst. Ich würde Dir auch vorlesen. Dann müßtest Du aber die Leibniz-Übersetzung mitbringen, denn Französisch kann ich ja noch nicht. Allerdings, Vittorio, warst Du ziemlich leichtsinnig, als Du immer so viel kleine Buchstaben gelesen hast und als Du dauernd in Deinen früheren Computer, der eine so kleine Schrift hatte, geblickt hast. Man darf nicht so leichtfertig mit seinem Körper umgehen, denn Gott hat ihn uns geschenkt bzw. hat ihn zum Leben erweckt, und er ist immerhin einzigartig!

Entschuldige, daß dieser Brief so spät kommt. Ich habe wirklich sehr viel zu tun in letzter und auch noch in der kommenden Zeit. Aber ich möchte trotzdem noch gerne weiterschreiben. Vittorio, könntest Du, wenn Du mir schreibst, den Brief nicht vielleicht auf Computer drucken? Oder vielleicht deutlicher schreiben, bitte. Denn es ist immer sehr schwer, Deine Schrift zu entziffern, und ich kann den Brief nie alleine lesen.

Nun aber zu Korea: Ja, es ist traurig, wenn eine Kultur stirbt. Das finde ich auch. Aber ob man den Tod einer Kultur mit dem Tod eines Menschen vergleichen kann, weiß ich nicht recht. Denn die Kultur ist ja schließlich durch den Menschen entstanden. Außerdem glaube ich nicht, daß dieser Fortschritt Koreas, also von der alten Kultur zur Technik, unbedingt schlecht war und man sagen könnte, man wünsche sich wieder die alten Zeiten. Denn auch die früheren Kulturen waren ja nicht ganz perfekt. Man kann nicht sagen, daß die jetzige Zeit ein Umweg war, denn dann müßten eigentlich alle anderen Zeitabschnitte auch Umwege gewesen sein, denn keine war ja wirklich wünschenswert. Ich glaube, man soll eher sagen, wir müssen neu anfangen, neu handeln und gucken, was wir besser machen können, anstatt sich zu wünschen, noch mal von vorn anzufangen, oder? Denn wir Idealisten sagen ja, daß alles seinen Sinn hat. Und, Vittorio, die Kultur bleibt ja geistig noch vorhanden! Und sie hat uns Menschen ja auch etwas gegeben, und wir haben auf sie aufgebaut.

Ich habe mir auch noch gedacht, daß vielleicht immer alle drei großen Entwicklungsperioden auf der ganzen Welt erforderlich sind. Das Zeitalter der Götter, das des Zweifels und das der Reife. Obwohl ich gerade denke, welches Land wohl im Zeitalter der Reife ist?! Denn eigentlich müßte die Reife ja eine Synthese – d. h. gut sein ... Vielleicht erwarten wir diese Synthese – oder wir müssen sie selber errichten.

Du fragtest ja noch, ob ich meine, daß die Sprache das Denken oder das Denken die Sprache beeinflußt. Ich glaube, daß in Korea das Denken die Sprache beeinflußt. Mir fällt eigentlich kein Land ein, in dem das nicht auch so wäre. Kennst Du eines? Deine Begegnung mit den zwei Philosophen auf dem Flugzeugflügel war ja sehr spannend. Ich stehe eher auf der Seite von Tschueny (ich konnte den Namen nicht richtig entziffern).

Ich verstehe nicht, wieso die Familie um so vieles wichtiger als das Problem der Technik und Umweltverschmutzung ist, wie es Konfuzius meint. Ja, warum findet er die Familie überhaupt so wichtig? Kannst Du mir das erklären? Na ja. Ihr hattet über die Grenze der Technik gesprochen. Tschueny meinte, daß dort die Grenze ist, wo man merkt, daß man den Schönheitssinn für die Natur verloren hat. Ich glaube, daß das vielleicht ein bißchen zu wenig ist; denn dann darf man ja jeden Tag Flugzeug fliegen, wenn man nur trotzdem noch die Wälder schön findet. Die Natur muß einem auch wichtig sein, dann tut man das, glaube ich, von selber nicht. Mama muß in zwei Wochen ein Referat darüber schreiben, warum man die Umwelt schützen sollte, warum das notwendig ist und was die Menschen dazu bewegen müßte. Ich finde dieses Thema sehr wichtig und interessant, weil es ja unsere Zukunft in gewisser Weise bestimmt. Weißt Du, eine meiner Klassenkameradinnen und ich wollen einen Club bilden, in den wir ein paar Mitglieder aufnehmen wollen, die noch nicht gemerkt haben, wie schön das Leben und wie kostbar es ist, und das wollen wir ihnen zeigen. Wir sagen, es wäre ein Umweltclub; insbesondere wollen wir für den Regenwald und seine Bewohner eintreten. Aber wir wollen auch gegen den neureichen Konsummenschen protestieren.

Einen richtigen Philosophen habe ich diesmal nicht getroffen, aber einen «halben». Als ich hier auf Juist saß, merkte ich plötzlich, daß neben mir ein alter Mann mit weißem Bart und buschigen Augenbrauen, unter denen sich auf den ersten Blick etwas grimmige Augen verbargen, Platz nahm. Er schmunzelte mir zu. Da verstand ich, daß es Theodor Storm war. Ich lese nämlich gerade unter anderem seine Novellen, und ich habe auch schon ein paar Bilder von ihm gesehen. Aber die braucht man ja eigentlich gar nicht, wenn man einen Menschen erkennen will. Auf jeden Fall hatte ich ihn erkannt, und er zeigte mit seinem Zeigefinger auf eine undeutliche Figur auf dem Deich. Er lächelte mich erwartungsvoll an. Ich kniff die Augen zusammen, um besser sehen zu können, denn die Gestalt war sehr schattenhaft und, wie gesagt, undeutlich. Ich zuckte mit den Schultern. Ich wollte ihm zeigen, daß ich die Gestalt nicht erkennen konnte. Da tippte er mit seinem Finger an meine Stirn und sagte: «Schließe die Augen, Nora, dann kannst du ihn deutlicher sehen.»

Ich dachte, er wäre verrückt geworden. Seit wann mußte man die Augen schließen, um besser sehen zu können? Aber da kam mir eine Idee. Ich schloß die Augen und versuchte, mit dem inneren Auge zu sehen. Und da erkannte ich den Schimmelreiter, wie er über den Deich ritt. Ich öffnete die Augen, und jetzt konnte ich ihn auch so sehen. Sein Umhang flatterte hinter ihm her – die Hufe seines Schimmels donnerten über den festen Deich. Ich lächelte Theodor zu – ich hatte verstanden. Ich finde, der Schimmelreiter paßt zu unserem Thema, nicht? Dann mußte ich aber gehen. Ich mußte zum Essen kommen und hatte außerdem Bettina versprochen, noch mit ihr den Sonnenuntergang zu sehen. –

Letztens dachte ich mir, daß die Seele, als «ewiger Geist», eigentlich nicht richtig lebt, sondern «ist». Denn was lebt, vergeht ja. Und die Seele hat ja auch nach dem Tod kein irdisches Bewußtsein mehr wie wir Menschen? Sie hat keine Erkenntnisse, sie «ist» einfach nur. Sie macht aber die Materie lebend. Die Materie und die Seele zusammen ergeben Leben. Also ist auch alles Leben beseelt, und keines ist unwert, wie es z. B. die Nazis zu sagen versuchten.

Übrigens habe ich mich noch gar nicht für die Blumensamen bedankt, die Du mir vor ein paar Wochen durch Mama zugesendet hast. Ich danke Dir sehr dafür. Die Blumen blühen noch nicht, aber sie sind schon ungefähr 10 cm groß. Ich freue mich auf ihre Blütezeit.

Du fragtest mich in bezug auf Deinen Kongreß, wo eine französische Schulklasse einem Philosophen Fragen stellen durfte, was ich auf die Frage «Warum ist die Welt so und nicht anders?» geantwortet hätte und was ich für eine Frage gestellt hätte.

Zu der ersten Frage ist es so schwierig, etwas zu sagen. Der französische Philosoph hat sie doch schon so gut beantwortet, und ich kann schlecht etwas hinzufügen.

Vielleicht kann man sagen, sie ist deshalb so, einfach weil Gott sie so erschaffen hat. Oder weil wir Menschen die Krönung der Schöpfung sind, wir eigentlich die Verantwortung für die Welt tragen – und weil wir diese Verantwortung nicht richtig wahrnehmen, ist die Welt vielleicht auch so. Der Mensch muß seine große Macht verantwortlich einsetzen. Außerdem – wenn der Mensch die Krönung der Schöpfung ist, wird er Gott am gefährlichsten. Ich glaube aber, daß es einmal besser wird – bestimmt!

Weißt Du, Vittorio, es gibt so viele, viele Fragen, die man stellen könnte, und was ich gern wüßte. Vielleicht kannst Du mir ja bei zweien weiterhelfen:

1. Ist das Weltall, das Universum unendlich?

2. Gibt es ein Ende aller Zeiten, und kommt einmal das Paradies?

Lieber Vittorio, ich wünsche Dir gute Besserung! Komm doch am Wochenende zu uns. An dem Wochenende kommt auch eine gute Freundin von mir. Dann würdest Du sie kennenlernen, und wir könnten Dich viel fragen und mit Dir reden, wenn Du nicht zu müde bist und Lust hast! Mama, Papa, Omi und Bettina würden sich auch sehr freuen, wenn Du kommen würdest. Wir würden Dir auch die Salbe in die Augen träufeln. Es wäre sehr schön! Du könntest viel schlafen und Dich erholen. Und ich würde Dir auch vorlesen!

Nun wird es langsam dunkel. Mauersegler fliegen durch die Lüfte und alles grünt! Auch die Blumen, deren Samen Du mir geschickt hast!

Bis bald,
Deine Nora.

5. Juni 1995

Liebe Nora,

Dein Brief bzw. Deine Kassette, die ich mehrfach abgehört habe, waren eine große Freude; ich glaube, sie haben dazu beigetragen, daß ich Fortschritte in der Genesung meiner Augen gemacht habe.

Besonders feinsinnig fand ich Deine Bemerkung, daß man durch das Schließen der Augen bestimmte Dinge erst richtig sehe – für jemanden in meiner Lage wahrlich ein großer Trost.

Die letzten Wochen gaben mir die Gelegenheit, über manches nachzudenken, was ich in meinem Leben an Gutem oder auch weniger Gutem getan habe, und Du hast sicher recht, daß zu den weniger guten Dingen dies gehört, daß ich meine Kräfte nicht ausreichend geschont habe. Immerhin habe ich jetzt dieses Wochenende in Eurem gastlichen Haus verbracht und mich gut entspannen können.

Deine liebe Mama ist sogar so freundlich, diesen Brief zu schreiben – damit ist sowohl meinen als auch Deinen Augen gedient! Denn mit der schönen Schrift Deiner Mutter wirst Du keine Schwierigkeiten haben. Es hat mich sehr gefreut, hier auch Deine beste Freundin kennenzulernen. In Deinem Alter ist wenig wichtiger, als gleichaltrige Freunde zu finden, mit denen man das Zeitalter der Heroen zusammen durchkämpfen kann.

In dieser Phase ist es auch verständlich, daß man Mühe hat mit der Ansicht des Konfuzius von der ungeheuren Bedeutung der Familie – denn man muß ja die ersten Schritte aus der Familie herauswagen. Aber gerade Du, die Du ein so außerordentliches Glück mit Deiner ganzen Familie hattest, solltest nicht zu sehr daran zweifeln, daß die Familie die grundlegende Institution ist: In ihr erfährt der kleine Mensch erstmals die Gemeinschaft, die den einzelnen tragen muß.

An Deinem Brief ist vieles bedenkenswert; es hat mir sehr gefallen, daß Du den einzelnen letztlich für wichtiger hältst als eine Kultur, weil ja eine Kultur nur aus einzelnen bestehe. Nicht minder wichtig ist Deine Einsicht, gerade ein Idealist dürfe nicht über umfassende Entwicklungen klagen, sondern solle in ihnen Sinn finden. In der Tat: Auch wenn vieles bedenklich ist an dem Prozeß der Modernisierung – es waltet in ihm eine Macht, die mehr als menschlich ist, und auch wenn vieles an ihm gefährlich ist, so muß man doch durch ihn hindurch. Hegel hat einmal über die griechische Welt geschrieben: Wäre Sehnsucht erlaubt, so nach diesem Lande, nach diesem Zustande; aber er gebraucht den Irrealis «wäre», weil er eben der Ansicht ist, daß man sich mit der Zeit versöhnen muß, in der man lebt, ohne sich nach anderen Zeiten zu sehnen.

Zurück können wir nicht, aber wir wollen uns darum bemühen, daß die Zukunft besser wird – so wie Du das mit Deinem Club machst. Sehr interessant sind Deine Überlegungen zur Seele, auch wenn ich sie nicht vollständig verstanden habe. Wenn ich Dich richtig interpretiere, so meinst Du, daß Leben nur dem zukommt, das auch sterben kann, das daher auch materiell ist: Eine Blume lebt, ein Tier lebt, allgemein: Organismen leben; aber von Gott kann man dann nicht mehr sagen, daß er lebt, und ebensowenig von einer körperlosen Seele. Ist es das, was Du sagen wolltest?

Du versuchst die Frage, warum die Welt so ist, wie sie ist, damit zu beantworten, daß Du sagst, Gott habe sie eben so erschaffen. Damit stellt sich aber die weitere Frage, warum Gott die Welt so und nicht anders erschaffen hat. War er völlig frei bei seiner Wahl? Oder gibt es bestimmte Kriterien, nach denen er vorging? Schließlich: Du weist eine bestimmte Verantwortung an dem gegenwärtigen Zustand der Welt den Menschen zu, so z.B. wenn Du schreibst, der Mensch könne Gott am gefährlichsten werden, gerade weil er die Krönung der Schöpfung sei. Aber hat denn Gott nicht vorhergesehen – oder vielleicht sogar vorherbestimmt –, was die Menschen tun würden, so daß sich deren Taten letztlich doch auf Gott zurückführen lassen? Das ist jedenfalls eine zwischen uns kontroverse Frage, die wir schon mehrfach diskutiert haben, sich aber jetzt wieder einmal aufdrängt.

Liebe Nora, Deine beiden Fragen sind nicht einfach zu beantworten, und ich muß mich heute damit begnügen, auf die erste einzugehen: Ist die Welt räumlich endlich oder unendlich? Ich dachte lange über das Problem nach und stieß auf die üblichen Einwände: Wäre die Welt endlich, dann könnte man ja an ihre Grenzen treten und den Arm ausstrecken – dann aber gäbe es noch etwas jenseits der Grenze. Aber auch eine unendliche Welt ist beunruhigend – Maß und Ordnung scheinen ihr abzugehen. Ich wanderte in Eurem verwunschenen Garten, über dieses

Problem grübelnd, da sah ich plötzlich zwei Männer, die heftig miteinander stritten. Der eine war etwa 30 Jahre älter als der zweite, und ungeachtet der heftigen Auseinandersetzung erkannte man Ähnlichkeiten zwischen den beiden.

«Ruhig Blut, meine Herren», mischte ich mich in die Auseinandersetzung ein. «Streitet nicht, sondern erklärt mir lieber, worum es geht, und sagt mir zunächst, wer ihr seid.»

Der ältere Herr verneigte sich höflich und stellte sich vor: «Bolyai, Mathematiker.»

Der junge Mann tat dasselbe und sagte ebenfalls: «Bolyai, Mathematiker.»

Ich war verwirrt; war ich Zeuge einer Persönlichkeitsspaltung? Die beiden schienen meine Gedanken zu lesen, denn sie antworteten im Chor: «Nein, Wertester, Sie sind Zeuge von etwas viel Schlimmerem – einer Spaltung der Wahrheit.»

Ich war verblüfft, da sagte der ältere Herr: «Mein ganzes Leben hatte ein Ziel – die Wahrheit der euklidischen Geometrie zu beweisen. Ich gebe ja gerne zu, daß ich nicht so weit gekommen bin, wie ich gewollt hätte – aber was mein Sohn sich jetzt herausgenommen hat, das geht entschieden zu weit.»

«Nun, ich habe einfach gezeigt, daß die Sätze der euklidischen Geometrie nicht notwendig wahr sind – *wenn* man das Parallelenpostulat voraussetzt, *dann* gelten sie. Aber man kann auch ein anderes Postulat annehmen, und dann gilt eben eine andere Geometrie.»

«Das ist doch entsetzlich!», schrie der Vater. «Die Geometrie ist doch nicht etwas, das von beliebigen Voraussetzungen abhängen kann. Die ganze Würde der Wahrheit geht verloren, wenn es deren mehrere, einander entgegengesetzte, gibt.»

Auch ich war verlegen, da mir in der Tat schien, daß

von dieser Auseinandersetzung zwischen Vater und Sohn sehr viel abhing. «Meine Herren, vielleicht können Sie die Frage beantworten, die meine Freundin Nora beschäftigt – ist der Raum endlich oder unendlich?»

«Der eine Raum des großen Euklid ist natürlich unendlich», entgegnete der Alte. «Jede begrenzte Ebene kann verlängert werden – jede Grenze ist willkürlich.»

«Das muß man differenzierter sehen», mischte sich der Jüngere in die Diskussion ein. «Man kann sich Axiomensysteme vorstellen, nach denen der Raum notwendig endlich ist. Stelle dir eine Kugeloberfläche vor. Nach der gewöhnlichen Auffassung ist sie die Begrenzung einer dreidimensionalen Figur, nämlich einer Kugel. Aber man könnte sich ja vorstellen, daß sie das eigentliche zweidimensionale Gebilde wäre, die eigentliche ursprüngliche Ebene. Auf ihr kann man sich zwar immer weiter bewegen, man stößt nie an eine Grenze, aber es handelt sich doch um eine endliche Fläche.»

«Aber das wäre doch nur ein zweidimensionales Gebilde, glaubst du denn etwa, daß der Raum zweidimensional ist?»

«Natürlich nicht – man müßte sich nur den dreidimensionalen Raum analog der Kugeloberfläche vorstellen. Dann wäre er endlich, aber nicht begrenzt.»

«Aber niemand kann sich einen solchen Raum vorstellen», rief sein Vater. «Es ist völlig ausgeschlossen, weil ein solcher gekrümmter dreidimensionaler Raum nur innerhalb eines vierdimensionalen euklidischen vorgestellt werden könnte, und es ist absolut unmöglich, sich mehr als dreidimensionale Gebilde zu veranschaulichen.»

«Das ist wahr», bestätigte der Sohn, «aber es ist ein Irrtum zu glauben, daß unsere Anschauung die Grenze unserer Erkenntnisfähigkeit sei. Wir können mit solchen Geometrien rechnen, und das reicht.»

Nach diesen Worten verschwanden die beiden Männer. Mich hat das Gespräch recht aufgewühlt. Denn einerseits verstehe ich die Angst des Vaters, der die Schönheit der Geometrie gefährdet sieht, wenn es deren viele gibt. Andererseits wäre es doch faszinierend, wenn wir Dein Problem auf so elegante Weise lösen könnten, wie dies durch eine der nicht-euklidischen Geometrien möglich zu werden scheint. Bist Du zufrieden mit dem Vorschlag des jüngeren Bolyai, oder denkst Du, daß es gefährlich ist, die Grenzen unserer Raumanschauung hinter sich zu lassen? Bei dem schlechten Zustand meiner Augen, so muß ich gestehen, gefällt mir die Idee sehr gut, daß das Denken von der Anschauung nicht abhängig sein soll ...

Herzlich grüßt Dich
Dein
    schlecht sehender, aber doch
    Dein Wesen geistig erfassender
    Freund
        Vittorio

10. Juli 1995

Lieber Vittorio,

vielen Dank für Deinen Brief. Ich habe mich sehr über ihn gefreut, aber was der junge Bolyai sagte, war doch schwer zu verstehen. Weißt Du, erst habe ich das überhaupt nicht verstanden und habe lange überlegt, aber jetzt ist es mir schon etwas klarer geworden, was Bolyai meinte. Und es ist doch eigentlich spannend, daß man bei manchen Grundannahmen auch andere einsetzen könnte. Aber es ist auch gefährlich, weil man damit manche «Gerüste» der Menschheit einfach «zusammenstürzen» läßt. Und außerdem gäbe es dann mehrere Wahrheiten. Ich glaube, daß es eine objektive Wahrheit gibt. Sonst gäbe es ja auch Gott nicht! Vielleicht können wir Menschen nicht alles herausfinden, und das ist vielleicht gut. Aber immerhin können wir ja etwas denken, was wir uns nicht mehr vorstellen können, z. B., daß eine Kugel zweidimensional wäre. Oder auch Gott. Allerdings glaube ich, daß jeder Mensch einen kleinen Funken der objektiven Wahrheit in sich hat. Einen Gedanken von Bolyai finde ich auch sehr interessant – nämlich, daß im Universum die Gegensätze aufgehoben wären: Das All ist endlich, aber ohne Grenzen. Da fragte ich mich, ob auch bei Gott die Gegensätze aufgehoben sind. Die Frage hatten wir ja schon einmal, aber da kam sie mir wieder in den Sinn. Und jetzt die Frage, ob Gott frei war bei seiner Schöpfung. Denn wenn bei Gott die Gegensätze gewissermaßen aufgehoben sind, dann ist auch der Gegensatz zwischen Gut und Böse aufgehoben, und Gott hätte auch das Böse in sich. Und dann käme das Böse auf der Welt von Gott selber.

Andererseits könnte das Böse auch von einer schlechten Gegenmacht, wie vielleicht dem Teufel, kommen.

Oder das Böse kommt durch die Freiheit des Menschen. Dann wäre Gott ein Risiko bei der Schöpfung eingegangen, aber wenn er es voraussehen konnte?

Am meisten setze ich mich mit der 1. und der 3. These auseinander. Nämlich, wenn Gott eine Synthese von allem wäre, also eigentlich das Höchste von allem, dann wäre auch das Böse in Gott.

Aber irgendwie ist das so eine komische Vorstellung, nicht? Dadurch wird der Gedanke an Gott so sachlich, so lieblos. Wenn Gott ein Risiko einging bei seiner Schöpfung, weil er uns Menschen die Freiheit gab, dann hätte die Welt vielleicht einen deutlicheren Sinn. Dann hätten wir die Aufgabe, das Böse aus der Welt zu schaffen oder wenigstens in uns selber das Böse zu vernichten. Ich finde, das ist eine schöne, aber schwierige Aufgabe. Aber kommen wir zurück auf die These, daß Gott ein Risiko einging. Diese Vorstellung mag ich eigentlich am liebsten. Jedoch ist Gott hier vielleicht ein bißchen zu menschlich. Die andere Auffassung ist logischer. (Kann man bei diesem Thema mit Logik «arbeiten»?)

Und wenn Gott nur Gutes schaffen könnte, dann wäre er doch nicht das Höchste! Dann müßte es ja noch eine Antithese und eine Synthese geben! Ach, das ist so schwierig, unvorstellbar! Vielleicht hat jeder eine eigene, persönliche Vorstellung von Gott, die für ihn «wahr» ist, weil er die objektive Wahrheit nicht begreifen kann.

Aber sind wir Menschen denn in diesem Punkte so unwissend?! –

Ja, was ich zur Seele geschrieben habe, hast Du richtig verstanden. Ich glaube, daß sie nach dem Tode in einen anderen Zustand übergeht. Nur im Zusammenhang mit dem Körper kann sie «leben». Und Leben vergeht. Also kann ja auch Gott nicht richtig «leben», sonst würde er ja nicht ewig sein. Was meinst denn Du dazu, Vittorio? Du hast mir ja einen Satz von Hegel aufgeschrieben, der sehr schön ist. Aber ich verstehe nicht ganz, warum man sich nicht sehnen darf. Denn nur dadurch, daß man sich nach etwas Besserem sehnt, wird man dazu angetrieben, die Wünsche und das Verlangen auch in die Tat umzusetzen. Aber ich glaube, Hegel meinte das in einem anderen Zusammenhang, oder?

Weißt Du, Vittorio, in letzter Zeit würde ich gerne wie ein Vogel fliegen können! Dann könnte ich ungehindert frei in der Luft tanzen, schweben und in höhere Gefilde fliegen! Ach, das wäre schön.

Eben haben die Glocken unserer alten Stadtkirche zehn Uhr geschlagen. Es ist schon dunkel – und es blitzt manchmal und donnert und regnet schwach. Es ist angenehm frisch und trotzdem nicht kühl. Die Dunkelheit ist beruhigend. Immer, wenn ich längere Zeit in den Himmel schaue, gehen mir viele Gedanken durch den Kopf.

Heute haben wir Zeugnisse bekommen und nach einem Gottesdienst unsere Klassenlehrerin verabschiedet. (Sie bekommt eine neue Klasse, und wir kriegen einen neuen Lehrer.) Morgen fahren wir nach England. Darauf freue ich mich schon. Wer weiß, vielleicht treffe ich dort jemanden! In Cornwall gibt es viele Klippen und Höhlen. Irgendwo hier sollen König Artus und seine Tafelritter gelebt und regiert haben. Spannend, nicht?

Ich werde Dir aus England schreiben!

Und wenn wir dann wiederkommen, mußt Du uns einmal wieder besuchen (oder wir Dich).

Übrigens war Dein Besuch kürzlich sehr schön!

Bis bald,
Deine Nora.

(Auf dem Briefumschlag):
P.S.: Aus den Blumensamen sind Tomatensträucher gewachsen! Zwei Tomaten hängen schon an ihnen, aber sie sind noch grün!

Essen, 14. Juli 1995

Liebe Nora,

das war wieder eine große Freude, heute morgen Deinen Brief zu erhalten, auf den ich lange gewartet hatte! Vielen Dank! Verzeih, wenn ich Dir wieder handschriftlich antworte, aber erstens kann ich Dir so im Freien sitzend schreiben, und zweitens finde ich Computerausdrucke sehr unpersönlich, und, wie Du weißt, ist mir unser Briefwechsel besonders wichtig; auf Computer schreibe ich nur langweiligen Kollegen Briefe, aber nicht dem Mädchen par excellence! Vielleicht hilft Dir der Zauberer Merlin bei der Entzifferung meiner Schrift? In Cornwall wirst Du ihm leicht begegnen, und da er ein alter Freund aus meiner Kindheit ist, wird er Dir mühelos helfen können. Oder aber Du wendest Dich an unseren gemeinsamen Freund Sherlock Holmes, der schon etwas schwierigere Probleme gelöst hat als die Entschlüsselung meiner Tintenkleckse. Wie ich höre, ist er zu dem Ergebnis gekommen, daß die grundlegenden Fragen der rationalen Theologie noch viel spannender sind als Moriartys Schliche, besonders weil Gottes Komplexität eigentlich darauf beruht, daß er unvorstellbar einfach ist, was unseren verworrenen Verstand überfordert – besonders denjenigen kleiner Intriganten, die sich im Labyrinth ihrer Unterstellungen verfangen. Nur wer selbst einfach wird, kann Gott, wenn auch immer nur annäherungsweise, verstehen.

Mit dieser Überzeugung bin ich, über Deine Fragen grübelnd, eben in das Café gegangen. Ein glücklicher Zufall – oder eine Fügung – wollte es, daß, ungeachtet der furchtbaren Hitze, vier Herren an einem Tischchen saßen und über das Problem «Gott und das Böse» redeten. Der eine wirkte irgendwie nahöstlich und hatte offenbar ein bewegtes Leben hinter sich; er sprach energisch und leidenschaftlich.

«Das Böse kann nie und nimmer von Gott kommen», rief er aus, «Gott ist gut; das Böse hat mit ihm nichts zu tun. Also muß es einem bösen Prinzip, einem Gegengott entstammen – Ahriman, dem Feinde Ahuramazdas. Es gibt zwei Urmächte.»

«Aber mein lieber Zarathustra», erwiderte ein sanfter

Mann mit sehr großen Augen, «Gott kann doch nur einer sein. Gibt es zwei Prinzipien, so sind doch beide immerhin Prinzipien; es liegt ihnen etwas Gemeinsames zugrunde – das Prinzipsein. Dann ist eben dies das Absolute: Man kommt nicht daran vorbei, daß die Spitze des Seins das Eine ist.»

«Mein lieber Plotin, ist denn das Eine das Gute?»

«Gewiß, was eint und verbindet, ist gut. Zwiespalt aber ist schlecht. Dem Göttlichen kann Zweiheit nicht eignen.»

«Und woher kommt dann das Böse?»

«Das Böse ist nur Mangel an Gutem. Es *ist* nicht wahrhaft. Es zuckt nur nahe am Nichts, entfernt von der Fülle des Seins. Wir wollen lieber über es schweigen, denn es gibt da nichts, was zu erkennen wäre.»

«Du hast unrecht», entgegnete Zarathustra aufgebracht. «Das Böse *ist*! Und wie! Die Krankheit mag die Auflösung eines Organismus sein, aber die Bösen sind machtvoll, wirken, zerstören – vielleicht am Ende auch sich, aber vorher noch vieles andere. Ein vornehmes Hinwegsehen über das Böse ist falsch – man muß das Böse bekämpfen, es ernst nehmen, sich auf es einlassen ...»

«Auch auf die Gefahr hin, daß man ihm ähnlich werde?», unterbrach ihn Plotin melancholisch. Ich war dem Wortwechsel so gespannt gefolgt, daß ich die beiden anderen Philosophen noch gar nicht richtig ins Auge gefaßt hatte. Der eine hatte ein sehr nachdenkliches, fleckiges Gesicht – es war Hans Jonas! Er zwinkerte mir zu und fragte, ob die Hans-Jonas-Gesellschaft schon ins Vereinsregister eingetragen worden sei, und mischte sich dann in das Gespräch ein.

«Plotin, an der Existenz des Bösen ist nicht zu rütteln – leider. Ich wollte, Du hättest recht – aber zumindest dieses Jahrhundert hat Deine Thesen Lügen gestraft. Böses hat es immer gegeben, aber die Macht, die ihm durch den modernen Staat in die Hände gefallen ist, hat ihm eine Realität verschafft, von der es vorher nur träumen konnte ...»

«Ich hatte dich in deiner Kritik an unserem Freund Immanuel so verstanden, daß du auch an einem engen Zusammenhang zwischen Sein und Gutem festhältst», unterbrach ihn Plotin höflich. «Aber sei es drum. Woher kommt denn nach deiner Ansicht das Böse, wenn es denn ist? Von Gott?»

«Unter keinen Umständen! Gott hat sich mit der Schöpfung der Welt entäußert – als die Stimme des Sittengesetzes, mahnend und fordernd, schwebt er über der Welt; aber die Welt ist durch ihre eigenen Gesetze bestimmt, zu denen auch der Zufall gehört, und im Menschen erweist sich dieser Zufall als Freiheit, zum Guten wie eben auch zum Bösen.»

«Wirklich?», fragte ihn mit ruhiger und gelassener Stimme der vierte Herr am Tisch, der eine riesige Perücke trug. Mit ausgesuchter Freundlichkeit verneigte er sich mir gegenüber, da er begriff, daß ich ihn nicht erkannte, und stellte sich kurz vor: «Gottfried aus Hannover.» (An wen denkst Du da? Aber es war nicht unser gemeinsamer Freund; den hätte ich ja erkannt.) Dann wandte er sich wieder Hans Jonas zu.

«Zweierlei gefällt mir an deiner Konzeption noch nicht ganz, und ich bitte dich, mir zu erklären, wie du mit meinen Problemen fertig wirst. Erstens ist mir dein Gott etwas zu schwach. Allmächtig ist er sicher nicht und vermutlich auch nicht allwissend, denn dann hätte er sich wohl nicht so ohne weiteres entäußert, voraussehend, was mit dieser Begrenzung seiner Macht auf die Welt zukomme. Wenn Gott allwissend und allmächtig ist, dann muß er das Böse nicht gewollt (denn dies zu denken wäre in der Tat ein Frevel), aber doch billigend in Kauf genommen haben. Und warum? Nun, weil aus der Überwindung des Bösen mehr Gutes entspringen würde als aus einer Welt ohne Böses. – Die zweite Schwierigkeit, die ich mit deiner sehr bedenkenswerten Aussage habe, ist folgende: Du scheinst zu unterstellen, der Mensch könne ohne Ursache handeln. Aber wir müssen doch immer nach dem Grund einer Behauptung und nach der Ursache eines Ereignisses fragen. Wer einen Menschen gut kennt, weiß doch oft ziemlich genau, wie er sich entscheiden wird. Und je moralisch besser ein Mensch ist, desto sicherer kann man sein, daß er das Gute tun wird. Wäre Freiheit etwas Positives, dann wäre dies ein Mangel, und der Unvorhersehbare würde etwas Wertvolleres sein. Aber sage, Hans, könntest du etwas Böses tun?»

«Du bringst mich mit deiner zweiten Frage in Verlegenheit, lieber Gottfried. Zu deiner ersten freilich ist folgendes zu sagen: Nicht alle Attribute, die die Tradition Gott zuschreibt, müssen ihm wirklich zukommen. Ein nicht allmächtiger Gott ist mir bedeutend lieber als einer, der das Böse tut.»

«Tut? Nicht doch! Er unterläßt nur, es zu verhindern, weil aus ihm Gutes sich entwickeln wird ...»

In dem Augenblick trat ein Mann mit kräftigem Körper und grüblerischem Blick an den Tisch, einen Schusterriemen in der Hand.

«Verzeiht, wenn ich mich in euer Gespräch einmische, aber es ist einfach zu wichtig! Gottfried, diese Unterscheidung von Tun und Unterlassen bei Gott ist doch nicht überzeugend. Wenn *ich* es unterlasse, jemandem zu helfen, ist das weniger schlimm, als wenn ich jemandem schade, weil für mich eine konkrete Hilfeleistung eben eine viel größere Anstrengung ist als deren Unterlassung. Wenn es mich nichts kosten würde, jemandem zu helfen, und ich täte es nicht, dann wäre ich genauso schuldig, wie wenn ich jemandem schadete – es sei denn, um der Autonomie des anderen willen wäre ein Eingriff nicht statthaft. Aber Gott ist ja nach dir allmächtig, und das, was er schafft, ist das Selbst, kein Eingriff in das Selbst; gegenstandslos wird es da, zwischen Tun und Unterlassen zu unterscheiden.»

«Worauf läuft das hinaus?»

«Daß das Böse irgendwie in Gott selbst sein muß, freilich nur als ein Bestandteil seines Wesens, das sich in der Welt verselbständigt. Gott ist nicht reine Positivität, sondern auch das Negative muß in ihm enthalten sein.»

«Bravo, Jakob!», rief ein sechster Denker, der sich plötzlich hinzugesellte. Es war Hegel, der seinem Vorredner auf die Schulter klopfte. «Das Absolute muß Synthese von Positivem und Negativem sein – nicht bloße Einheit, sondern Einheit von Einheit und Vielfalt. Nemo contra Deum nisi Deus ipse!»

Da wagte ich es, mich in das Gespräch der großen Philosophen einzumischen. «Lieber Hegel, meine Freundin Nora möchte von Ihnen wissen, wieso Sehnsucht nicht erlaubt ist.»

«Weil wir, wie Gottfried zu Recht meint, in der besten aller möglichen Welten leben – Sehnsucht ist Unzufriedenheit mit der Gegenwart, also Undankbarkeit gegenüber Gott.»

«Aber zur besten aller möglichen Welten gehört doch auch viel Negatives; vielleicht sind einige Epochen, obgleich notwendig, so doch unglücklicher als andere. Darf man sich in ihnen nicht nach Besserem sehnen?»

«Nein, denn die Gegenwart ist immer besser als die Vergangenheit.»

«Hegel, mit Verlaub, hier irrst du», rief Jonas leidenschaftlich. «Zur Geschichte gehören immer wieder furchtbarste Rückfälle im moralischen Bewußtsein. Dein Optimismus ist unverantwortlich, und überhaupt setzt der Gedanke der Verantwortung Freiheit voraus.»

Die Diskussion wurde heftiger; und da ich wußte, daß

Jonas Hegel gar nicht mochte, beschloß ich, mich zurück-
zuziehen – wenigstens Plotin wird Verständnis dafür haben, daß ich Streitigkeiten aus dem Weg ging. Immerhin
schien mir, daß diese toten Seelen noch ganz schön leidenschaftlich waren … Aber an der Tür wurde ich noch
kurz aufgehalten, von einem Mann, den ich noch nie gesehen hatte.

«Diese Denker werden noch lange streiten. Sie gehen
alle von einer falschen Voraussetzung aus – daß man
diese Fragen mit der Vernunft lösen könne; sie ist dazu
außerstande. Man muß einfach glauben, an das, was das
eigene Herz sagt.»

«Na, ich bin froh, daß meine Freundin Nora ein gutes
Herz und eine gute Vernunft zugleich hat», entgegnete
ich. «Ein absoluter Gegensatz zwischen beiden scheint
also nicht zu bestehen.»

Und ich entfloh ihm, um Dir diesen Brief zu schreiben.

Liebe Nora, ich hoffe von Herzen, daß Ihr alle den Urlaub in England genießt, und grüße Dich herzlich

als

Dein

Vittorio

1. August 1995

Lieber Vittorio,

vielen Dank für Deinen Brief. Leider ist diese Karte noch
nicht die vollständige Antwort, aber ein Vorbote. Wir sitzen gerade in der turbulenten Stadt Cambridge, weit weg
vom Meer und von Merlin und Artus. Mir gefällt die
Stadt mit ihren ganzen Colleges, Kirchen … Aber sie er-

innert an Italien. Auf der Farm in Devon/Cornwall war es wunderschön. Dort konnte man gut seinen Gedanken nachgehen und Geschichten ausdenken. Man kann weit über das etwas hügelige Land blicken. Besonders die Klippen an den Küsten und Land's End waren schön, aber sehr melancholisch. Ich mag England. Hier trifft man höchst unterschiedliche, interessante Gestalten aus fast allen Zeitabschnitten!

Bis bald, bis zum nächsten Brief,
Deine Nora.

15. August 1995

Lieber Vittorio,

wie freute ich mich, als ich Deinen Brief vor ungefähr drei Wochen in England auf einer wunderschönen, gemütlichen und echt englischen Farm in den Händen hielt. Der kleine Ben, der Junge der Farmbesitzer, brachte ihn mir. Also – vielen Dank!

Hast Du meine Karte bekommen? Dann weißt Du sicher, daß ich England liebgewonnen habe. Ich finde, daß das ganze Lebensgefühl anders ist als bei uns. Auch die Art der Menschen ist anders: Sie sind viel offener, freundlicher und auch hilfsbereiter. Einmal war ich mit der Tochter, Philippa, die auch zwölf ist, in der Schule und habe einen Tag lang am Unterricht teilgenommen. In den Pausen versammelten sich gleich ganz viele Schüler wie eine Traube um mich und fragten, wer ich sei und wo ich herkomme, boten mir ihre Freundschaft an und halfen mir, wo sie konnten. Ich glaube, hier bei uns hätte man Hemmungen, einfach so auf einen Fremden zuzukommen. Vielleicht nicht nur wegen des fehlenden Interesses, sondern eher weil man dazu erzogen wurde, Distanz zu halten. Und England als Land selber hat mir auch gefallen. Überall kann man Spuren aus fast allen Zeitabschnitten erkennen. Von den Kelten bis zu den Grafschaften und den Klöstern, vom Mittelalter bis zur beginnenden Neuzeit.

Allerdings ist die Landschaft an vielen Ecken etwas melancholisch. Einmal sind wir bis zu «Land's End» gefahren. Dort donnern die Wellen an die rauhen Klippen am Ende von England. Hinter einem die wehenden Gras- und Blumenflächen, vor einem das große Meer und die Klippen. Auch das ist ein Ort, der eher nachdenklich als fröhlich stimmt. Übrigens mußte ich da an unser Vorstellungsvermögen und unsere Vernunft denken. Das Meer ist vielleicht ein Beispiel dafür: Wir können das Wasser nur bis zum Horizont sehen. Dann sehen wir nichts mehr, aber wir wissen, daß es hinter dem Horizont noch weiter geht.

Aber wir waren auch in Städten wie Tintagel, Salisbury, Oxford und Cambridge. Ganz vielleicht, wenn ich gut genug dazu bin, möchte ich einmal in Cambridge studieren. Aber das hängt davon ab, an welcher Universität Du dann bist.

Als ich in Tintagel auf einer Klippe oberhalb von «Merlin's cave» saß, mußte ich an die Ritter der Tafelrunde auf der Suche nach dem Heiligen Gral denken. Nach der englischen Sage durfte als einziger Sir Galahad den Gral sehen und anfassen, vielleicht sogar daraus trinken, das weiß ich nicht mehr so genau. Aber danach starb er. Ich glaube, das soll bedeuten, daß kein Lebender den Gral, also den Kelch, aus dem Jesus beim letzten Abendmahl trank, das Sinnbild für Liebe, Gottes Herrlichkeit und die Gemeinschaft mit Jesus, vollständig haben kann. Erst wenn wir gestorben sind, dürfen wir die «Wahrheit»

erfahren, erst dann sind wir fähig, das Böse in uns aus-
zulöschen. Dann sind wir am Ende der Suche nach ... ja,
nach dem «Heiligen Gral». (So die Sage.) Aber ich
glaube, ein richtiger Philosoph gibt sich mit dem reinen
Glauben nicht ganz zufrieden!

Nun zu der Diskussion im Café:

Weißt Du, am besten haben mir eigentlich die Meinungen von Hans Jonas, Gottfried und dem siebten
Mann am Ausgang des Cafés gefallen.

Aber so ganz überzeugend sind sie alle irgendwie
nicht. Das darf ich eigentlich ja nicht sagen, denn selber
habe ich keine bessere Lösung gefunden (vielleicht
kommt das noch). Aber trotzdem!

Wenn, wie Jakob und Hegel meinten, das Gute und
das Böse in Gott enthalten wäre, dann wären ja alle Hoff-
nungen der Menschen zunichte gemacht. Dann gäbe es
auch kein Paradies! Dann könnten wir gar nicht gegen
das Böse ankämpfen, weil wir uns dann lösen müßten
von Gott! (Aber vielleicht braucht ja die Synthese gar
nicht unbedingt auch Böses zu enthalten: Denn wenn,
wie ja – glaube ich – auch Hegel meint, es zu jeder Synthese eine neue Antithese gibt und dann wieder eine Synthese usw., dann schaukelt sich dies doch immer mehr
hoch und es gibt immer weniger Böses im Laufe der Zeit.
Dann müßte doch eigentlich die «Grenzsynthese» nur
noch aus Gutem bestehen?)

Zarathustras Erklärung ist die einfachste und vielleicht sogar die überzeugendste. Aber Du weißt ja, daß
ich auch nicht an einen Gegengott glaube! Dazu habe ich
ja schon was in meinem letzten Brief geschrieben.

Jonas' These gefällt mir gut. Und, weißt Du, eine an-
deutende Frage von ihm fand ich besonders interessant:
«Mir ist ein nicht allmächtiger Gott sogar lieber als ein
allmächtiger.» Muß denn Gott allmächtig sein?

Aber am allerbesten gefällt mir Gottfried aus Hannover! Vielleicht kann ja das Gute nur mit dem Bösen zusammen existieren, sonst könnte man das Gute ja gar nicht erkennen! –

Nein, jetzt bekomme ich ein mulmiges Gefühl – ich glaube, mit solchen vernünftigen Thesen wenden wir uns doch nur noch weiter von der eigentlichen Wahrheit ab! Vielleicht kommt man wirklich nur mit dem Herzen zu Gott. Der Gott, an den ich noch vor einem Jahr geglaubt habe, ist plötzlich so weit weg!

Mit diesen ganzen Erklärungen werden wir nur traurig; und nie ist die Vorstellung von einem Gott wie ein Vater oder eine Mutter. Bei dem man nicht viel zu fragen braucht! Der einfach da ist, bei einem ist!

Manchmal hadere ich mit Gott. Dann bin ich mir manchmal gar nicht mehr seiner Existenz sicher.

Aber glücklicherweise finde ich meistens doch zurück. –

Übrigens habe ich die Geschichte von Mirjam zu Ende geschrieben und ich habe schon angefangen, sie auf Computer abzuschreiben. Wenn sie fertig ist, schicke ich sie Dir, wenn Du willst.

Ich überlege schon an einer neuen Geschichte.

Jetzt habe ich nur noch eine Woche Ferien. Und die verbringe ich mit Bettina auf einem Reiterhof. (Meine gute Freundin kommt auch mit.)

Ach ja, vielen Dank für Deine Karte aus Dänemark! War es schön dort? Hoffentlich!

In England habe ich Jane Austens «Mansfield Park» gelesen. Kennst Du Jane Austen? Im Augenblick lese ich ein Buch über die Hexenverbrennung und eines, das heißt «Der Gefangene des Zaren». Du hast mir einmal erzählt, daß Du in meinem Alter die ganze Bibel durchgelesen hast. Ich glaube, das mache ich auch bald!

Hoffentlich bis bald,
Deine Nora!

P.S.: Entschuldige bitte, wenn ich so schmierig geschrieben habe: Das Meiste des Briefes habe ich im Sauerland im Wald geschrieben.

P.P.S.: Du hast einmal in Deinem Brief das Wort «tote Seelen» gebraucht. Aber die Seelen sind doch gerade nicht tot! Sie sind doch ewig. Oder?

Essen, 23. August 1995

Liebe Nora!

«Da haben wir die Bescherung!» – Das war die erste Reaktion nach einem mehrminütigen Schweigen, das auf die Lektüre Deines Briefes im Café folgte. Es herrschte allgemeine Verlegenheit, bis eben jener Ausruf ertönte. Er kam von einem streng blickenden Mann mit Turban, den ich noch nie gesehen hatte.

«Vor neunhundert Jahren habe ich das schon gesagt: Die Philosophie kann nur zur Verwirrung führen. Die Widersprüche der Philosophen sind an sich schon eine unerträgliche Sache, wenn man sie mit der Wahrheit der Offenbarung des Herzens vergleicht; daß man aber ein so entzückendes Kind wie Nora, die ja auch zu Jesus ganz vernünftige Dinge gesagt hat und bei der somit nicht mehr viel fehlt, um sie zu einer tüchtigen kleinen Moslemin zu machen, nun ebenfalls mit diesen Widersprüchen konfrontiert, und zwar mit dem einzigen Resultat, daß sie mit Gott hadert und sogar an seiner Existenz zu zweifeln beginnt, das ist zu viel des Guten!!! Oh, ihr Philosophen! Wie gut wäre es, wenn es euch nicht gäbe. Ihr richtet nur Schaden an den Seelen der Menschen an.»

«Ich bin ja mit vielem einverstanden», meinte Blaise

(der siebte vom letzten Mal). «Natürlich abgesehen von deinen Bemerkungen zu Jesus. Aber darin wenigstens hast du recht, daß es vermessen ist, mit der Vernunft die Gottesfrage lösen zu wollen. Der Hochmut des Denkens muß gebrochen werden; in der Demut des gläubigen Herzens müssen wir uns Gott dem Vater (meinetwegen auch der Mutter!) nähern. Die Philosophie führt zu nichts.»

«Tja, dann bliebe eigentlich nur die Selbstauflösung unseres Clubs», meinte ein dritter. «Wir erklären nicht nur uns für tot – das sind wir ja alle schon längst –, sondern erklären auch unser Gewerbe für tot. Wir treten in das Zeitalter der Postphilosophie ein. Hipp, Hipp, Hurra!»

«Nicht ganz so hurtig, Freundchen», mischte sich da Sokrates in das Gespräch ein. «Vorher mußt du mir da eine kleine Frage beantworten. Hast du denn Argumente für die Selbstauflösung der Philosophie?»

«Du beliebst wohl zu scherzen? Was für eine Frage! Gewiß habe ich Argumente.»

«Sind Argumente aber etwas Philosophisches oder nicht?»

«Nun, sicher.»

«Wie aber sollten wir diese Argumente ernst nehmen – wenn ihre Pointe doch ist, daß Argumente als Produkte der Philosophie nicht mehr ernst zu nehmen sind?»

«Halt», rief einer, den ich nicht gleich wiedererkannte, der aber ganz offenkundig zum Trio Infernale gehörte. «Halt ein, Sokrates. Die Argumente für die Zerstörung der Philosophie sind wie ein Abführmittel, das den Magen entleert, aber dann sich selbst auch abführt.»

«Oder wie eine Leiter», meinte ein anderer aus jenem Dreierbunde, «die man wegwirft, nachdem man über sie hinaufgestiegen ist.»

«Aber purzelt man dann nicht auf den Boden?», fragte ich ganz naiv.

«Ja», meldete sich der erste Sprecher wieder zu Wort, «sofern man eben nicht eine absolute Grundlage hat, die freilich – darin stimme ich mit meinen Vorrednern überein – nicht von der Philosophie zur Verfügung gestellt werden kann. Diese Grundlage ist der Koran.»

«Lieber Ghazali, wenn du den letzten Satz nicht gesagt hättest, … nun, fast hätte ich bemerkt: wärest du ein Philosoph geblieben, aber das ist nur die Macht der Gewohnheit; ich meine natürlich: dann hättest du recht behalten. In Wahrheit ist die absolute Grundlage das Evangelium.»

«Wie bedauerlich, daß hier unser Konsens aufhört», widersprach Ghazali. «Denn natürlich irrst *du* dich mit der letzten Annahme.»

«Darf ich noch einmal nachfragen?», mischte sich Sokrates wieder in das Gespräch. «Ihr wolltet doch alle die Vernunft aufgeben, weil sie nur zu Widersprüchen führe. Aber wenn ich richtig sehe, sind die Widersprüche zwischen den verschiedenen Religionen auch nicht zu unterschätzen. Wie sollen wir nun entscheiden, welche Religion recht hat?»

«Durch den Glauben, durch das Herz!», riefen Ghazali und Blaise unisono.

«Aber ihr beide beruft euch doch auf den Glauben, und ihr könnt doch nicht beide gleichzeitig recht haben. Wie sollen wir denn entscheiden, *wessen* Glaube zu übernehmen ist? Nochmals durch den Glauben? Dann aber stellt sich unser Problem noch einmal, und so fort, bis ins Unendliche. Oder sollten wir vielleicht doch die Vernunft zu Hilfe nehmen?»

Ein mir vertrautes Hohngelächter erschallte. Ein kleiner Mann mit spitzem Blick drängelte sich da vorwärts. Es war Tom!

«Hehehe!», schrie er. «Ich habe eine Lösung eures Problems. Ist euch denn noch nicht aufgefallen, daß die meisten Leute, die sich zum Christentum bekennen, aus christlichen Ländern stammen, während die meisten Moslems sich – welch ein Zufall! – in islamischen Ländern befinden? Hahaha! Was folgt wohl daraus? Doch nichts anderes als dies: Was die Menschen für wahr halten, hängt davon ab, was ihnen in früher Kindheit eingebleut wurde.»

«Wahrheit ist eine Funktion der sozialen Abrichtung», nickte der Wiener aus dem Trio. «Letzte Fragen entscheidet man eben so, wie man das in der Gesellschaft ganz allgemein tut.»

«Ihr seid mir ganz Schlaue», unterbrach sie Sokrates. «Die meisten Philosophen haben immer gemeint, daß Wahrheit etwas ist, was sozialer Macht vorausgeht und nach dem sich gerechte Macht zu richten hat; ihr aber habt begriffen, daß Wahrheit letztlich von der Macht abhängt. Herzlichen Glückwunsch zu dieser tiefen Einsicht!»

«Danke, danke», rief Tom ganz aufgeregt. «Habe ich dich jetzt auch davon überzeugt?»

«Ich bin immer ein bißchen langsam; außerdem habe ich selber gar keine Meinung, sondern will nur von anderen lernen. Aber sag mir eines, Tom: Deine These von dem Vorrang der Macht vor der Wahrheit ist doch deine ureigenste Entdeckung, etwas ganz besonders Originelles?»

«Und wie!», rief Tom. «Endlich hat jemand meine Bedeutung begriffen!»

«Also deine These, daß grundlegende Wahrheiten eingebleut werden, hast du selbst herausgearbeitet?»

«Gewiß, und ich mußte viele Vorurteile meiner Gesellschaft überwinden – Vorurteile, die so stark sind, daß selbst heute noch nicht alle, ja nur wenige, meine Größe begriffen haben.»

«Das ist wirklich jammerschade, Tom. Aber sage mir noch kurz, bevor ich mich ganz zu deiner Meinung bekehre: Wie konntest *du* denn dich von den Vorurteilen deiner Kindheit befreien? Und wie kann wahr sein, was du sagst, wenn Wahrheit nichts anderes ist als die herrschende Meinung?»

«Ich verstehe diese Frage nicht.»

«Wirklich? Du bist doch sonst so klug! Laß mich nochmals deine These mit dir durchgehen: Du und Ludwig meintet doch, es gebe gar keine Möglichkeit, letzte Fragen rational zu entscheiden. Wahr sei das, wozu man eben abgerichtet werde.»

«Genau!»

«Nun zeigt sich doch die Größe deines Geistes eben darin, daß du selbst zu dieser neuen Einsicht gekommen bist und nicht zu ihr abgerichtet wurdest. Wenn du aber recht hast, heißt dies, daß du eben nicht die Wahrheit eingesehen hast.»

«Nun, ich muß eben die Mehrheit davon überzeugen, daß ich recht habe – dann habe ich auch recht!»

«Sag mal, Tom, wenn du jemanden überzeugen willst, sagst du ihm von Anfang an, daß es dir darauf ankommt, daß er dir zustimmt, weil so deine Ansicht wahr wird? Oder hast du nicht die Erfahrung gemacht, daß es überzeugender ist zu sagen, man solle etwas für wahr halten, weil es wahr ist, statt es wahr zu machen dadurch, daß man es für wahr hält?»

«Ja, es gibt Menschen, die man so angehen muß, weil sie eben dumm sind und noch nicht die Wahrheit erkannt haben!»

«Dumm? Ohne Kenntnis der Wahrheit? Aber wie sollte das möglich sein? Sie machen doch die Wahrheit!»

«Ach, Sokrates, mit dir kann man nicht reden. Du bist ein Sophist und drehst einem die Worte im Munde herum», erwiderte Tom verärgert und trollte von dannen. Mir schienen die Argumente von Sokrates sehr gut, und ich fragte ihn, wie er denn Noras Entwicklung sehe.

«Schau, das Ganze ist nicht so dramatisch. Ein bißchen Zweifel kann nicht schaden. Im Gegenteil: Durch den Zweifel hindurch wird Nora zu einem tieferen Gottesbegriff kommen. Vater und Mutter sind nicht immer da, einmal müssen sie sterben. Insofern ist die Vorstellung von Gott als Vater oder Mutter irgendwie irreführend. Gott ist vielmehr wie die Wahrheit, die man nicht bestreiten kann, weil man sie voraussetzt, wenn man dies tut. Gerade darin zeigt sich seine Größe, daß man wie ein Bumerang auf ihn zurückgeworfen wird, wenn man sich von ihm entfernt. Und es ist nur Gedankenlosigkeit, wenn man nicht mehr zu ihm zurückfindet.»

«Hoffentlich hast du recht, Sokrates», riefen Ghazali und Blaise. «Übrigens sind ja unsere Gegensätze gering, verglichen mit denjenigen, die uns beide von Tom trennen. Geben wir einander die Hand! Und wenn die Postphilosophie heißt, den Toms das Feld zu räumen, dann nehmen wir doch lieber dich in Kauf, Sokrates!»

«Also der Club wird nicht aufgelöst?», fragte ich erleichtert.

«Nein!», riefen alle (auch Tom), «es gibt noch viel zu viel zu diskutieren!»

Mit dieser Antwort war ich zufrieden, und ich hoffe, Du bist es auch.

Bis bald,
Dein Vittorio

Lieber Vittorio,

das war ja ein spannender Brief, den Du mir geschickt hast! Entschuldige, daß ich ihn nicht eher beantwortet habe, aber ich habe immer so viel zu tun. Wir haben jetzt viele neue Lehrer; ich verstehe mich mit allen gut. Außerdem haben wir eine Klassenfahrt ins Sauerland gemacht. Wir waren dort drei Tage in einer Jugendherberge. An einem Tag sind wir 26 Kilometer um einen wunderschönen, naturbelassenen Trinkwassersee gewandert, durch Wälder und Wiesen, über Bächlein – eben durchs Sauerland. Zwischendurch haben wir natürlich Pausen gemacht. Einmal bekamen wir einen Zettel, auf dem Fragen zu Gott, aber auch zu uns selbst gestellt waren. Wir mußten diese Fragen beantworten und taten den Zettel dann in ein Kuvert. In ein oder zwei Jahren werden wir den Briefumschlag wieder öffnen, nachsehen, was wir «damals» geschrieben und gedacht haben, und darüber diskutieren. Schön, nicht?

Im Augenblick sitze ich wieder im Sauerland, in unserem kleinen Häuschen. Es ist regnerisch, etwas neblig, ungemütlich – aber ich mag das. Du bist jetzt wohl schon in Amerika, denn gestern wollten wir Dich anrufen, und keiner nahm ab.

Nun aber zu Deinem Brief.

An Sokrates:

Lieber Sokrates, vielen Dank dafür, daß Du den Club gerettet hast! Ich hätte es überhaupt nicht gut gefunden, wenn Ihr Euch aufgelöst hättet. Denn die Philosophie ist doch sehr wichtig, auch wenn sie Gefahren enthält. Bei der Philosophie kann man manchmal sein Herz «verlieren» oder zu «vernünftig» werden. (Aber vielleicht ist das dann keine Philosophie mehr, denn das bedeutet ja ei-

gentlich «Liebe zur Weisheit», und um lieben zu können,
braucht man ein Herz.) Und wenn man nur noch denkt
und denkt und denkt und sich vom wahren Leben ausschließt, ist das auch nicht mehr gut.

Aber ich glaube nicht, daß die Philosophie jemals richtig aufgegeben wird, denn uns Menschen zieht es doch
immer wieder zu den Fragen, manchmal sogar leidenschaftlich. Ich mag doch die Philosophie auch so gerne –
ich fände es dumm, wenn es sie nicht mehr gäbe. Dann
würde man so ein Leere-Gefühl bekommen, und das ist
schlimmer als Verzweiflung über so viele Fragen und Gedanken und Vernunft. Weißt Du, in letzter Zeit kommt es
manchmal vor, daß ich etwas melancholisch und traurig
bin und mich vielleicht einsam fühle. Aber das geht meistens schnell wieder vorüber.

10. Oktober 1995

Lieber Vittorio,

jetzt schreibe ich weiter. Nun also zu Hobbes' Theorie,
daß Macht und Gesellschaft ausschlaggebend sind für
die Wahrheit. Das ist schwierig: Denn natürlich sind
auch Umgebung, Sitten und «Nutzen» für die Menschen
wichtig, um ein bestimmtes Verhalten zu erklären und
für richtig zu halten, z. B. Religionen. Aber ich glaube
auch an eine objektive Wahrheit, die für alle gilt. Vielleicht schließt das eine das andere nicht aus. Das Unterschiedliche ist ja, daß die verschiedenen Sitten und Gebräuche der Menschen wandelbar und an Zeit gebunden
sind, während die objektive Wahrheit ewig und zeitlos
ist.

Und vielleicht ist es so: Als kleine Kinder sind ja eigentlich alle Menschen «gleich». Wenn wir dann aber
größer werden, werden wir nach den Sitten unserer El-

tern erzogen. Wir fangen erst dann an mit dem Suchen nach der Wahrheit, der ewigen Wahrheit; unsere Suche wird beeinflußt von den Sitten, nach denen wir (wie gesagt) erzogen wurden. Aber wenn wir wollen, können wir uns davon losmachen, denn wir Menschen sind ja hier in unserem Erdenleben frei wegen unserer Vernunft. Ich glaube aber, daß wir uns nie von der ewigen Wahrheit, oder Gott, losmachen können. Doch, das heißt, das können wir, aber ich glaube, daß in uns trotzdem immer noch ein Funke von Gott ist und wir ihn nie ganz aufgeben können. Obwohl uns das vielleicht oft gar nicht klar ist.

Aber weißt Du, daß die Wahrheit von der Person ausgehen soll, die die Macht hat, das ist doch wirklich zu blöd!

Wenn ein Vater seine Familie regiert und seiner Frau verbietet, einen Beruf auszuüben, bloß weil er die Macht hat – ist das dann wahr?! Oder z. B. im Zeitalter der Hexenverbrennung – war es etwa richtig, Tausende von Frauen zu verbrennen, weil man dachte, sie seien von Dämonen befallen? War das die einmalige Wahrheit?! Nein, leider irren Sitten und Gebräuche oft, weil man zu wenig Vernunft und Herz einsetzt. –

In dem Buch, das ich gerade lese, es heißt «Die wundersame Weltreise des Jonathan Blum», kommt auch vor, daß sich ein Junge, ein jüdischer Junge, im Alter von 17 Jahren von seinem Elternhaus und seiner Religion loslöst (oder er versucht es) und in die weite Welt fährt, um die Freiheit zu finden. Ich habe es noch nicht durchgelesen, aber es ist sehr schön. Ich habe es zum Geburtstag bekommen. Mein Geburtstag war sehr schön! Nun bin ich also dreizehn. Das ist irgendwie seltsam. Nun ja. Ich habe auch noch andere Bücher bekommen: «Der Dinge wunderbarer Lauf – Die Lebensgeschichte des Matthias Claudius», «Die Sturmhöhe» von Emily Brontë und «Erzähler der Nacht» von Rafik Schami. Sie scheinen mir alle sehr schön zu sein. Ich habe auch noch einen Malblock mit Aquarellbuntstiften bekommen, denn ich male im Augenblick sehr gerne. Ein Rucksack, neue Kleidungsstücke, 2 CDs und ein Geodreieck gehörten auch zu meinen Geschenken. Ich hatte mir noch eine mehrtägige Wanderung gewünscht, weißt Du, mit «Freiluftpennen» (wie meine Cousinen sagen würden).

An meinem Geburtstag war Johannes zu Besuch. Ich habe mit ihm wieder über das Problem mit der Wahrheit und Gott diskutiert – und zum Schluß hatte er keine richtigen Argumente mehr! Er tut so, als würde er alles verachten, was mit Gott zusammenhängt, und so fand er auch unseren Vorstellungsgottesdienst der Konfirmanden «lächerlich». Es war am Sonntag, also am Geburtstag meiner Großmutter. Ich habe die Predigt verfaßt. Das Thema war: «Die Gleichgültigkeit vieler Menschen im Zusammenhang mit den zehn Geboten.» Im großen und ganzen verlief der Gottesdienst gut.

Ich sitze in meinem Zimmer. Auf meinem Geburtstagstisch stand auch mein Taufkerzenhalter. Und in diesem brennt nun eine Kerze – gleich neben mir. Ich hoffe, Du hast schöne Tage in Amerika!

Hoffentlich bis bald,
Deine Nora.

P.S.: Ich bin sehr froh, daß der Club nicht aufgelöst wurde!

P.P.S.: Ich hoffe, daß Du nicht endgültig nach Amerika gehst.

Liebe Nora,

das war eine Freude, heute morgen (ich schlief, vom
Flug ermüdet, viel länger als sonst) vom Briefträger ge-
weckt zu werden, der mir Deinen Brief überreichte. Es
hat mir sehr leid getan, daß ich nicht an Deinem Geburtstag bei Euch sein konnte, doch erstens sehen wir
uns immerhin schon morgen – laß mich aber auch
schriftlich Dir alles, alles Gute wünschen. Insbesondere
hoffe ich, daß Du die Melancholieeinbrüche, von denen
Du sprichst und die in Deinem Alter ganz normal sind,
überwinden wirst und daß Du den Glauben Deiner
Kindheit, unweigerlich in etwas veränderter Form, in
Dein Erwachsenenalter hinüberretten wirst. Du hast einen klaren Geist und ein edles Herz – eine Verbindung,
die nicht häufig und daher um so wertvoller ist und die
das schönste Geschenk ist, das Dir Gott machen konnte,
neben welchem alle noch so kostbaren Geburtstagsge-
schenke verblassen.

Zweitens hatte meine Abwesenheit an Deinem Geburtstag einen großen Vorteil. Der Zufall wollte es, daß
ich gerade am Tage der dreizehnten Wiederkehr Deiner
Geburt einen Vortrag in Columbus halten mußte. Du
weißt, daß ich die amerikanischen Universitäten sehr
liebe, und wiederum war ich von der Gastfreundschaft
und dem sachlichen Interesse der Kollegen und der Stu-
denten sehr angetan. Meinem Vortrag, der über Einsamkeit und Intersubjektivität bei Heraklit, Lullus, Nietzsche
handelte und den Weisen nachging, in denen dieses Problem literarisch erörtert wird, wurde von einer sehr klugen und sympathischen Kollegin namens Leslie vorge-
worfen, die Intersubjektivität, von der Lull und Nietzsche
dichterisch reden, sei nur ihre *subjektive* Erfahrung,

nichts Reales. Der Vorwurf traf mich, denn er war nur zu berechtigt.

Darüber nachsinnend, ging ich in mein Hotel zurück, als ich auf einer abgelegenen Wiese des Campus eine Menge von Menschen gewahrte, die sich aufgeregt unterhielten.

«Die Briefe sind doch ganz offensichtlich eine Fälschung – eine geschickte, zugegeben, aber einen Entwicklungspsychologen wie mich führt man nicht hinters Licht. Ein elfjähriges Kind kann doch nicht Fragen nach dem Verhältnis von göttlicher Allmacht und Willensfreiheit in dieser Präzision stellen.»

«Also, Jean, du überschätzt deine entwicklungspsychologischen Einsichten bei weitem», entgegnete ihm jemand, in dem ich bald unseren alten Freund Jean-Jacques wiedererkannte. «Unter Landsleuten kann man offen reden, und ich habe schon immer gefunden, daß du vielleicht in den Verstand, aber nicht in die Seele des Kindes eingedrungen bist. Wehe aber dem, der den Geist ohne die Seele begreifen will! Und wehe jener Zeit, die den Intellekt fördert, ohne eine Kultur der Emotionen zu kennen. Aus einer Seele wie derjenigen Noras können solche Fragen zweifelsohne aufsteigen ...»

Also um unser Geburtstagskind ging es! Ich verhielt mich still, lehnte mich gegen einen Baum und folgte der Diskussion.

«Sag mal, Jean-Jacques, hast du denn diese Nora mit eigenen Augen gesehen?»

«Nein, daher bin ich ja so traurig. Ich wäre so gerne ihr Schutzphilosoph geworden, aber Giambattista hat sie mir weggeschnappt.»

«Na also! Ein bißchen kritisches Denken, wenn ich bitten darf. Wenn die Theorie etwas für unmöglich erklärt und ein überzeugender empirischer Gegenbeweis nicht existiert, dann ist es wahnsinnig, sich gegen die Theorie zu sträuben – jedenfalls unwissenschaftlich, nicht aufgeklärt ...»

«Zum Teufel mit der Aufklärung! Ich *fühle, daß* Nora existiert. Ich brauche sie gar nicht mit eigenen Augen zu sehen. Mir ist sie schon mehrfach im Traum erschienen ...»

«Klarer Fall von Projektion», meinte ein älterer bärtiger Herr mit Brille und Wiener Akzent. «Eins zu null für dich, Jean. Unsere Wissenschaft macht uns glücklicherweise etwas kritischer als die Philosophie.»

«Immerhin ist Nora so etwas wie ein Archetyp», mischte sich ein dritter ein, dessen Schweizer Akzent penetrant war. «Ich würde sagen, Sigmund, sie entspricht einer kindlichen Sibylle, die einen alternden Philosophen inspirieren soll.»

«Nora ist real, Carl Gustav», tönte von hinten eine energische Stimme. «Ich habe sie mit eigenen Augen gesehen – in der Kirche ihrer Stadt eines Sonntagmorgens.»

«Tja, Augustin, vielleicht warst du nicht ganz ausgeschlafen. Und selbst das will ich dir gerne zugeben, daß du irgendein Mädchen getroffen hast. Aber damit ist doch noch nicht bewiesen, daß es sich dabei um die Verfasserin der fraglichen Briefe handelt. Sieh mal ... Ach ja, in dem Brief über eure Begegnung (wer auch immer dessen Verfasser ist) hieß es doch, du seist schwarz. Das bist du aber nicht. Nora (d. h. die diabolische Kreatur, die sich hinter diesem Decknamen verbirgt und offenbar die ruchlose Absicht hat, die psychologische Wissenschaft an der Nase herumzuführen) hat eben das in dich hineingelesen, was sie aufgrund ihrer Lektüre über deinen afrikanischen Geburtsort erwartete. Und du projizierst in deine Bekannte allerlei hinein.»

«Immerhin», unterbrach Jean Sigmund, «ist diese gewollte Naivität Noras besonders schlau. Aber uns kann keiner hineinlegen. Der Verfasser *stellt sich* eben naiv.»

«Verzeiht, wenn ich mich einmische», sprach ein freundlicher Herr im Bischofsgewand, «denkbar ist es natürlich, daß ‹Nora› unseren Freund Augustin als schwarz wahrgenommen hat. Denn Farben sind ja subjektiv.»

«Wie dies?»

«Nun, wenn ‹Nora› die englische Landschaft als melancholisch beschreibt, so kommt es entweder daher, daß sie selbst melancholisch ist, oder daher, daß ihr Erfinder sie als melancholisch erscheinen lassen will. Aber die Landschaft ist selbst doch nie und nimmer melancholisch! So ist auch Augustin an sich nicht schwarz – es hängt von der Konstitution der Augen oder, besser und in Wahrheit, von der der Seele ab, wie er wem erscheint.»

«Gilt das nur für Farbe, George?»

«Natürlich nicht, es gilt für alles Materielle. Das existiert nur durch das Bewußtsein.»

«Durch welches Bewußtsein? Deines? Sind wir außerhalb deiner nichts?»

«So weit würde ich nicht gehen …»

«Aber ich! Ich bin der Einzige und ihr seid mein Eigentum!»

«Aber nein, Max, laß uns bitte in Frieden …»

Doch Max klatschte in die Hände, und da er ziemlich unsympathisch ausschaute, schloß ich die Augen.

Als ich sie wieder öffnete, war niemand mehr da – auch Max nicht. Hat nicht Leslie doch recht, ging es mir da durch den Kopf? Sind wir Philosophen zur Gefangenschaft in einer Bewußtseinsimmanenz verurteilt?

Wenn ich die diesjährige Reaktion der Philosophen auf Deinen Geburtstag mit der letztjährigen vergleiche, so fällt mir dreierlei auf: Erstens waren es andere Teilnehmer, zweitens ist Neapel eine vitalere, weniger kritische Stadt als Columbus, und drittens ist 13 keine so runde Zahl wie 12!

Herzlich grüßt Dich

Dein

Vittorio

Lieber Vittorio,

vielen Dank für den Brief, den Du mir mitbrachtest, als Du vor mehr als einem Monat bei uns warst. Es tut mir leid, daß es wieder so spät geworden ist und Du so lange auf eine Antwort warten mußtest.

Vittorio, Mama hat mir davon erzählt, daß Du unsere Briefe veröffentlichen willst! Ich wollte es erst gar nicht richtig glauben. Veröffentlichen?! Warum denn? Und wenn das jemand liest, den ich kenne? Darüber müssen wir noch reden, wenn Du kommst.

Nun erst einmal zu Deinem verwirrenden Brief.

1. Liebe Psychologen, wie gerne hätte ich Euch zum Tee eingeladen, um zu zeigen, daß ich existiere. (Wahrscheinlich hättet Ihr dann an eine Sinnestäuschung geglaubt.) Da ich das nicht kann und ich bis jetzt auch noch nicht beweisen kann, daß ich, Nora, lebe, die Briefe an Vittorio geschrieben habe und dreizehn Jahre alt bin, müßt Ihr mir vorerst *glauben*. (Aber das könnt Ihr ja gar nicht.) Ihr sagtet, daß Kinder solche Briefe nicht schreiben könnten; da ich sie nun einmal geschrieben habe, ist das widerlegt!

Außerdem glaube ich nicht, daß Erwachsene solche Briefe schreiben könnten – in manchem sind wir Kinder Euch eben voraus. Kinder sind zum Beispiel nicht so kalt und berechnend wie Ihr. Und da muß ich Jean-Jacques Rousseau recht geben: «Wehe dem, der den Geist ohne die Seele begreifen will!»

2. Wie kann man die Existenz der anderen Menschen beweisen? Ich weiß es auch nicht genau. Aber vielleicht so: mit der Liebe und auch dem Haß, und mit dem Gedankenaustausch. Man kann ja schlecht mit einer «Einbildung» diskutieren. Eine «Einbildung» kann einem keine eigenen Gedanken geben, mit denen man sich auseinandersetzen kann. Auch wahre Gefühle

kann man nur einem anderen Geistwesen entgegenbringen.

Außerdem würden wir doch – ja, wir würden betrogen werden, wenn es die Welt um uns herum nicht gäbe, oder?

Das gilt nicht nur für andere Menschen, sondern auch für die ganze äußere Welt. Meinst Du, daß Gott uns betrügt? Einmal hattest Du mir geschrieben: «Vielleicht betrügt Gott uns zur Wahrheit.»

Was meinst Du dazu? Glaubst Du, daß wir um unseren Körper betrogen sind? Ich weiß nicht recht, was ich denken soll. Früher dachte ich, der Mensch bestehe aus Materie und Geist zusammen, aber jetzt bin ich mir nicht mehr so sicher. Was, wenn die Welt ein Traum ist? Es wäre furchtbar, unfaßbar! Aber vielleicht ist es so: Unsere Welt ist kein Traum, nur ist es nicht unsere einzige Welt, d. h. wir leben auch noch in einer anderen, die unsichtbar ist.

Manchmal ist es, als stände etwas mitten im Raum unserer Welt, und ich denke, daß ich woanders bin als hier ...

Ach, das ist alles so kompliziert.

3. Hm, was ist subjektiv und was ist objektiv?

Also, ich glaube auch, daß Sinne subjektiv sind, wie George sagt. Eigentlich ist der ganze Mensch subjektiv. Jeder Mensch ist subjektiv, aber er hat auch etwas Objektives an sich. Einmal ist das das, was alle Menschen verbindet, und dann sind wir ja auch immer ein Objekt, wenn andere uns betrachten.

Ach ja, ich habe meine Geschichte jetzt zu Ende geschrieben. Sie hat jetzt auch einen Titel: «Sein Boot».

Meinst Du, der paßt? Ich überlege schon an einer neuen Geschichte. Mal sehen, vielleicht wird es eine Weihnachtsgeschichte.

Wir waren am letzten Wochenende in Berlin. Dort haben wir Freunde besucht und haben uns die Stadt und ihre Sehenswürdigkeiten (natürlich längst nicht alle) angesehen. Der Französische Dom gefällt mir sehr, aber der Berliner Dom ist schrecklich! Kitsch, Prunk, Prahlerei, Macht – weiter nichts. Es ist kein Gottes-Haus, sondern ein «Haus», in dem sich der Kaiser und seine Verwandten verewigen wollten, etwas zum «Vorzeigen»! Ätzend!

Berlin ist eine sehr schöne Stadt, finde ich. Aber ich weiß nicht, ob ich da mal leben möchte. Übrigens haben wir auch unser altes Haus «besucht». Ich konnte mich an vieles noch erinnern, dafür daß ich bloß die ersten drei Jahre meines Lebens dort verbracht habe. Wir haben auch ein Ballett gesehen, nämlich «Die Schneekönigin», im Opernhaus. Das war wunderschön!

Wer war denn eigentlich dieser seltsame Max? Als ich Bettina spaßeshalber sagte, sie sei mein Eigentum, sie sei meine Einbildung und in Wirklichkeit gebe es sie gar nicht, meinte sie kurzentschlossen: «Dann kitzle ich dich, dann wirst du schon merken, daß es mich gibt!»

Heute ist der erste Schnee gefallen – wenn es schneit, ist es immer so geheimnisvoll still. Überhaupt liegt etwas Geheimnisvolles in der Luft, jetzt in der Adventszeit, nicht?

Ich lese gerade «Gustav Adolfs Page» von Meyer. Ich leide im Moment an Büchermangel. «Sturmhöhe» habe ich schon gelesen – es ist sehr schön. So, nun muß ich gleich los, um Dich vom Bahnhof abzuholen.

Also, bis gleich,
Deine Nora.

P.S.: Scribo epistolas, ergo sum!

Liebe Nora,

Dein Brief hat mich, wie immer, außerordentlich gefreut –
herzlichen Dank! Wie schön, daß Du Deine Geburtsstadt
wiedergesehen hast. Deine Bemerkungen zum Berliner
Dom sind ganz treffend – wenn alle Menschen so wären
wie Du und mehr an Gott als an ihre eigene Macht däch-
ten, wäre die Welt in einem besseren Zustand. Bettina hat
übrigens recht. Um manchen Philosophen zu widerlegen,
genügt es, ihn zu kitzeln – mehr ist gar nicht nötig.

Ich verstehe sehr wohl, daß Dich mein letzter Brief
verwirrt hat – diese Psychologen waren auch mir nicht
ganz geheuer. Was mir an ihnen nicht gefällt, ist, daß sie
Dich wie einen Gegenstand behandeln – sie wollen *über*
Dich etwas erfahren, nicht *von* Dir lernen. Mir hingegen
geht es immer so, daß ich Dich als echten Gesprächspartner empfinde. Deswegen ist es sehr wichtig, daß Du eine
selbständige Entscheidung darüber triffst, ob wir zusammen unsere Briefe veröffentlichen.

Mit Deinem Brief und Deinen Fragen im Kopf spazierte ich heute morgen zu dem berühmten Café. Wie erstaunt war ich, als ich an der Türe folgende Inschrift las:
«Wegen Umbaus geschlossen.» Ich war sehr verdutzt und
rüttelte an der geschlossenen Türe: «Laßt mich herein;
ich brauche einen Philosophen.»

«Gemach, gemach, junger Mann», hörte ich plötzlich,
und ein alter Mann mit edlem Gesicht und langem Bart
schlürfte von innen auf die Türe zu, die er aufsperrte.

«Was ist denn hier los?», fragte ich ihn. «Warum wird
denn umgebaut?»

«Weil sich der Geist Noras ändert – aber mach dir
keine Sorgen, nach dem Umbau wird alles noch schöner.
Tritt ein.»

Ich setzte mich an einen Tisch und sah den alten Mann genauer an. Ich war sicher, daß ich ihm noch nie begegnet war, aber sein Gesicht kam mir trotzdem vertraut vor.

«Kennen wir uns? Bist du ein Philosoph? Oder organisierst du nur den Umbau?»

«Letzteres, letzteres. Nein, wir sind uns noch nie begegnet. Aber ich habe von Nora gehört, ja, sie schon einmal getroffen.»

«Was hältst du von ihr?»

«Ein bemerkenswertes Kind – oder soll ich schon sagen: eine junge Dame?»

«Auch wenn du kein Philosoph bist, kannst du uns weiterhelfen? Nora ist unsicher, sie weiß nicht mehr, was wirklich ist. Sie fragt sich, ob Gott uns betrügt, ja manchmal hadert sie sogar mit Gott. Selbst nachts verfolgt sie der Traum, alles könnte nur ein Traum sein.»

«Im gewissen Sinne ist es auch so. Die Welt unserer Erlebnisse ist nicht die eigentliche Wirklichkeit – sie ist nur das Abbild einer anderen, höheren Wirklichkeit. Und nur wenn wir uns zu dieser Sphäre erheben, können wir die Frage beantworten, ob andere Menschen existieren, ob es eine Materie gibt usw.»

«Aber die Menschen streiten sich doch darüber, ob es eine höhere Welt gibt; einige bezweifeln sogar die Existenz Gottes. Die Alltagswelt wird jedoch nur von einigen komischen Philosophen in Frage gestellt.»

«Sie mögen komisch sein, aber sie haben recht. Uns *scheint* zwar die Erfahrungswelt wirklicher als eine etwaige andere. In Wahrheit aber *ist* diese andere Welt in einem höheren Grade, und sie ist auch tiefer erkennbar. Nur wenn man sich zu der idealen Welt erhebt – und diese ist Gott –, sehen wir die empirische Welt richtig. Nur weil wir wissen, daß Gott eine Mehrzahl von Menschen will, weil sich in den Beziehungen zwischen ihnen die Moral vollendet, können wir sicher sein, daß es andere Menschen gibt – wenn wir nur unser Bewußtsein analysieren, kommen wir aus ihm nicht heraus. Nur weil wir wissen, daß sich der Geist der Welt des Geistlosen entwinden muß, können wir sicher sein, daß es eine bewußtseinsunabhängige Natur gibt – freilich nur als Voraussetzung der Entwicklung des Geistes.»

«Das hört sich interessant an. Aber kannst du auch den Satz erklären, den Descartes einmal hier aussprach: ‹Vielleicht betrügt Gott uns zur Wahrheit›?»

«Das ist nicht schwer. Gott kann nur die Wahrheit wollen, er kann uns also nur zu ihr hinführen, sofern wir uns nicht dagegen sträuben. Betrügen aber kann er uns, insofern er uns innerhalb der Sphäre des Empirischen täuscht.»

«Wie das?»

«Nun, denke an die Kunst. Hat sich die Geschichte, die Nora gerade geschrieben hat, wirklich ereignet?»

«Nein, vermutlich nicht.»

«Ist also unsere kleine Freundin eine Lügnerin?»

«Hör mal, Alter, ich kenne kaum einen Menschen, dem es so um die Wahrheit geht wie Nora.»

«Das denke ich auch. Aber sie schreibt doch liebend gerne Geschichten, und was sie erzählt, findet in der Wirklichkeit gar nicht statt. Also betrügt sie uns!»

«Nein, du starrsinniger Alter! Sie will uns doch nur zu tieferen Wahrheiten führen.»

«Also betrügt sie uns zur Wahrheit – ganz wie Gott. Künstler sind Wahrheitsfreunde und Betrüger zur gleichen Zeit – das macht sie so faszinierend. Diesen Satz kann man nur verstehen, wenn man zwischen der empirischen und der idealen Wirklichkeit unterscheidet. Wenn man das aber tut, dann kann man das richtig erfassen, was in der Kunst geschieht, und Nora ist sowohl philosophisch als auch schriftstellerisch begabt.»

«Sag mal, Alter, was du sagtest, erinnert mich ein

bißchen an Platon. Er ist immer mein Lieblingsphilosoph gewesen, und ich bin sehr traurig, daß ich ihn im Café nie getroffen habe. Macht er sich rar? Freilich bin ich darüber letztlich auch froh, denn alle anderen Philosophen haben mich eingeschüchtert, aber wenn ich ihm, dem größten von allen, begegnet wäre, so einfach mir nichts, dir nichts, dann wäre ich vielleicht vor Ehrfurcht tot umgefallen.»

«Ich weiß», lächelte da der Alte auf bezaubernde Weise, «deswegen habe ich mich am Anfang gar nicht vorgestellt ...»

Da erstarrte ich: «Du bist Platon?»

Ich verlor das Bewußtsein, und als ich wieder zu mir kam, da war Platon weg, das Café war zerronnen, ich saß in Eurem Arbeitszimmer, und du kamst gerade von der Schule zurück. Ja, und da kann ich Dir nur diesen Brief geben.

In steter Freundschaft,
Dein
Vittorio

Regensburg, 3. Januar 1996

Liebe Nora!

Den ersten Brief im neuen Jahr will ich *Dir* schreiben (freilich handschriftlich, denn ich habe hier keinen Computer), damit Du nicht den Eindruck erhältst, ich wolle unsere Korrespondenz unterbrechen. Ganz im Gegenteil hoffe ich, daß auch Du mir bald schreibst! Wie Du weißt, sind mir Deine Briefe besonders wichtig, und ich bin mir gewiß, daß sich unsere (Brief-)Freundschaft über unser ganzes Leben erstrecken wird. Man wandelt sich unvermeidlicher- und glücklicherweise im Leben, aber etwas, das die Grundlage dieses Wandels ist, bleibt unangetastet. Wie mir Deine Mutter erzählt hat, habt Ihr schöne Weihnachtstage verbracht und das neue Jahr im Sauerland anbrechen sehen. Hoffentlich habt Ihr Euch alle gut erholt und Kräfte für das neue Jahr gesammelt.

Ich ging am Silvesterabend an der Donau spazieren und blickte sinnend in das fließende Wasser. Plötzlich merkte ich, daß jemand mich anguckte, und drehte mich um.

«Nicht wahr, das Fließen des Wassers erinnert an das Fließen der Zeit?», fragte mich ein im Dunkeln nicht erkennbarer Herr.

«Gewiß, aber jetzt am Jahresende hat man ja den Eindruck, daß es starke Einschnitte im Zeitstrom gibt, gewissermaßen ruckartige Veränderungen, während das Wasser hier so gleichmäßig fließt. Das ist doch ein Unterschied.»

«Ja, aber das gilt für die Zeitbewertung durch *uns* – durch den einzelnen, durch die Gesellschaft –, nicht für die Zeit an sich. In wenigen Stunden wird nicht mehr passieren, als gestern und vorgestern geschehen ist, auch wenn plötzlich das Feuerwerk entzündet werden wird – doch die Zeit selbst fließt genau so gemächlich wie immer.»

«Aber warum weicht denn unsere Bewertung der Zeit von der Zeit an sich ab?»

«Nun, weil wir interessanter sind als die Zeit. Wir haben eine Aufgabe – wir müssen uns daher verändern. Alt zu werden, auch zu sterben ist im Grunde ein Privileg der höheren Seinsstufen. An Steinen verläuft die Zeit als etwas Äußerliches, im Organischen ist sie gewissermaßen verinnerlicht. Der Mensch schließlich weiß um die Zeit,

auch um den Tod. Er ist das zeitlichste aller Wesen; sein
Sein ist von Zeitlichkeit durchtränkt.»

«Und doch ist der Mensch in der Lage, die Welt der
Ideen zu erkennen; diese aber ist zeitlos.»

«Ja, das ist wahr. Wir Menschen sind zugleich das
zeitgebundenste und das zeitloseste Wesen – zeitlicher als
Steine und Tiere und doch zugleich zeitloser.»

«Das klingt geheimnisvoll.»

«Und ist es auch. Und von diesem Geheimnis hängen
viele andere ab.»

«Welche?»

«Nun, daß wir alt werden, uns verändern, dabei aber
zugleich dem Zeitlosen näher kommen: Erwachsenwer-
den ist beides – Sich-Erheben zur zeitlosen Welt und
gleichzeitig Zunahme der Zeitlichkeit.»

«Aber nicht nur ich wandle mich – auch meine Mitmenschen wandeln sich, und sie wandeln sich anders als
ich, weil sie älter oder jünger sind.»

«Richtig. Auch die Welt der zwischenmenschlichen
Beziehungen, nicht nur unser eigener Bewußtseinsstrom
ist von Zeitlichkeit durchtränkt. Das ist spannend,
schafft aber auch Probleme.»

«Welche?»

«Nun, jedes Erziehungsverhältnis setzt einen Unterschied in der erlebten Zeit zwischen dem/r Erzieher/in
und dem/r zu Erziehenden voraus. Der/die erstere ist älter, der/die zweite jünger.»

«Ach, Erziehung ist so schwierig. Denn einerseits kann
Erziehung nur dann von Abrichtung unterschieden sein,
wenn der/die zu Erziehende als vollwertiger Mensch
ernstgenommen wird, andererseits besteht ein Ungleich-
gewicht aufgrund des höheren Alters, ohne das von Erziehung eben nicht die Rede sein kann. Wie kann man
zwischen beiden eine Harmonie finden?»

«Alle interessanten Aufgaben bestehen darin, eine

Harmonie zwischen scheinbar Entgegengesetztem herzustellen. Sagten wir nicht erst, daß der Mensch Zeitlichkeit und Zeitlosigkeit auf wunderbare Weise in sich verbinde? Eine ähnliche Harmonie zwischen Autonomie und Asymmetrie muß auch in der Erziehung geschehen.»

«Sage mir, Fremder», unterbrach ich ihn da, «wie ich mit folgender Situation umgehen muß. Das jetzt zu Ende gehende und das vorige Jahr waren durch einen wunderbaren Briefwechsel mit einer kleinen Philosophin gekennzeichnet...»

«Der berühmten Dino-Nora», unterbrach er mich, «wer kennt sie nicht? Und ich kenne auch dein Problem. Euer Briefwechsel war eine wechselseitige Angelegenheit, in der du sehr viel *von* Nora gelernt hast. Dann aber hast du viele Bücher über Kinderphilosophie gelesen, und alle diese Pädagogen und Psychologen wollen nur *über* Kinder, nicht *von* ihnen lernen. Damit aber vergegenständlichen sie die Kinder, und du hast das auch getan, als du auf die Metaebene stiegst und über Nora und ihre Entwicklung nachzudenken anfingst. Zwar hast du auch dich selbst objektiviert, denn kurz vor deinem Text über Nora hast du auch über deine eigene Entwicklung einen Aufsatz geschrieben, in dem du dich selbst gleichsam von außen beobachtest. Aber du bist eben auch älter als Nora, und da ist es leichter, seine eigene Entwicklung zu betrachten – auch wenn Noras Schutzphilosoph sich schon einmal mir ihr über ihre eigene Entwicklung unterhalten hat.»

«Was also soll ich mir für das neue Jahr vornehmen?»

«Ganz einfach: Auf der Metaebene, also der Ebene des Nachdenkens über die Entwicklung eures Briefwechsels, wieder Gleichheit herstellen. Frage Nora, wie *sie* ihre Entwicklung sieht, was ihr an eurem Briefwechsel und deinem Text gefällt oder mißfällt. Aber dränge nicht, daß sie bald antwortet – denn sie hat viel zu tun, und auch wenn sie noch jung ist, sind ihre vielfältigen Pflichten zeitraubend.»

Da erhob sich der Fremde in die Lüfte, und ich erkannte – Giambattista! Seine Schutzphilosophenflügel rauschten in der Luft und waren noch hörbar, als plötzlich Silvesterböller losknallten.

«Ein gutes neues Jahr», rief er mir zu, «für dich – und für Nora! Sie wird weitere Fortschritte in der Philosophie machen, das weiß ich; bei dir wünsche ich sie mir nur. In deinem Alter entwickelt man sich kaum noch; deswegen ist es auch viel interessanter, Schutzphilosoph einer 13jährigen zu sein!»

Und er entschwand. Ich aber schrieb Dir diesen Brief.

Stets
Dein Vittorio

Kindheit und Philosophie
Nachwort von Vittorio Hösle

> Thou, whose exterior semblance doth belie
>   Thy Soul's immensity;
> Thou best Philosopher, who yet dost keep
> Thy heritage, thou Eye among the blind,
> That, deaf and silent, read'st the eternal deep,
> Haunted for ever by the eternal mind, –
>   Mighty Prophet! Seer blest!
>   On whom those truths do rest,
> Which we are toiling all our lives to find,
> In darkness lost, the darkness of the grave;
> Thou, over whom thy Immortality
> Broods like the Day, a Master o'er a Slave,
> A Presence which is not to be put by;
> Thou little Child, yet glorious in the might
> Of heaven-born freedom on thy being's height,
> Why with such earnest pains dost thou provoke
> The years to bring the inevitable yoke,
> Thus blindly with thy blessedness at strife?
> Full soon thy Soul shall have her earthly freight,
> And custom lie upon thee with a weight,
> Heavy as frost, and deep almost as life![1]

> *William Wordsworth, Ode: Intimations of*
> *Immortality from Reflections*
> *of Early Childhood VIII*

Gute Bücher über Philosophieren mit Kindern gibt es manche;[2] ja, zwei deutsche Fachzeitschriften haben der Kinderphilosophie schon eigene Hefte gewidmet,[3] und in den USA gibt es sogar eine diesem Thema gewidmete

Zeitschrift.[4] Auch an trefflichen philosophischen Büchern für Kinder fehlt es nicht: Jostein Gaarders «Sofies Welt»[5] ist in den letzten Jahren zu einem Weltbestseller geworden, auch wenn vermutlich zu seinen Lesern mehr Erwachsene als Kinder und Jugendliche gehören. Das Neue, vielleicht sogar Erstmalige am vorliegenden Werk dagegen ist, daß es die Philosophie eines Kindes enthält.

Diese Novität scheint es zu rechtfertigen, einen Briefwechsel zu publizieren, der eigentlich privater Natur ist und gegen dessen Veröffentlichung daher viel sprach. Nicht geht es darum, objektivierenden Entwicklungspsychologen Material zur Verfügung zu stellen; wohl aber darum, Kindern – und vielleicht auch Erwachsenen – Mut zu machen, ebenso unbefangen zu philosophieren wie Nora. Wenn im folgenden ein Rollenwechsel stattfindet und der Briefpartner Noras sich, nicht ohne Unbehagen, gleichsam als Fachphilosoph zu dem Problemkreis der Kinderphilosophie äußert, so nur deshalb, um dem Leser zu erlauben, diese Briefe in einen größeren Kontext einzuordnen, dem er sich selbst zugehörig fühlen kann.

Im folgenden sollen erstens einige allgemeinere, also philosophische Erwägungen zum Verhältnis von Philosophie und Kindheit angestellt werden, alsdann soll über einige empirische Ergebnisse zu diesem Zusammenhang berichtet werden, drittens das Kind vorgestellt werden, das die eine und ohne Zweifel bedeutendere Hälfte dieses Briefwechsels verfaßt hat. An die Analyse dieser Briefe schließen sich viertens einige kurze Überlegungen zum Problemkreis der kindlichen Begabung sowie fünftens zur Rolle der Philosophie in der Erziehung an.

I.

Aber ist der Begriff der Kinderphilosophie nicht eine contradictio in adiecto? Sind nicht Kindheit und Philosophie denkbar weit voneinander entfernt? Auf der einen Seite ein Lebensalter, zu dem Spielfreude, Phantasie und Naivität gehören; auf der anderen Seite eine Wissenschaft, die durch Ernst, abstrakte Begrifflichkeit und Reflexion gekennzeichnet ist – was könnte weiter voneinander weg sein? Doch in Wahrheit sind die Beziehungen zwischen beiden so eng, daß sich durchaus sagen läßt, daß diejenigen nicht zur Philosophie berufen sind, die nicht einige charakteristische Züge der Kindheit in sich bewahrt haben.

Beiden gemeinsam ist zunächst einmal das Staunen über die Welt. Dem Kinde ist die Welt noch nicht selbstverständlich; sie erweckt vielmehr seine Neugierde. Die pausenlosen Fragen, die Kinder schon früh und aus innerstem Antriebe stellen, sind ein Zeichen der Bestimmung des menschlichen Geistes, Ordnung in der Welt zu finden, Zusammenhänge aufzudecken, Rätsel zu lösen. Gerade die Warum-Frage weist auf die Beziehungen zwischen Philosophie und Kindheit. Sicher fällt die Kompetenz für die Beantwortung vieler der kindlichen Warum-Fragen an die Einzelwissenschaften; aber erstens gilt das nicht für alle Fragen, ja, die finale Richtung, die dem kindlichen «Warum?» oft genug neben der kausalen Bedeutung eignet, deutet auf ein ursprüngliches philosophisches Bedürfnis. Wenn das Kind wissen will, warum wir sterben, ist es nicht primär an einer Liste von Todesursachen interessiert – es will Auskunft haben über den möglichen Sinn des Todes.[6] Ebendeswegen sind zweitens die kindlichen Fragen in der Regel auf einen Einheitspunkt bezogen – für das Kind hängen die einzelnen Probleme zusammen, so wie es die Philosophie ist, die die in der Moderne sich immer weiter vermehrende Fülle der Wissenschaften zu einem Kosmos zu vereinen vermag.

Gewiß ist das Abwiegeln mancher Fragen der Kinder berechtigt – es ist durchaus ein wichtiger philosophischer

Schritt zu begreifen, daß es illegitime Fragen gibt; und ein Weiterschreiten in der Erkenntnis wäre gar nicht möglich, wenn man nicht bestimmte Probleme ausblendete, auf ihre Analyse verzichtete und sich mit den allgemein anerkannten Üblichkeiten zufrieden gäbe. Aber es ist von äußerster Bedeutung anzuerkennen, daß dieses Ausblenden etwas Vorläufiges und ein Zeichen unserer Schwäche, keineswegs eine besondere Leistung ist; und was die unberechtigten Fragen betrifft, so ist noch viel schlimmer als sie jene Philosophie, die all das für illegitim erklärt, was sie selbst nicht zu beantworten vermag (wie etwa der Logische Positivismus oder die Hermeneutik). Ähnlich verfahren jene Erwachsenen, die die von Kindern sehr ernst gemeinten grundsätzlichen Fragen ironisch abwiegeln, nur weil sie selber über keine Antwort auf sie verfügen bzw. weil sie Angst vor den Konsequenzen der richtigen Antworten haben – sie verletzen die Seele des Kindes, das sich von dem Erwachsenen zwar leiten lassen will, aber durchaus spürt, wenn dieser seinen Machtvorsprung zu Unrecht ausnützt. Ja, sie gefährden seine geistige Entwicklung, für die es auf wenig so ankommt wie auf die Begegnung mit geduldigen Gesprächspartnern – denn nicht jedes Kind besitzt die innere Kraft, sich ungeachtet aller Enttäuschungen durch die scheinbar überlegenen Erwachsenen in seiner Neugierde und seinem Wissensdurst nicht beirren zu lassen.

Aber nicht nur Staunen und Neugierde schlagen die Brücke von der Kindheit zur Philosophie. Auch jener drei Merkmale, die oben der Kindheit zugeschrieben wurden – Spielfreude, Phantasie und Naivität –, kann kein Philosoph ohne großen Schaden verlustig gehen. Was das Spielen betrifft, so ist es lächerlich, es dem Ernst entgegenzusetzen: Wer beobachtet hat, wie Kinder spielen, weiß genau, daß ein Höchstmaß an Konzentration gerade an das Spiel als an jene Tätigkeit gewendet wird, die einerseits als Selbstzweck empfunden wird, andererseits durch bestimmte Regeln gebunden ist, deren Beachtung als unbedingte moralische Pflicht gilt. Trifft dies beides aber nicht auch auf die Philosophie zu? Hat nicht Platon im «Laches» das Philosophieren des Sokrates als eine Art höheren Ringkampfes, als lustvolle, als Selbstzweck zu betreibende, gleichzeitig regelgebundene und moralisch wertvolle Tätigkeit eingeführt?

Daß ohne Phantasie die Philosophie zum Scheitern verurteilt ist, beweist ein Großteil der gegenwärtigen Philosophie zur Genüge. Gewiß muß die Phantasie gezügelt, müssen Einfälle kritisiert werden können, und dazu sind abstrakte Begriffe und Logik dringend erforderlich. Allein: Logische Kritik kann nur dort ansetzen, wo Ideen vorliegen; jene kann diese nicht selbst hervorbringen. Der Kritik geht die Heuristik voraus, und ohne konstruktive Phantasie ist etwa Systembildung völlig ausgeschlossen. Kurz: Nicht die Beseitigung, sondern die Kontrolle der Phantasie ist das, dessen die Philosophie bedarf.

Naivität schließlich ist absolut unabdingbar für substantielles Philosophieren. Der Ausruf, der Kaiser sei nackt, ist in Andersens Märchen nur einem Kinde möglich. Doch auch der Philosoph muß dazu fähig sein – gegen alle Vorurteile der eigenen Zeit und des eigenen Standes muß er in der Lage sein, das, was ist, in seiner Unmittelbarkeit zu sehen, auch wenn dies eine Verletzung der Etikette bedeutet.[7] Sicher ist Reflexion, also die Abwendung von der Welt und die Rückbesinnung auf die eigene Tätigkeit, eine der wesentlichen Methoden der Philosophie, die erst in der späten Kindheit bzw. in der Adoleszenz erworben wird. Aber erstens setzt Reflexion einen vorausgehenden Gegenstandsbezug voraus, wenn sie nicht leer in sich selbst kreisen will, und zweitens ist auch die philosophische Reflexion von dem eitlen Selbstbezug zu unterscheiden, der die Hauptkrankheit des modernen Menschen ausmacht – sie ist auf allgemeine Akte, nicht auf individuelle Launen gerichtet. Insofern kann man durchaus von einer objektiven Reflexion sprechen; und denkbar ist ein Philosoph, dem die reflexive Einstellung vollkommen natürlich geworden ist und der sich in ihr mit vollendeter Naivität und kindlicher Sicherheit bewegt.

II.

Aber nicht nur durch abstrakte Überlegungen kann man sich davon überzeugen, daß die Kindheit ein Lebensalter ist, das der Philosophie besonders günstig ist oder zumindest sein kann. Auch empirisch ist die Aussage zu belegen. Bevor sich in unserem Jahrhundert die Kinder- und Jugendpsychologie als eigene Disziplin entwickelte, haben zahlreiche bedeutende Persönlichkeiten eindrucksvoll geschildert, wie sie schon als Kinder und Jugendliche von Fragen gepeinigt wurden, mit denen – zugegebenermaßen auf höherem Abstraktionsniveau – sich traditionell die Philosophie befaßt. Epikur etwa schrieb, er habe als Vierzehnjähriger begonnen, sich mit der Philosophie auseinanderzusetzen.[8] Viele große Denker haben ihre Systeme als Twens, manchmal sogar als Teenager konzipiert, auch wenn es in der Regel dann noch eines großen Arbeitsaufwandes bedurfte, um ihre Grundintuition auszugestalten; und die Vermutung drängt sich auf, daß sie wohl schon als Kinder metaphysischen Grübeleien nachgingen. Sehr eindrücklich ist diesbezüglich der Bericht eines Schriftstellers, dessen Werke immer wieder abstrakte philosophische Fragen erörtern und der doch zugleich, in einer seltenen Verbindung, einer der anschaulichsten Realisten aller Zeiten ist. Die ursprünglich als Tetralogie geplante, aber nicht über den dritten Teil hinaus gediehene Trilogie «Kindheit. Knabenalter. Jünglingsjahre» von Lew Nikolajewitsch Graf Tolstoj, seine erste Veröffentlichung, ist zwar keine Autobiographie im engeren Sinne des Wortes; aber der Icherzähler Nikolenka Irtenjew trägt so viele Züge von Tolstoj, daß seine Gedanken und Empfindungen durchaus dem jungen Schriftsteller selber zugeschrieben werden dürfen.

Im neunzehnten Kapitel von «Knabenalter» schildert Tolstoj die eigenwilligen Gedanken des jungen Nikolenka. Schon am Anfang des «Knabenalters», das etwa den Zeitraum zwischen neun und sechzehn Jahren behandelt, im dritten Kapitel «Eine neue Anschauung», wird ein Umbruch im Denken des Knaben dargestellt: Auf der Reise nach Moskau erkennt er plötzlich die Bedeutung von Standes- und Vermögensunterschieden, ja, ganz grundsätzlich, daß seine Familie nicht das Zentrum der Welt ist, sondern daß es auch Menschen gibt, die nichts von ihm und seiner Familie wissen und nichts mit ihnen zu tun haben. Im Zusammenhang mit dieser elementaren Erkenntnis schien ihm die Welt plötzlich eine andere, bisher unbekannte Seite zuzuwenden.[9] Aber nicht nur außerhalb der Familie erscheint eine neue Sphäre – auch innerhalb ihrer isoliert sich der junge Nikolenka mehr und mehr. Ihm erscheinen die Knabenjahre nachträglich als eine «Wüste»,[10] weil sie eine Zeit ohne die warmen Gefühle waren, die seine Kindheit bereicherten und die dann wieder seine Jünglingsjahre poetisch verzauberten. In der Zeit dieser Isolation geht Nikolenka Gedanken nach, die zu seinem Alter und seiner Situation wenig passen – «aber meiner Ansicht nach ist gerade die Diskrepanz zwischen der Situation eines Menschen und seiner moralischen Tätigkeit das zuverlässigste Kennzeichen der Wahrheit.»[11] Tolstoj zitiert den (schon auf die Antike zurückgehenden) Topos, nach dem die Entwicklung des einzelnen der Entwicklung der Gattung entspreche, und erklärt damit, wieso er sich schon in seinen Knabenjahren philosophischen Gedanken widmete, ohne doch von philosophischen Systemen etwas zu wissen; ja, Nikolenka bildete sich ein, er sei der erste, der diese Wahrheiten entdeckt habe, ohne daß doch das damit einhergehende Selbstwertgefühl seine Schüchternheit im Umgang mit anderen überwunden hätte – im Gegenteil. Zu den Entdeckungen des Knaben gehört die Einsicht, daß Glück etwas Subjektives sei, das nicht von den Dingen, sondern von unserem Verhältnis zu ihnen abhänge, das Bewußtsein von der Allgegenwart des Todes, die Erkenntnis von der Bedeutung von Symmetrien (aus der Nikolenka ableiten will, daß es neben einem Leben nach dem Tode auch eines vor der Geburt geben müsse), schließlich der solipsistische Verdacht, daß die Dinge nur dann existierten, wenn er sie betrachte. «Es gab Augenblicke, in denen meine Verrücktheit unter dem Einfluß dieser ‹fixen Idee› so weit ging, daß ich mich manchmal schnell nach der entgegengesetzten Seite umdrehte und hoffte, dort, wo ich nicht war, plötzlich das Nichts (le néant) zu entdecken.»[12]

Bezaubernd an diesem Verhalten ist der Widerspruch zwischen dem Niveau der Fragestellung und der Untauglichkeit der Mittel, sie zu beantworten. In der Tat muß man durchaus zugeben, daß Kinder von den Fragen, denen sie nachgehen, überfordert werden können. Tolstoj selbst denkt nicht mit Freude an die philosophischen Anstrengungen seiner Knabenzeit zurück – er beklagt einen Verlust an natürlicher Empfindung und eine Tendenz zu einer ins Unendliche führenden Reflexionsaufstufung, auch wenn er noch kurz vor seinem Tode, 1909/10, in den Dialogen «Kindliche Weisheit» philosophierende Kinder dargestellt hat, die oft weiser sind als die Erwachsenen. Tolstoj ist nicht der einzige, der Gefahren in einem zu frühen Philosophieren entdeckt – Giambattista Vico, vielleicht der erste, der, noch einige Jahrzehnte vor Rousseau, die Eigenart und den Eigenwert kindlichen Denkens und Erlebens erfaßt hat, bedauert, daß er zu früh an das Studium der Logik gesetzt wurde: Diese Überforderung seines an Abstraktionen noch nicht gewöhnten Geistes habe dazu geführt, daß er für anderthalb Jahre die Studien unterbrochen habe,[13] während es darauf ankomme, die kindliche Phantasie und das Gedächtnis herauszufordern und zu bilden. Ähnliche Auffassungen vertritt, ohne Kenntnis von Vico, auch Schopenhauer,[14] der zudem zu Recht eine Gefahr darin sieht, daß Kindern häufig beigebracht wird, über Dinge zu reden, die sie nicht eigentlich verstanden haben. Verlust von spontaner Erlebnisfähigkeit, formale Überforderung, schließlich und endlich Altklugheit sind in der Tat Risiken, die eine zu frühe Beschäftigung mit der Philosophie mit sich führt, und daher kann es nicht überraschen, daß der Kinderphilosophie durchaus auch Skepsis entgegengebracht wird.

So hört man immer wieder, Kinder vermöchten zwar vielleicht philosophische Fragen zu stellen, aber es liege auf der Hand, daß sie diese noch nicht beantworten könnten; insofern solle man sie wenigstens nicht zu philosophischen Gedanken anregen, wenn man sie schon nicht davon abhalten wolle. Diese Überzeugung wird unter anderem auf den ontogenetischen Evolutionismus gestützt, nach dem bestimmte Denkleistungen erst ab einem bestimmten Alter möglich werden. So hat die moderne Entwicklungspsychologie, besonders seit den bahnbrechenden Arbeiten Jean Piagets,[15] nachzuweisen gesucht, daß ein Kind erst mit elf oder zwölf Jahren zu formalen Operationen fähig wird, deren Bewältigung erst auf der vierten Stufe der Intelligenzentwicklung möglich ist – nach der sensomotorischen des Kleinkindes, der präoperativen von anderthalb bis sieben Jahren und der Stufe der konkreten Operationen von sieben bis elf Jahren. (Die einzelnen Stufen werden von Piaget in diverse Stadien unterteilt.) In der Tat gehört es zu den bedeutendsten und verblüffendsten Entdeckungen der Psychologie dieses Jahrhunderts, erkannt zu haben, daß Kinder einige uns elementar erscheinende Fragen nicht beantworten können. Auf die durch eine einfache logische Überlegung zu lösende Frage, ob es mehr Vögel oder Tauben gebe, kann ein Achtjähriger in der Regel noch nicht die richtige Antwort geben, weil die Gesamtheit der Vögel und Tauben nicht anschaulich gegeben ist. Widersprüche aufdecken, logische Zirkel durchschauen und ähnliche Operationen verstehen sich nicht von selbst – erst mit der Pubertät lernt sie der Jugendliche zu beherrschen. Selbst einfachere konkrete Operationen vermag ein Kind im Vorschulalter nicht zu vollziehen – Zeitdauer und Geschwindigkeit erscheinen dem Kinde direkt, und nicht indirekt, proportionale Größen: Wenn es sich mit größerer Geschwindigkeit bewegt, also rennt, glaubt das Kind, mehr Zeit zu brauchen, als wenn es sich langsam bewegt.[16]

Die empirischen Resultate der Entwicklungspsychologie, die auch und gerade für die Ontogenese des moralischen Denkens bedeutend sind, sind, wenn auch nicht unumstritten, doch von den meisten anerkannt, und ihre philosophische Deutung kann nicht zweifelhaft sein: Natürlich ist die Stufe der formalen Operationen ein Fortschritt gegenüber den vorangegangenen. Wer aus der Tatsache, daß Menschen in den verschiedenen Lebensaltern oder in den verschiedenen Kulturen unterschiedlich denken, den Schluß zieht, alle Denkformen seien gleichberechtigt, irrt, denn er widerspricht sich selbst: Er sieht nicht, daß die Metaposition, die er einnimmt, ebenfalls nur eine neben verschiedenen anderen ist und daher, nach seiner Schlußweise, ebenfalls relativiert werden müßte. Der Evolutionismus ist im Prinzip richtig, und in der Tat erkennt das Kind selbst an, daß es von den Erwachsenen lernen muß. Und doch wird der ontogenetische und phylogenetische Evolutionismus dann einseitig und gefährlich, wenn er nicht mehr anzuerkennen vermag, daß die früheren Phasen in anderen Hinsichten den späteren überlegen sein können. So hat Primitivität im Sinne von Ursprünglichkeit den entwickelteren Stufen immer etwas voraus – die Frische des Weltzugangs. Man lernt nie wieder so viel und so schnell wie in den ersten anderthalb Jahren; und noch das zehnjährige Kind kann Fragen von einer Tiefe stellen, die der Erwachsene, mit seinem fortgeschrittenen Erkenntnisinstrumentarium, gut daran täte zu beantworten zu suchen. Wie schon angedeutet: Die Logik ist keine Methode, um auf wesentliche Fragen zu kommen; und doch hängt die Qualität der Antworten u. a. von derjenigen der Fragestellungen ab.[17] Auch in der Geschichte der Philosophie kann nicht von einem kontinuierlichen Fortschritt die Rede sein – was Gorgias' Schrift über das Nichtseiende an logischen Schnitzern enthält, macht sie wett durch die Klarheit der Struktur. Noch deutlicher ist die Einseitigkeit einer bloß den Fortschritt hervorhebenden Betrachtungsweise in der Kunst. Daß die Entdeckung der Perspektive eine große Leistung in der Geschichte der Malerei bedeutet, ist unbestreitbar – aber das heißt nicht, daß nicht gerade in Epochen der Überfeinerung der Rückgriff auf «primitivere» Darstellungsformen fruchtbar, ja, die einzige Möglichkeit sein kann, um Stagnation und Epigonalität zu überwinden. Grundsätzlich dürfte die stets neue Auseinandersetzung mit dem kindlichen Weltbild auf der einen, geschichtlich früheren, archaischen Bewußtseinsformen auf der anderen Seite eines der kraftvollsten Antidota gegen den Verlust an Spontaneität und Unmittelbarkeit sein, der spätere Lebensalter und Epochen gleichermaßen bedroht.

Die Gefahren, denen das Philosophieren mit Kindern ausgesetzt ist, dürfen nicht heruntergespielt werden –

aber es ist ebensowenig statthaft, die philosophischen Grundfragen zu ignorieren, die in vielen Kindern mit elementarer Wucht hervorbrechen und die so deutlich beweisen, daß philosophisches Staunen eine anthropologische Konstante, ein menschliches Urbedürfnis ist. Was also ist zu tun? Die beste Reaktion auf das genannte Dilemma scheint mir die folgende: Man geht auf die Fragen der Kinder mit allem Ernst ein, bemüht sich aber erstens darum, allzu abstrakte Fragen zu umgehen, denen man sich nur mit logischen Operationen nähern kann, denen die Kinder noch nicht gewachsen sind. Da Altklugheit ein Laster ist, ist zweitens dafür zu sorgen, daß die Sachprobleme, mit denen sich die Kinder auseinanderzusetzen beginnen, in ihrer Lebenswelt verwurzelt sind. Der mit Kindern philosophierende Erwachsene darf ihnen keine Antworten vorkauen, die sie nur zur Kenntnis nehmen, aber nicht eigentlich verstehen können; er muß vielmehr mit Gegenfragen dafür sorgen, daß das Kind von sich aus in die richtige Richtung weiterdenkt und möglichst selbständig sich zu Antworten vortastet: Ohne autonome Einsicht gibt es keine Philosophie, auch wenn es der größte Irrtum der abstrakten Aufklärung war zu glauben, Autonomie falle vom Himmel und sei nicht vielmehr das komplexe Resultat einer sich selbst anbietenden und gleichzeitig zurücknehmenden Traditionsvermittlung. Zur Lebenswelt eines Kindes gehören Feen nicht weniger als Autos; es kann daher drittens sinnvoll sein, den Zauber, der der Philosophie in Wahrheit zukommt, in die Sprache der Phantasie zu übersetzen, die das dem Kinde eigentümliche Idiom ist. Daß Parmenides, der Begründer der abendländischen Logik, sein Hauptwerk mit der Schilderung einer Wagenfahrt zu einer ihm die Wahrheit offenbarenden Göttin einleitet, wird nicht viele überraschen; aber noch der Vater der modernen Wissenschaft, Descartes, hat jenen drei Träumen vom Martinsabend

1619, die auf eine wichtige wissenschaftliche Entdeckung folgten, eine große Bedeutung zugeschrieben. Dann aber haben auch Kinder ein Recht darauf, daß man die Philosophie in die Welt der Phantasie kleidet. Viertens ist entscheidend, daß das Philosophieren des Kindes nicht völlig alleine stattfindet. Gewiß ist Einsamkeit eine zwar oft schmerzliche, aber doch unverzichtbare Bedingung der Möglichkeit von Kreativität; aber wenn Phasen einsamen Nachdenkens nicht mit denen des Dialoges alternieren, dann besteht die Gefahr, daß das Kind sozial verkümmert und sich von den Altersgenossen isoliert. Philosophieren ist zwar mehr als die Kunst der Gesprächsführung, aber der Dialog ist ein dem Philosophieren besonders angemessener Rahmen, weil er mit einer Vielfalt von Positionen vertraut macht, die man nicht dogmatisch zurückweisen darf, sondern in die man sich hineindenken muß, bevor man sie entweder akzeptiert oder immanent widerlegt.

Auf der Grundlage der genannten Prinzipien gibt es seit gut zehn Jahren eine intensive Praxis der Kinderphilosophie. Während man noch in Ch. Bühlers Klassiker «Kindheit und Jugend»[18] das Stichwort «Philosophie» vergeblich sucht,[19] gehen der Amerikaner Matthew Lipman, Gründer eines eigenen Institutes für die Förderung der Philosophie für Kinder, sowie Gareth B. Matthews, die beiden international bekanntesten Vertreter dieses Ansatzes, davon aus, daß Philosophieren ein grundlegendes Bedürfnis von Kindern ist, das ebenso befriedigt werden sollte wie das sportliche oder musische. Sie führen mit Gruppen von Kindern Gespräche, die immer wieder um philosophische Fragen kreisen, wobei Lipman mehr formalen, Matthews mehr inhaltlichen Problemen den Vorrang gibt.[20] Ihre Schriften sind teils philosophische Texte für Kinder, teils Verarbeitungen ihrer Erfahrungen mit Kindern. In Deutschland hat u. a. der Pädagogikprofessor Hans-Ludwig Freese Praxis und Theorie der Kinderphilosophie gefördert.

III.

Gaarders «Sofies Welt» hatte auf die Autorin der hier vorgelegten Briefe einen ähnlichen Einfluß wie der Unterricht auf Molières Monsieur Jourdain: So wie dieser zu seinem Staunen erfuhr, daß er sein ganzes Leben schon Prosa gesprochen hatte, ohne dies zu wissen, so erkannte Nora bei der Lektüre dieses ihr zum elften Geburtstag geschenkten Buches, daß viele der Fragen, über die sie schon länger nachgedacht hatte, als «philosophisch» bezeichnet werden können und daß sich schon eine Reihe erlauchter Geister mit ihnen befaßt hatte. Kurz vorher hatte ich das noch zehnjährige Kind im Hause seiner Eltern zum ersten Mal kennengelernt. Es war Freundschaft auf den ersten Blick, und ich glaube, daß für das Entstehen wechselseitiger Sympathie die Frage mitverantwortlich war, die ich gleich nach dem Bekanntwerden an sie stellte – ob sie nämlich zu Ehren von Ibsens Heldin so heiße. Sie konnte die Frage nicht selbständig beantworten, auch weil ihr der Name Ibsen nichts sagte, aber sie lief zu ihren Eltern und kehrte nach kurzer Zeit mit leuchtenden Augen zurück und bejahte meine Frage. Sie war offenbar davon angetan, daß ihr erstmals erklärt worden war, warum sie «Nora» heiße (ohne Zweifel eine identitätsrelevante Information), und neugierig erkundigte sie sich nach der literarischen Gestalt, für die sie sogleich Bewunderung empfand.

Ende des Jahres 1993 begann Nora ein Problem sehr zu beschäftigen. Sie hatte bei Gaarder von Platons Ideenlehre erfahren, die großen Eindruck auf sie gemacht hatte. Aber eine kritische Frage quälte sie: Was sei mit der Platonischen Idee des Dinosauriers los? Ideen seien doch zeitlos und könnten nicht vergehen; die Dinosaurier seien aber schon vor langem ausgestorben. Gebe es die Idee des Dinosauriers trotzdem immer noch? Es bedurfte keines besonderen talent scouts, um zu begreifen, daß dieses Kind, das völlig selbständig auf diese Frage gekommen war, philosophisch offenbar begabt war, und neben einer telephonischen Erklärung, die sie dahingehend beruhigte, daß der Idee des Dinosauriers im Augenblick des Todes des letzten Exemplars nichts zugestoßen sei, schickte ich ihr einen Marzipandinosaurier (wobei zu erwähnen ist, daß Nora sich nie für die Dinosaurierwelle interessiert hatte). Ihre Dankeskarte bewies nicht nur einen erstaunlichen Sinn für ideelle statt materieller Werte (der Marzipandinosaurier wurde nie verzehrt); sie äußerte auch Verärgerung über das in der Schule durchgenommene Frauenbild des Aristoteles. Auch hier tritt ein charakteristischer Zug Noras hervor: Ungeachtet ihrer Bewunderung für die Großen der Geistesgeschichte erlaubt ihr Gerechtigkeitssinn es ihr nicht, vor deren Schwächen die Augen zu verschließen. Mir schien diese Karte nach einer ausführlichen Reaktion zu verlangen; auf meinen ersten Brief folgte eine lange Antwort Noras, aus der sich schließlich der hier veröffentlichte Briefwechsel entspann, der immer wieder durch persönliche Gespräche und Telephonate ergänzt wurde.

Liest man die Briefe Noras, so fällt auch einem psychologisch-pädagogischen Laien eine klare Zäsur auf. Die ersten zwanzig Briefe sind durch eine sehr lebendige Phantasie gekennzeichnet; den ersten sind sogar einige Zeichnungen beigefügt. Ihre Begegnungen mit den großen Philosophen schildert sie mit großer Anschaulichkeit; jede Zeile atmet Lebensfreude, Gottvertrauen, Naturliebe. Das argumentative Niveau ist ungewöhnlich hoch: Man lese nur ihre Begründung dafür, warum meine Begegnungen im Café nicht alle im Traum stattgefunden haben können. Allerdings ist der Kontext auffallend, in dem dieser Gedankengang entwickelt wird – sie will an der Realität des Cafés der gestorbenen, aber ewig jungen Philosophen nicht rütteln. Natürlich weiß sie, daß dieses Café nicht den gleichen Wirklichkeitsgrad hat wie die Pizzeria gegenüber; aber sie ist davon überzeugt, daß das, was eine innere Wahrheit besitzt, eine höhere und nicht eine niedrigere Wirklichkeit als die empirische Welt hat. Mit dieser Überzeugung sind das Kind und der archaische Mensch im übrigen dem wahren Sachverhalt vielleicht sogar näher als der Prosaiker der entzauberten Welt. Als Nora in einem Lexikon las, für Wittgenstein sei die Welt alles, was der Fall ist, sagte sie: «Aber dann ist ja jedes Geheimnis zerstört.» Aus dem Glauben an die Wirklichkeit des Cafés ergibt sich Noras Hunger nach Konkretheit: Als sie las, daß Giambattista Vico vor Jean-Jacques Rousseau einen Sieg davongetragen habe und zu ihrem Schutzphilosophen ernannt worden sei, wollte sie von ihrer Mutter wissen, wer denn diese Entscheidung getroffen habe, nach welchem Verfahren sie gefällt worden sei usw.

Großartig ist die Art und Weise, wie sie den Wunsch, sich führen zu lassen, mit einem starken Autonomiewillen verbindet. Schon der erste Brief ist in dieser Hinsicht ein kleines Meisterwerk. Hatte ich in meinem schnell dahingeschriebenen Brief, inspiriert vom Film «Der Club der toten Dichter», von dem Café der toten, aber ewig jungen Philosophen gesprochen, so korrigiert sie den merkwürdigen Namen – selbständig und ohne dies irgendwie hervorzuheben – in «Café der gestorbenen, aber ewig jungen Philosophen» – und zwar völlig zu Recht, denn «tot» bezeichnet einen endgültigeren Zustand als «gestorben». Beachtlich ist auch die Tatsache, daß Platon ihr mitteilt, die Adresse des genannten Cafés müßte sie selbst herausfinden. Diese Botschaft enthält eine Aufforderung zur Selbständigkeit, aber sie stammt eben von Platon, einer erwachsenen Autorität – freilich ist die Begegnung mit ihm ihre eigene Erfindung. Man könnte geradezu von Selbsterziehung sprechen, insofern Nora sich selbst Vorbilder schafft, an denen sie sich orientieren kann. Nicht minder auffallend ist die Tatsache, daß Nora den ganzen Briefwechsel mit einer Reflexion auf ihre Frauenrolle beginnt – einer Reflexion, der später Gedanken zu ihrer Kindlichkeit folgen. Aber während sie selbst anerkennt, daß sie als Kind noch viel lernen muß, und die Bedeutung der Kinder für die Lösung von Nietzsches Fragestellung nicht begreift, empört sie die Unterdrückung von Frauen zutiefst – den Weihnachtsmann ersetzt sie durch die Weihnachtsfrau. Im Laufe des Briefwechsels gewinnt Nora weiter an Selbständigkeit: Im März 1995 berichtet sie von einem Flug zum Café, auch wenn es nur dessen Vorhof ist, bis zu dem sie vordringt, wie sie mir mehrfach mit großem Nachdruck bestätigte. In dessen Inneres ist sie bis heute noch nicht eingetreten.

Bezaubernd ist, wie Nora auf ihre Gesprächs- und ihren Briefpartner einzugehen vermag. Daß sie mir von Anaximander geschrieben hatte, nachdem ich selbst ihr von ihm an einer Stelle berichtet hatte, die sie nicht hatte lesen können, fällt ihr als merkwürdig auf; auf den inflationären Gebrauch des Wortes «Idee» spielt sie dort an, wo sie mich zum Essen einlädt. Oft versucht Nora ihre Dialogpartner zu trösten, und selbst Mac(hiavelli) gegenüber hegt sie eine gewisse Sympathie. Sie begründet sie vollkommen überzeugend damit, daß Machiavelli wenigstens seine Fehler einsehe und ein leidenschaftlicher Mensch sei. Nachdem ich ihr geschrieben hatte, ihre Zuneigung sei Machiavelli wichtig, rief sie mich an und teilte mir mit, sie werde mir bald schreiben, denn sie habe Mitleid mit Mac, der ja nun wirklich in einer schlimmen Situation sei, solange er nicht wisse, was sie über ihn denke. Nur Hobbes gegenüber versagt Noras Großmut: Für zynische Gehässigkeit hat sie nichts übrig. Und doch versucht sie, auch ihn zu verstehen – sie sieht mit großer psychologischer Tiefe in seiner Bosheit Kompensationsmechanismen am Werke. Dem Skeptikertrio gegenüber hat sie ebenfalls starke Vorbehalte. Zu Hegel wahrt sie eine auffällige Distanz – er ist der einzige Denker, den sie siezt, während sie sich sonst mit herzlicher Unbefangenheit mit den größten Denkern duzt. Beachtlich ist, daß sie Cusanus' Gedanken nicht zustimmt, sie aber für formal interessant hält.

Was die Inhalte von Noras Briefen angeht, so streift sie mit naiver Selbstverständlichkeit durch alle Gebiete der Philosophie. Freilich ist ihr kein Problem ein bloßer Bildungsinhalt – sie sind alle existenziell verankert, alle Fragen betreffen den Grund ihrer Persönlichkeit. Im Zentrum steht die Gottesfrage – insbesondere die Frage der Vereinbarkeit von göttlicher Allmacht und Willensfreiheit beunruhigt sie tief, ebenso wie das Problem, woher das Böse komme. Nora hält, anders als ihr Briefpartner, dem sie durchaus widerspricht und dessen Fragen sie nicht alle aufgreift, an der Willensfreiheit unbedingt fest, wenn auch ihre Aussagen dazu nicht immer konsistent sind, wie sie selbst erkennt. Von einer für ein elf-/zwölfjähriges Kind erstaunlichen Präzision sind die Erwägungen zur Trinitätslehre und Christologie, mit denen sie mehr Schwierigkeiten hat, als ihr selbst lieb ist. Aber mit großer intellektueller Redlichkeit nennt sie alle Probleme, die ihr bewußt werden. Beachtlich sind auch ihre Überlegungen zum Verhältnis von Vernunft und Glauben bzw. von Sittengesetz und Gott sowie zu Gott als der Koinzidenz der Gegensätze. Eine weitere Frage, über die Nora ernsthaft nachgedacht hat, betrifft die Beseelung von Tieren bzw. von Computern, mit denen sie manche persönliche Erfahrung gesammelt hat. Fragen nach

Recht und Staat tauchen immer wieder auf. Zunehmend interessiert Nora die Bewertung der modernen technischen Welt, wobei sie eine erstaunlich ausgewogene Position vertritt. Den extremen Asketismus des Diogenes, der ihren Weihnachtswunsch nach einem CD-Player mißbilligt, lehnt sie ab. Mir schickte sie nach meinem entsprechenden Brief eine Gummibärchenpackung, auf die sie geschrieben hatte: «Haribo macht Kinder froh – und Diogenes ebenso.» Bemerkenswert ist schließlich Noras Sensibilität für andere Kulturen sowie für andere Epochen: Was sie zur Renaissance schreibt, trifft in der Tat deren Wesenskern. Allgemein sind ihr historisches und literarisches Wissen und ihre Belesenheit hervorzuheben.

Ich erwähnte schon, daß im Briefwechsel eine Zäsur bemerkbar ist. Anfang 1995 nimmt die Frequenz der Briefe ab; da ich in der Regel Noras Briefe am Tage ihres Eintreffens beantwortet habe, hängt das daran, daß Nora nunmehr seltener schreibt. Das kann nur zum Teil mit zunehmenden schulischen und sonstigen Verpflichtungen erklärt werden; denn auch der Inhalt ändert sich. Der Wandel im Denkstil geht einher mit dem Beginn der Pubertät. Nora selbst reflektiert darüber im Gespräch mit ihrem Schutzphilosophen. Die blühende Phantasie läßt nach; Zweifel an grundlegenden Überzeugungen breiten sich aus. Noch vor dem Bekenntnis, daß sie mit Gott hadere und gar an seiner Existenz zweifle, finden sich Aussagen zur Seele, die ihr ein ewiges Leben absprechen, weil Leben Körperlichkeit voraussetze, und nur ein Sein der Seele behaupten. Ebenfalls beunruhigt sie zunehmend das Problem, ob es ein Paradies und ein Jüngstes Gericht gebe.

Noch ein paar Worte zu dem Wie dieses Briefwechsels. Nora hat ihre Briefe völlig alleine, und zwar meistens, nachdem sie manchmal lange über die Fragen nachgedacht hatte, sehr schnell heruntergeschrieben; einige sind nicht einmal von ihren Eltern gelesen worden. Meine Briefe wurden ihr allerdings immer vorgelesen (auch wenn sie sich verbat, daß sie von jemand anderem geöffnet würden), und zwar weil sie mit meiner Handschrift nicht zurecht kam. (Da ich ihr oft auf Reisen schrieb, konnte ich keine Schreibmaschine benützen.) In diesem Zusammenhang hat sie über einige Fragen mit ihren Eltern diskutiert, die ihr einige Informationen gaben; insbesondere hat sie immer wieder Lexika und Handbücher zu den einzelnen Philosophen konsultiert. Aber Gedanken und Formulierungen sind ausschließlich die ihrigen. Nicht minder ist es stets ihr Wunsch gewesen, den Briefwechsel fortzusetzen; sie mußte nie dazu gedrängt werden, zu schreiben, sondern reagierte im Gegenteil gekränkt, als ich ihr im Frühjahr 1995 in einem Gespräch vorschlug, den Briefwechsel zu unterbrechen, da er ihr Schwierigkeiten zu machen scheine. Nora hat nie auch nur mit der Möglichkeit gerechnet, daß diese Briefe publiziert werden könnten. Zwar habe ich ihr mehrmals erzählt, daß ihre Briefe auch meinen Freunden, denen ich sie gezeigt hätte, sehr gefielen; aber das war alles – nichts sollte ihre Spontaneität gefährden. Die Frage einer etwaigen Publikation der Briefe wurde zunächst mit den Eltern und einigen Freunden besprochen. Es versteht sich, daß Nora selbst die letzte Entscheidung getroffen hat. Der Symmetriebruch, den dieses Nachwort darstellt, konnte dadurch geheilt werden, daß wir uns schließlich gemeinsam über die zunächst von mir allein erreichte Metaebene unterhielten und auch Nora ein eigenes Nachwort verfaßte.

Für die Druckfassung wurden unsere Briefe kaum geändert; nur orthographische Fehler und einige Wortwiederholungen wurden korrigiert, einige kleine Passagen wurden gestrichen, ferner wurden persönliche Anspielungen getilgt. Es ist Noras Wunsch, durch Geheimhaltung ihres Namens ihre persönliche Privatsphäre zu schützen. Zu danken ist Frau Brigitte Rotzen sowie den Herren Matthias Donath und Dr. Christian Illies, die die Briefe tippten bzw. diktierten.

Daß ich nicht den Anspruch erhebe, die von mir geschilderten Figuren entsprächen den geschichtlichen Vorbildern, versteht sich von selbst. Es sind Idealtypen, die bestimmte Gedanken veranschaulichen – für ein mögliches Mißverständnis, ich wollte behaupten, die *historischen* Kant, Weber und Heidegger hätten im Zuge interessante Diskussionen über Ethik und Technik geführt, bin ich nicht verantwortlich.

IV.

Nichts wäre falscher als die Schlußfolgerung, zu Briefen wie denjenigen Noras sei nur eine winzige Minderheit von Kindern in der Lage. Ganz im Gegenteil: Fragen wie diejenigen, denen Nora nachgeht, drängen sich vielen denkenden Menschen – also auch vielen denkenden Kindern – auf, und das, was eigentlich erklärungsbedürftig ist, ist nicht die Tatsache, daß ein Kind derartige Briefe zu schreiben vermag, sondern vielmehr umgekehrt die Tatsache, daß so wenige Kinder in unserer Kultur ihre philosophische Neugierde wie Nora zu entfalten vermögen. Man mache sich nichts vor: Unsere Zeit geht mit der Begabung von Kindern und Jugendlichen ebenso verantwortungslos um wie mit knappen natürlichen Ressourcen.

In der Tat ist ein Sachverhalt offenkundig: Auch wenn Begabung eine genetische Basis hat, ist letztere immer nur eine notwendige, nie eine hinreichende Bedingung dafür, daß sich eine Begabung zu artikulieren vermag. Dies läßt sich durch die Überlegung beweisen, daß es

Epochen gibt, in denen es an erstrangigen Begabungen gleichsam sprudelt, so etwa in der deutschen Kultur um 1800: Sollten wir etwa annehmen, einige Jahrzehnte vorher sei etwas Besonderes am genetischen Material passiert? Diese Annahme ist so unplausibel, daß sich vielmehr die These nahelegt, kulturelle Voraussetzungen seien für die Vermehrung von Begabungen verantwortlich. So liegt es z. B. auf der Hand, daß der Entwicklungsstand einer Disziplin mit darüber entscheidet, was an Entdeckungen möglich ist. Nach einer so großartigen wissenschaftlichen Revolution wie derjenigen Newtons mußte viel Zeit vergehen, bis eine vergleichbar originelle wissenschaftliche Leistung in der Physik wieder möglich wurde; das neue Paradigma mußte zunächst einmal in all seinen Verästelungen ausgearbeitet werden, bevor ein neues möglich wurde, und auch ein Klon Sir Isaacs im 18. Jahrhundert hätte daran nichts ändern können, wie es umgekehrt auch einem Menschen mit erbgleicher Substanz im 16. Jahrhundert noch nicht gelungen wäre, die «Philosophiae naturalis principia mathematica» zu konzipieren. Sicher gilt dies für die Einzelwissenschaften in ganz besonderem Maße, doch auch für die Philosophie und, in noch eingeschränkterem Maße, für die Kunst gilt Analoges.

Aber in diesem Zusammenhang geht es mir nicht um Spitzenleistungen, die nie das Resultat nur eines einzelnen, sondern immer auch einer Ära sind. Auch normale Begabungen bedürfen, bevor sie überhaupt daran denken können, die Entwicklung eines Gebietes voranzutreiben, bestimmter Rahmenbedingungen, außerhalb derer sie sich nicht entfalten können. So müssen begabte Kinder zunächst einmal spüren, daß die – stets anstrengende – Arbeit an dem eigenen Talent etwas Werthaftes ist. Da Wertüberzeugungen gerade bei Kindern immer auch davon abhängen, welche Werte die Umwelt anerkennt, ist das geistige Klima von Familie, Freundeskreis, Schule, Hochschule und der Kultur im allgemeinen von nicht zu unterschätzender Bedeutung. Um mit letzterem zu beginnen, so ist ein starres und autoritäres System, das innovative Fragen abwehrt, für jede Begabung tödlich – nicht minder ein relativistischer Zeitgeist, der keine Qualitätsunterschiede und objektiven Standards mehr anerkennt. Daß die Hauptgefahr unserer Zeit die zweite ist, ist nicht allzu schwer zu erkennen. Dagegen ist an den elementaren Einsichten festzuhalten, daß erstens die Entfaltung der eigenen Begabung eine der tiefsten Quellen persönlichen Glücks ist, auf das jeder solange Anspruch hat, als er anderen damit nicht schadet, daß zweitens von den Begabungen einzelner alle profitieren und daß drittens erstaunlich viele Menschen über – sehr unterschiedliche – Begabungen verfügen.

Ein starkes Gegengewicht gegen den Zeitgeist können familiäre Beziehungen sein. So ist die Familie, in der Nora aufzuwachsen das Glück hat, ebenfalls ein ihre Begabung fördernder Faktor. Eltern, die sich viel Zeit für die Kinder nehmen, die Verantwortung für eine kleinere Schwester (die Stellung in der Geschwisterreihe ist eine wichtige Charakterdeterminante), die Präsenz der Großmutter, die einerseits die Lebendigkeit alter Traditionen repräsentiert, deren Gebrechlichkeit und größere Nähe zum Tode andererseits das Bewußtsein von einer Dimension der menschlichen Existenz wachhält, die eine konsum- und lustorientierte Zeit allzu leicht verdrängt, allgemein eine geistige Atmosphäre mit vielen Büchern und nur seltenem Fernsehen – derartiges spielt eine nur schwer zu messende, aber nicht zu unterschätzende Rolle in der Festigung einer Begabung.

An Noras katholischem Privatgymnasium fallen der persönliche Einsatz der Lehrer für ihre Schüler, die institutionelle Bindung an überpersönliche Werte, die Vermittlung humanistischer Bildung, das reiche Angebot an Aktivitäten außerhalb des regulären Unterrichts positiv auf. Drei Argumente sprachen für die Schulwahl der Eltern: erstens die Tatsache, daß Latein als erste Fremdsprache angeboten wurde, zweitens das Wertesystem, das die Schule vermittelt, drittens das Eingehen auf die Persönlichkeiten und die Talente der Schüler. Gewiß ist Überforderung ein Übel; aber auch die Unterforderung von Kindern kann entsetzliche Qualen auslösen – sie führt oft entweder zum Niedergang von Talenten oder zu jener Arroganz, die aus Frustration entspringt. Da Kinder unterschiedlich begabt sind, ist ein differenziertes Schulsystem unvermeidlich.

Es besteht in der Tat Anlaß zur Sorge, wenn man das gegenwärtige öffentliche (Hoch-) Schulsystem betrachtet, und die Forderung nach mehr privaten Schulen und Hochschulen ist m. E. berechtigt. Sicher ist eine staatliche Kontrolle von Privatschulen unabdingbar. Aber man überschätzt Möglichkeiten und Fähigkeiten des Staates, wenn man denkt, er könne ein Monopol auf innovative pädagogische oder gar wissenschaftliche Ideen beanspruchen. Man kann nicht mehr geistige Pluralität fordern und gleichzeitig ein Bildungsmonopol des Staates vertreten. Freilich sollte der Staat ein Interesse daran haben, besonders begabte junge Menschen zu fördern. Eliten, die sich dem Gemeinwohl verpflichtet fühlen, sind keine Gefahr, sondern für jede leistungsfähige Gemeinschaft unentbehrlich. Nivellierungen zerstören jenes Potential, das dringend benötigt ist, um die zunehmenden Probleme der industriellen Gesellschaften zu lösen. Daß die Aussichten des Menschengeschlechts für das 21. Jahrhundert nicht die besten sind, hat sich inzwischen allgemein herumgesprochen – eine Umgestaltung der Erziehung im allgemeinen und der Begabtenförderung im besonderen nach den neuen Erfordernissen steht aber bisher noch aus.

V.

Inwiefern gebührt der Philosophie in einer neu zu konzi-
pierenden Erziehung sowie in der Begabtenförderung ein
besonderer Platz? Noras Briefe zeigen, daß die Philosophie in der Ökonomie ihres Geistes vier unterschiedliche Funktionen ausübt: Erstens stellt die Philosophie
einen Zusammenhang zwischen den verschiedenen
Wissenssphären her. Fragen, die im Mathematik-, im
Deutsch-, im Religions-, im Geschichts-, im Erdkunde-,
im Biologieunterricht aufgetaucht sind, werden durch
ihre philosophische Dimension miteinander kommensu-
rabel. Zweitens sucht für Nora die Philosophie nach Antworten auf moralische Fragen. Drittens übersetzt die
Philosophie religiöse Überzeugungen in eine rationalere
Sprache. Bei diesem Rekonstruktionsversuch ergeben
sich Probleme und Zweifel, die viertens ein kritisches Bewußtsein schärfen, wie sie selber in ihrer Reaktion auf
das «Trio Infernale» anerkennt. In der Tat handelt es sich
dabei um entscheidende Leistungen der Philosophie.

Um mit der ersten zu beginnen, so hat der normale
Mensch ein einheitliches Selbstbewußtsein, und es ist ihm
daher ein unabdingbares Bedürfnis, die Vielfalt von Erfahrungen, die er macht, die zahllosen Informationen, die
er sammelt, in eine Ordnung zu bringen. Den Ort einer
Wahrheit im Ganzen des Wissens zu bestimmen ist aber
die Aufgabe der Philosophie. Sicher war die Emanzipa-
tion der Einzelwissenschaften von der Philosophie eine
unabdingbare Voraussetzung ihres Aufschwungs, der
auch viele praktisch segensreiche Aspekte hatte. Aber der
Leerlauf, der den Wissenschaftsbetrieb zunehmend cha-
rakterisiert, nicht weniger als die verhängnisvollen Folgen einer immer weitergehenden Spezialisierung für
unsere Lebenswelt deuten darauf hin, daß jene Emanzi-
pationstendenzen zwar nicht rückgängig gemacht wer-

den dürfen, daß sie aber doch durch eine stärkere Reflexion auf den inneren Zusammenhang des Wissens ergänzt werden müssen. Da z. B. der Mensch auch ein Organismus ist, ist es wichtig zu begreifen, warum und wieweit biologische Kategorien bei dem Verständnis seines sozialen Verhaltens und seiner geschichtlichen Entwicklung nützlich sein können; bei der Bestimmung des Zusammenhanges sowie bei der Abgrenzung der Momente der menschlichen Natur, die biologisch erklärt werden können, und derjenigen, bei denen dies nicht möglich ist, ist aber Philosophie vonnöten. Ein Philosophieunterricht in der Schule könnte daher dazu führen, daß die Kinder den Unterricht in den unterschiedlichen Fächern stärker als Einheit empfinden. Umgekehrt würde es der Präzision wie der inhaltlichen Konkretheit der Philosophie sehr zugute kommen, wenn ihre Fragen im Ausgang von Einzeldisziplinen diskutiert würden – und zwar durchaus auch in den einzelnen Fächern selbst.

In der Tat sollte mein Plädoyer für eine stärkere Einbindung philosophischer Fragestellungen in den Schulunterricht nicht unbedingt dahingehend verstanden werden, ein eigenes Fach Philosophie sei, und gar in allen Schuljahren, vonnöten; bei dem nicht gerade erfreulichen Zustande der Disziplin wäre eine quantitative Vermehrung von Philosophiestellen an Schulen und Hochschulen nicht notwendig segensreich. Aber philosophischer Geist sollte in den Schulunterricht Eingang finden, und vielleicht würde dies um so leichter stattfinden, je weniger die Philosophie als ein einzelnes Fach neben den anderen erschiene. Es ist bemerkenswert, daß Hegel, der als Rektor eines Gymnasiums in seiner Nürnberger Zeit mehr als alle anderen großen Philosophen Erfahrungen mit dem Schulunterricht der Philosophie gesammelt hatte, nicht sicher war, daß ein eigenes Schulfach Philosophie sinnvoll sei. Auf Wunsch seines Freundes Friedrich Immanuel

Niethammer, der seit 1808 Zentralschul- und Oberkirchenrat in München war und einen Lehrplan für Mittelschulen und Gymnasien des Königreichs Bayern im Sinne des Neuhumanismus entwickelte, verfaßte Hegel am 23.10.1812 ein Privatgutachten «Über den Vortrag der Philosophie auf Gymnasien».[21] In seinem Begleitschreiben heißt es freilich: «Eine Schlußanmerkung fehlt übrigens noch, die ich aber nicht hinzugefügt habe, weil ich darüber noch uneins mit mir selbst bin, – nämlich daß vielleicht aller philosophischer Unterricht an Gymnasien überflüssig scheinen könnte, daß das Studium der Alten das der Gymnasialjugend angemessenste und seiner Substanz nach die wahrhafte Einleitung in die Philosophie sei.»[22] Immerhin fügt Hegel hinzu, es falle ihm schwer, gegen sein eigenes Fach und seine Stelle zu streiten, sich selbst Brot und Wasser abzugraben, und findet dann doch noch ein sachliches Argument zugunsten des Philosophieunterrichts: die allzu philologische Ausrichtung in der Unterweisung der alten Sprachen (die freilich heute aus dem Schulunterricht zunehmend verschwunden sind). Immerhin hat Hegel auch noch in seiner Berliner Zeit, in der er am 16.4.1822 ebenfalls ein Gutachten «Über den Unterricht in der Philosophie auf Gymnasien», diesmal für das Königlich Preußische Ministerium der geistlichen, Unterrichts- und Medizinalangelegenheiten, abfaßte,[23] daran festgehalten, das Studium der Alten und des dogmatischen Inhalts des Christentums seien die besten materiellen Vorbereitungen auf das Studium der Philosophie. Scharf wehrt sich Hegel gegen die Idee, der gymnasiale Philosophieunterricht solle sich auf die Geschichte der Philosophie konzentrieren – wie das z. B. in Italien seit der Schulreform Giovanni Gentiles der Fall ist. Die negativen Konsequenzen eines solchen Unterrichts antizipierend, schreibt Hegel: «Ohne die spekulative Idee aber vorauszusetzen, wird sie (sc. die Geschichte der Philosophie) wohl nichts anderes als nur eine Erzählung zufälliger, müßiger Meinungen und führt leicht dahin – und zuweilen möchte man eine solche Wirkung als Zweck derselben und ihrer Empfehlung ansehen –, eine nachteilige, verächtliche Meinung von der Philosophie, insbesondere auch die Vorstellung hervorzubringen, daß mit dieser Wissenschaft alles nur vergebliche Mühe gewesen und es für die studierende Jugend noch mehr vergebliche Mühe sein würde, sich mit ihr abzugeben.»[24] Problemorientiertes, aus den einzelnen Disziplinen hervorwachsendes Denken ist sicher dem Referat von Meinungen vorzuziehen, die in keinem Zusammenhang mit der Lebenswelt und dem sonstigen Lernen des Kindes stehen.

Die zweite Funktion der Philosophie, die sie jedenfalls für Nora erfüllt, betrifft die moralische Orientierung, u.a. angesichts der neuen Herausforderungen der Spätmoderne wie der ökologischen Bedrohung. Moralische Fragen lassen sich nie allein durch deskriptive Sätze beantworten; jemand, der all das wüßte, was der Fall ist, wüßte noch nicht, wie er sich zu verhalten hätte. Insofern wird die Ethik nie auf die anderen Wissenschaften zurückgeführt werden können. Nun ist moralische Erziehung deswegen besonders anspruchsvoll, weil es bei weitem nicht genügt, ethische Argumente zu vermitteln – Ziel der ethischen Erziehung muß es sein, moralische Menschen hervorzubringen, und das ist ohne ein konkretes Vorbild seitens des Ethikers nur sehr schwer zu erreichen. Aristoteles hat sich über jene rein theoretische Zuflucht in die Philosophie lustig gemacht, die dem Verhalten jener Kranken entspreche, die mit Eifer auf den Arzt lauschen, aber seine Anweisungen nicht befolgen;[25] und zu Recht spricht Platon, dessen Erziehungsbegriff an Tiefe bis heute kaum je erreicht worden ist, von einer Kunst der Umwendung der ganzen Seele.[26] Doch setzt Erziehung nach diesem Begriff die Seele schon voraus; wie es nicht möglich sei, einem Blinden Augen einzupflanzen, so könne auch der Erzieher nur die Ausrichtung der Seele korrigieren, sie jedoch nicht aus dem Nichts schaffen. In der Tat wäre es vermessen zu glauben, daß man allein durch Erziehung einen Menschen moralisch machen könnte – was aber gute Philosophie zu leisten vermag, ist, die intellektuellen Zweifel, die sich während der Adoleszenz gerade bei begabten Kindern hinsichtlich der unbedingten Geltung der Moral regen, zu überwinden. Noras Charakter geht natürlich ihrer Beschäftigung mit der Philosophie voraus – aber die Philosophie kann diesen Charakter schützen und reifen lassen.

In Deutschland wird der Ethikunterricht als Alternative zum Religionsunterricht angeboten. Das ist deswegen zu bedauern, weil erstens die religiöse Erziehung ein Kind nicht des Zugangs zur ethischen Reflexion berauben sollte und weil es zweitens umgekehrt sehr schade ist, wenn ein an Ethik und Philosophie interessierter Jugendlicher auf den Religionsunterricht verzichten muß. Noras Briefe zeigen, wie eng religiöse, ethische und allgemeinere philosophische Fragen im Bewußtsein von Kindern verzahnt sind. Gewiß kann ein philosophisch begründeter Atheismus eine intellektuell und auch moralisch respektable Position sein; aber zumindest ist eine explizite Auseinandersetzung mit der Gottesfrage und mit dem Problem des Todes unabdingbar, wenn ein Jugendlicher nicht banal werden soll. Die Tabuisierung gar dieser Fragen ist ein Verbrechen an der kindlichen Seele, die Widerstandskräfte zu gewinnen vermag, wenn sie weiß, daß sie sich an einer Instanz orientieren kann, die die faktischen, sozial geltenden Üblichkeiten transzendiert.

Freilich: Sosehr jedes gründlichere Denken zu Gott zurückkehrt, so klar ist auch, daß der philosophische Gottesbegriff nicht identisch ist mit dem religiösen. Das mag den Vertretern engstirniger religiöser Gemeinschaften ein Skandalon sein; für den modernen Staat ist das eher von Vorteil. Denn in einer multikulturellen Weltgesellschaft ist es unabdingbar, jenseits nicht nur der konfessionellen, sondern auch der religiösen Unterschiede einen gemeinsamen Grund zu finden. Der Kalkül rationaler Egoismen ist zu wenig, um einen Staat aufrechtzuerhalten; die Berufung auf einen als geoffenbart angenommenen Text zu viel, um alle Bürger zu verbinden. Daher habe ich es für wichtig gehalten, als Gesprächspartner in meinen Briefen auch Vertreter anderer Religionen und Kulturen einzubeziehen. Die Anregung dazu entstammte einem Traum, von dem mir Nora erzählte und der sie sehr gequält hatte: Ihren Eltern, die sich für die jüdisch-christliche Verständigung einsetzen,[27] berichtete eines Abends ein Freund, der eine analoge Funktion in einer christlich-islamischen Gesellschaft wahrnimmt, viele seiner islamischen Partner hofften auf eine Konversion der Christen zum Islam. Nora träumte nun, Moslems seien in ihr Haus eingedrungen und hätten versucht, sie zum Islam zu bekehren. Sie habe sie zunächst einmal darum gebeten, Platz zu nehmen, und ihnen Tee angeboten; dann sei sie in großer Angst erwacht. Um ihr ihre Angst zu nehmen, habe ich versucht, ihr einige mögliche Religionsgespräche vorzuführen. In der Tat besteht eines der für den einzelnen wie für die Gemeinschaft wichtigsten Resultate intelligenten Philosophierens gerade darin, daß man auch mit Menschen aus anderen Kulturen vorurteilsfrei zu kommunizieren lernt. Denn die Philosophie ist wahrhaft universal.

Anregungen zur Philosophie aber entspringen immer wieder der Begegnung mit dem ursprünglichen Fragen von Kindern. Sein Evolutionismus hat den alten Piaget nicht daran gehindert, zu bekennen, sein Ideal sei gewesen, «Kind zu bleiben bis zum Ende. Die Kindheit ist das eigentliche Stadium der Kreativität.»[28] Und um abschließend aus einem Werke zu zitieren, das in den philosophischen Giftschrank gehört, aber doch immer wieder Geistesblitze aussendet: In seiner ersten Rede spricht Nietzsches Zarathustra von den drei Verwandlungen des Geistes. Auf die Gestalt des Kamels, das alles Schwere trägt, folgt die des Löwen, dessen «Ich will» dem «Du sollst» des großen Drachen entgegengesetzt ist. Freilich vermag auch der Löwe nur zu negieren und nicht, neue Werte zu schaffen. Deswegen muß der raubende Löwe zum Kinde werden. «Unschuld ist das Kind und Vergessen, ein Neubeginnen, ein Spiel, ein aus sich rollendes Rad, eine erste Bewegung, ein heiliges Ja-sagen. Ja, zum Spiele des Schaffens, meine Brüder, bedarf es eines heiligen Ja-sagens: seinen Willen will nun der Geist, seine Welt gewinnt sich der Weltverlorene.» Nietzsche selbst ist nicht über die Gestalt des Löwen hinausgelangt. Vielleicht sind Noras Briefe ein Vorbild für eine zukünftige Form der Philosophie, die in das Stadium der Kindheit eintritt.

Anmerkungen

1   Du, dessen äußere Erscheinung nicht
       Von Seelengröße spricht,
    Du bester Weiser, der du noch nicht fliehst
    Dein Erbteil, Auge unter Blinden du,
    Der stumm und taub die ewige Tiefe liest,
    Vom ewigen Geist durchdrungen immerzu:
       Seher! Mächtiger Prophet!
       Voll Wissen du, um das wir stet
    Ein Leben lang uns mühen ohne Ruh,
    Verlorn im Dunkel als ein Grabgeschlecht;
    Du, über dem Unsterblichkeit verharrt
    Wie Tag, Gebieter über seinen Knecht,

In unveränderlicher Gegenwart;
[...]
Nur Kind! Doch herrlich durch das Himmelsgut
Der Freiheit auf dem Gipfel deines Seins!: –
Was forderst du den Jahrn mit wehem Ernst
Das Joch ab, das du sicher kennenlernst,
Blindlings mit deiner Seligkeit im Zwist?
Voll bald trägt deine Seele irdische Last
Und Sitte liegt auf dir so schwer sie ist:
Wie Frost so schwer, tief wie das Leben fast!

> (Aus: William Wordsworth, Gedichte. Samuel Taylor
> Coleridge, Der alte Seemann und Kubla Khan. Deutsch
> von Wolfgang Breitwieser, Heidelberg 1959, 49.)

2 Vgl. etwa H.-L. Freese, Kinder sind Philosophen, Wein-
heim/Berlin 1989, dem ich viele Hinweise verdanke.

3 Zeitschrift für Didaktik der Philosophie 6 (1984) ; Ethik und
Sozialwissenschaften 4 (1993), Heft 3, 377–438 mit einem
Hauptartikel von D. Horster «Philosophieren mit Kin-
dern» (379–388).

4 Thinking. The Journal of Philosophy for Children.

5 Originaltitel: Sofies verden, Oslo 1991.

6 Vgl. die schöne Geschichte in Ch.Wolfs «Störfall», Darm-
stadt/Neuwied 1987, 105 f, in der das Kind sich als philosophischer erweist als der naturwissenschaftlich denkende Vater und nur die Großmutter Verständnis für sein Fragen hat.

7 Vgl. K. Jaspers, Einführung in die Philosophie, München
1953, 12: «Kinder besitzen oft eine Genialität, die im Er-
wachsenwerden verlorengeht. Es ist, als ob wir mit den Jahren in das Gefängnis von Konventionen und Meinungen,
der Verdeckungen und Unbefragtheiten eintreten, wobei
wir die Unbefangenheit des Kindes verlieren.»

8 Diogenes Laertios X 2.

9 L. N. Tolstoj, Kindheit. Knabenalter. Jünglingsjahre, Frankfurt 1976, 151 f.

10 Op.cit., 209 (Kap. 20).

11 Op.cit., 205.

12 Op.cit., 207.

13 G. Vico, Opere, Bd. V, hg. von B. Croce und F. Nicolini, Bari ²1929, 5.

14 Parerga und Paralipomena, Kap. 28: Über Erziehung.

15 Ein Klassiker von J. Piaget und B. Inhelder ist: Die Psychologie des Kindes, München 1986 (frz. ¹1966). Eine ausgezeichnete Einführung in Piagets Werk stammt von Th. Kesselring: Jean Piaget, München 1988. Kritisch gegenüber Piaget ist M. Donaldson, Wie Kinder denken, Bern u.a. 1982 (engl. 1978).

16 J. Piaget, Die Bildung des Zeitbegriffs beim Kinde, Frankfurt 1974 (frz. ¹1946), 59 ff.

17 Giovanni Pascoli schreibt in seinem berühmten Essay «Il fanciullino» treffend: «O Kind, das du nur auf deine Weise zu denken vermagst, auf eine kindliche Weise, die tief heißt, weil sie uns mit einem Male, ohne uns die Stufen des Denkens eine nach der anderen hinabsteigen zu lassen, in den Abgrund der Wahrheit versetzt ...» (Opere, Bd. II, hg. von M. Perugi, Milano/Napoli 1981, 1650).

18 Göttingen ⁴1967.

19 Dasselbe gilt für die «subject indexes» der vier Bände des «Handbook of Child Psychology», hg. von P. H. Mussen, New York u.a. ⁴1983. Doch gibt es lange Artikel zu «Logical reasoning» (von M. D. S. Braine und B. Rumain, III 263–340) und zu «Morality» (von J. R. Rest, III 556–629), die Implikationen für das philosophische Denken von Kindern haben. Interessant wäre es, eigens zu untersuchen, wann ein Kind die Frage zu verstehen vermag, ob nicht alles bloß ein Traum sei, ob Gott für das Böse verantwortlich sei usw. usf. – also die Fragen, die Nora so lebhaft diskutiert.

20 Vgl. M. Lipman, Pixie, Wien 1986 (engl. 1981) sowie M. Lipman/A.M. Sharp, Handbuch zu Pixie, Wien 1986 (engl. 1982); G. B. Matthews, Philosophische Gespräche mit Kindern, Berlin 1989 (engl. 1984) sowie ders., Die Philosophie der Kindheit, Weinheim/Berlin 1995 (engl. 1994). Ein nützlicher Sammelband ist: M. Lipman/A.M. Sharp, Growing up with philosophy, Philadelphia 1978.

21 G. W. F. Hegel, Werke in zwanzig Bänden, Frankfurt 1969–1971, IV 403–416.

22 Briefe von und an Hegel, 4 Bde., hg. von J. Hoffmeister, Hamburg ³1969–1981, I 418f. Vgl. auch schon den Brief vom 24.3.1812 an Niethammer: «Aber wohl wird im Gymnasium überhaupt schon zu viel Philosophie gelehrt, in der Unterklasse ließe sie sich füglich entbehren.» (I 397)

23 Werke, XI 31–41.

24 XI 36.

25 Nikomachische Ethik 1105b12ff.

26 Politeia 518bff.

27 Noras Vertrautheit mit dem Judentum zeigt sich in ihrer Anspielung auf M. Buber, Die chassidischen Bücher, Hellerau 1928, 532f. im Brief vom 27. Oktober 1994.

28 J.-C. Bringuier, Conversations libres avec Jean Piaget, Paris 1977, 170.

Zum Schluß
Von Nora K.

Liebe Leserin, lieber Leser!

Abschließend möchte auch ich noch ein paar Worte zu unserem Briefwechsel schreiben. Doch das ist schwer, da ich nicht weiß, was.

Denn was soll man jemandem sagen, den man nicht kennt und der jede(r) sein könnte?!

Ich will es trotzdem versuchen. Dazu muß ich mich an die Zeit vor drei Jahren zurückerinnern, was wiederum nicht leicht ist, weil sich vieles geändert hat, auch in mir.

Fange ich also am besten mit dem Abend an, an dem ich Vittorio kennenlernte. Mama hatte, glaube ich, an einer Tagung mit einem philosophischen Thema teilgenommen, auf der sie unter anderem seine Bekanntschaft machte. Im Anschluß daran lud sie Vittorio ein, uns einmal zu besuchen. So lernte ich ihn kennen, und ich weiß noch, wie er mir strahlend entgegenkam, den Kopf etwas zur Seite neigte, wie er es immer tut, wenn er jemanden begrüßt, und wie wir uns die Hände schüttelten.

Wenig später saßen wir bei einem zweiten Besuch von ihm wieder alle um den Abendbrotstisch und aßen Pizza. Vittorio erfuhr, daß ich gerade «Sofies Welt» las, und bot mir an, immer wenn ich Fragen hätte, dürfte ich ihn jederzeit anrufen. Aber nicht ich rief ihn an, sondern er mich, nachdem Mama ihm von dem Dino-Problem erzählt hatte. Wir sprachen darüber, und er erklärte es mir, so gut es ging. Bald darauf bekam ich einen Marzipan-Saurier geschenkt – er wurde das Motto unseres Brief-

wechsels: Vittorio hieß «Idee» und ich «Dino-Nora».
Wie geheimnisvoll war es, als ich den ersten philosophischen Brief erhielt, genau wie meine «Freundin» Sofie.
Nur, daß ich antworten konnte und Sofie nicht.

Und so begannen wir uns zu schreiben (was wir jetzt immer noch tun).

Von einer möglichen Veröffentlichung habe ich nichts gewußt, erst kurz bevor ich meinen letzten hier abgedruckten Brief schrieb, wurde mir von den Plänen berichtet. Natürlich fand ich die Vorstellung zuerst toll, aber dann mußte ich lange überlegen. Manchmal war ich kurz davor, nein zu sagen, denn immerhin waren es doch *unsere* Briefe! Was sollten andere mit ihnen? Warum sollte ich alle meine Gedanken preisgeben? Damit andere irgendwelche wissenschaftlichen Schlüsse ziehen könnten? Nein, und das möchte ich auch jetzt noch nicht!

Aber dann dachte ich mir, daß wir mit den Briefen vielleicht anderen Menschen, besonders Kindern, eine Freude und Mut machen können, damit sie sich mit unserer Welt und ihren Zaubern beschäftigen und sich stark machen gegen Gleichgültigkeit und Herzlosigkeit für die Zukunft. Ich weiß nicht, ob es uns gelungen ist, aber ich hoffe es.

Neben mir steht ein kleiner Saurier mit der Aufschrift «Ein netter Typ»!…

Nora Kreft
Nachwort zur vierten Auflage

Ich lernte Vittorio kennen, als ich zehn war. Meine Mutter studierte damals Philosophie bei ihm – sie wollte alles Mögliche wissen und verstehen. Weil sie ungeduldig war und auch weil sie Dinge schnell verstand, sprang sie oft von einer Materie zur nächsten, kaufte und bestellte immer neue Bücher, und kämpfte um Zeit zum Lesen und für sich. In unserem Haus war ein stetiges Kommen und Gehen, alle wollten etwas von ihr, natürlich auch wir Kinder. Manchmal schloss sie ihr Zimmer ab. Wir versuchten, uns zurückzuhalten und ihr Raum zu geben, aber in unserer kindlichen Wahrnehmung dehnte sich die Zeit vor der Tür und wir wollten Teil ihrer Welt sein. Also übten wir uns im Fragenstellen. Und sie entdeckte, dass sie uns zu einem gewissen Grad miteinbeziehen konnte, wenn sie kindgerechte Bücher fand: Ich erinnere mich, wie ich am Wochenende neben ihr im Bett lag, während sie mir *Sofies Welt* vorlas. Das waren wunderschöne Tage.

In dieser Zeit kam Vittorio zum ersten Mal zu Besuch. In dem Nachwort von 1996 schrieb ich, dass ich mich noch daran erinnern könne, wie er mich anblickte und lächelte, den Kopf etwas zur Seite geneigt, und das Bild ist mir immer noch genau vor Augen. Vittorio sprühte vor Energie und er hatte die Gabe, alle Gespräche interessant zu machen. Er konnte sich außerdem ganz auf eine Idee konzentrieren und sie immer weiter entfalten, bis ihre Essenz zum Vorschein kam und ihre Verbindung mit anderen Ideen klar vor Augen stand. Wenn ich Fragen stellte, ließ er sich absolut darauf ein: Was genau wollte ich wissen? Was meinte ich? Wusste ich schon, was andere dazu gedacht hatten? Und so weiter. Es war ihm nie zu viel. (Später habe ich ihn mit seinen eigenen Kindern erlebt, die ihn fragten und fragten ohne Unterlass, und er antwortete und antwortete ebenso unermüdlich, so als ob er sich nicht entziehen könne. Er war mitten im Geschehen des Gesprächs, und manchmal machten sich seine Kinder einen Spaß daraus, sie schienen zu testen, ob er eine Geduldsgrenze hätte. Aber er brauchte gar nicht viel Geduld, weil ihn die Fragen wirklich interessierten. Es waren kindliche Fragen, aber sie verwiesen trotzdem auf etwas. Er sprach schnell, nur manchmal hielt er inne, stierte auf den Boden vor sich, und dachte nach. «Das ist eine gute Frage», sagte er dann.)

Anfangs lernte ich die Philosophie also vor allem als eine Weise kennen, anderen nahe zu sein. Zu philosophieren bedeutete, sich auf die Gedanken des anderen zu konzentrieren und dann eine Frage zu stellen, die den anderen interessierte, weil sie ihm erlaubte, den Gedanken weiterzuspinnen. Die eigenen Gedanken wurden für den anderen wichtig, die Gedanken beider rankten sich von da an ineinander. Natürlich waren philosophische Fragen auch inhaltlich spannend, aber vor allem eigneten sie sich besser als andere Fragen für dieses Spiel, dieses «Einklinken» bei anderen. Man musste auch nicht besonders viel von der Welt wissen, um bei dem Spiel mitzumachen – das konnten eben auch schon Kinder. Ich nenne es «Spiel», weil diese philosophischen Gespräche eine bestimmte, herrliche Leichtigkeit hatten, wenn sie gut liefen. Sie konnten aber auch schief gehen, es gab also ein Risiko. Nicht jede Frage war gleich weiterführend und nicht immer verstand man einander sofort, man konnte also auch «verlieren» oder wenigstens scheitern – und das fühlte sich nicht gut an.

Gleichzeitig fühlte ich mich in dieser Zeit zum ersten Mal unabhängig. Ich bin mir gar nicht sicher, ob ich wirklich unabhängiger war als vorher (kleine Kinder sind innerlich ja oft erstaunlich unabhängig, oft mehr als Erwachsene). Aber durch das Philosophieren und Lesen fühlte ich das zum ersten Mal, und ich war jetzt gerne allein. Die Freude, die durch das Erhaschen philosophischer Gedanken aufkam (denn es war ja nur ein Erhaschen, ich habe natürlich vieles noch nicht verstanden), trug mich durch viele Tage, so dass ich weniger das unruhige Bedürfnis nach Ablenkung und Zerstreuung hatte als später. Die eigene Zeit war erfüllt. Die Idee, dass es so etwas wie echte Erkenntnis geben könnte, die man mit anderen teilen würde – denn das ist wie gesagt das Besondere, dass Erkenntnis mit anderen Subjekten geteilt werden kann wie nichts anderes – ist erfüllend.

Die Briefe waren Teil dieser Freundschaft und Unabhängigkeit. Ich konnte sie leider nicht alleine lesen, weil ich Vittorios Handschrift nicht entziffern und er nicht auf einem Computer schreiben konnte, aber ich wollte auf jeden Fall alleine darüber nachdenken und meine Antworten alleine verfassen. Ich war glücklich darüber und ich hatte großen Spaß an Vittorios Geschichten aus dem Café (ich versuchte oft, ein bisschen von diesem Spaß zurückzugeben, indem ich ebenfalls Begegnungen mit vergeistigten Gestalten für Vittorio erfand).

Gegen Ende des Briefwechsels wurden die Briefe manchmal schwieriger für mich. Vittorio antwortete fast immer postwendend, aber ich brauchte mehr Zeit. Daraus ergab sich eine Art Spirale: Je mehr Zeit ich brauchte, desto mehr Druck verspürte ich, zu antworten, und desto mehr Zeit wiederum brauchte ich. Das kam aus mir selbst, Vittorio hat niemals Druck ausgeübt, das passt auch gar nicht zu ihm. Aber dieses eigentümliche Gefühl, welches sich breitmacht, wenn man nicht tut, was man eigentlich tun will oder soll, lernte ich später noch besser kennen – das Verstreichen der Zeit wird zugleich bewusster und undurchsichtiger, ein halbwegs realistisches Gefühl für Zeit entgleitet einem. Das Aufkommen dieser Probleme hatte aber vielleicht auch mit meinen Zweifeln zu tun, die sich mit etwa dreizehn einstellten. Ich war ein religiöses Kind und glaubte an Gott, wie die Briefe ja zeigen, aber in der Zeit vor meiner Konfirmation kamen mir Zweifel. Diese waren nicht unbedingt philosophisch motiviert, also es war nicht so, dass ich Argumente gegen die Existenz Gottes las und dann Zweifel bekam. Es war eher so, dass ich die Welt nicht mehr so erfuhr wie vorher, nämlich sozusagen voller Stimmen.

Die Veröffentlichung der Briefe ist mir gar nicht mehr so klar in Erinnerung, denn nicht lange danach veränderte sich viel. Ich war in der Pubertät, wollte von meinen Freunden und Freundinnen nicht unbedingt mit den Briefen in Verbindung gebracht werden, und zog dann außerdem nach England. Vittorio ging mit seiner Familie in die USA, und obwohl wir in Kontakt blieben, sahen wir einander für eine Weile nicht (erst später wieder, nach meinem Studium – ich hatte tatsächlich Philosophie studiert).

Ich war mir oft unsicher, was ich eigentlich über die Veröffentlichung dachte. Einerseits leitete mir Vittorio oft Leserbriefe weiter, aus denen hervorging, dass das Buch anderen Kindern Freude machte und ihnen manchmal eine ähnliche Hoffnung gab, wie mir diese philosophischen Gespräche sie einst gegeben hatten. Das machte mich froh. Andererseits waren mir die Briefe als Heranwachsende auch oft peinlich (wenigstens meine eigenen), und ich wünschte mir, ich hätte Dinge streichen oder anders formulieren können. Als wir die Briefe schrieben, hatte ich ja nicht daran gedacht, dass sie veröffentlicht werden könnten, und so erschien mir das Buch manchmal als eine Art Kontrollverlust.

Aber die Reaktionen, die wir über die Jahre bekamen, ließen diese Ängste ganz allmählich ruhen. Sie sind eigentlich wirklich das Schönste an diesem kleinen Buch: Sie waren sanft, erzählten oft ihre eigenen Geschichten und gaben ihre Gedanken preis, und ich bin dankbar dafür. Vittorio hat mir erzählt, dass die ukrainische Übersetzung vor kurzem einen Kinderbuchpreis erhalten hat, nicht lange bevor dieser schreckliche Krieg begann. Alle Kinder auf dieser Welt sollten Zeit zum Lesen haben und Freunde, mit denen sie ihre Gedanken teilen können, das ist das Einfachste der Welt, und trotzdem müssen wir dafür kämpfen.

Vittorio Hösle
Ein Buch «voller Stimmen»:
Nachwort nach 26 Jahren

Wie soll ich diesem wunderbaren Nachwort Noras noch
etwas hinzufügen? Sie ist die Hauptautorin des Buches gewesen; allein ihre Briefe haben es verdient, dass es ein
internationaler Erfolg wurde – in fünfzehn Sprachen übersetzt, davon sieben asiatische, ins Koreanische und Chinesische sogar jeweils zweimal. Denn ihre Briefe sind es, die
zeigen, wie sehr unsere Zeit Kinder unterschätzt und wie
wenig sie ihre Sinnbedürfnisse ernst nimmt. Diese sind
zwar noch lange nicht die ganze Philosophie, aber ohne sie
ist alle Philosophie nichts oder doch nichts mehr als tönen-
des Erz.

Doch aus Gründen der Symmetrie will ich auch meine
Sicht der Dinge kurz wiedergeben. Auch ich erinnere mich
noch immer sehr genau, wie ich Nora, etwas vor ihrem elften Geburtstag, erstmals begegnete. Ein besonderer Glanz
ging, und geht immer noch, von ihr aus, weil sich in ihrem
Wesen eine natürliche Güte mit einer wachen intellektuellen Neugierde verbindet, die nie respekt- oder taktlos, sondern stets anmutig ist. Wer mit Nora spricht oder ihr
schreibt, spürt sowohl ihre Liebe zur Wahrheit als auch
ihre menschliche Wärme. Ich war damals noch Jung-
geselle, und die häufigen Aufenthalte im gastlichen Haus
ihrer Eltern, zweier Richter (der Vater wurde später ein
bekannter Bundesrichter), ließen mich das Glück einer
gelungenen Familie spüren. Die Freundschaft mit beiden
Eltern, deren juristische Kompetenz sich ausgezeichnet
mit meinen damaligen Interessen berührte und zu vielen

rechtsphilosophischen Diskussionen führte (ich schrieb in diesen Jahren an *Moral und Politik* und begegnete in ihrem Haus u. a. mehrfach Ernst Gottfried Mahrenholz, dem damaligen Vizepräsidenten des Bundesverfassungsgerichtes), wurde wunderbar ergänzt durch das intellektuelle Ballspiel, das ich mit Nora spielen durfte. Es begann ganz absichtslos: Als sich Nora in einer Dankespostkarte über das Frauenbild des Aristoteles beklagte, das sie über Jostein Gaarders *Sophies Welt* kennengelernt hatte, hatte ich spontan die Eingebung, ich müsse Aristoteles selber darauf antworten und sich entschuldigen lassen, und erfand unser *Café*. Wie überrascht war ich, als Nora in ihrem Antwortbrief von ihren eigenen Begegnungen mit Philosophen berichtete! Halb zog sie mich oder ich sie, halb sanken wir hin, kurz, ein langer Briefwechsel entstand, der uns viel bedeutete.

Er hat offenbar auch vielen Lesern die Freude am Philosophieren vermittelt, zumal Kindern und Jugendlichen, aber auch nicht wenigen Erwachsenen. Der Sohn des bedeutenden theoretischen Chemikers Hans Primas erzählte mir, als sein Vater ins Krankenhaus zu einer gefährlichen Operation fuhr, die er leider nicht überlebte und um deren Gefährlichkeit er wusste, habe er nur ein einziges Buch mitgenommen – das *Café*. Hans Primas war es gewesen, dem ich einmal, lange vor deren Veröffentlichung, einige Briefe Noras gezeigt hatte und der mir bewegt mitgeteilt hatte, das seien höchst bedeutsame Texte. Ich wusste es zwar schon, aber es freute mich, dass auch andere es so sahen.

Ich bin nicht im mindesten überrascht, dass Nora selbst eine Philosophin geworden ist und dass sie nach Studien in Oxford, London und Erfurt, wo sie promovierte, und der Gründung ihrer Familie 2019 ein zweites sehr erfolgreiches Buch veröffentlicht hat, *Was ist Liebe, Sokrates?*, das ebenfalls schon in verschiedene Sprachen übersetzt worden ist (Französisch, Koreanisch, Niederländisch, Rumänisch und Türkisch; eine chinesische Übertragung wird vorbereitet). Es ist ein philosophischer Dialog zwischen acht der größten Denker und Denkerinnen, die sich zu dem Thema der Liebe Gedanken gemacht haben, und es schlägt nicht nur eine Fülle ingeniöser Brücken zwischen verschiedenen Themen, einschließlich ganz aktueller, es ist auch literarisch eine reife Leistung, die ich gerne in meinem Buche *Der philosophische Dialog* behandelt hätte, wenn Nora es damals schon verfasst hätte. Denn da ich nicht Noras literarisches Talent habe, musste ich mich mit einem akademischen, also etwas langweiligen Buch über das Genre des philosophischen Dialoges begnügen. Aber dass mich das Genre so faszinierte, ist der Tatsache geschuldet, dass ich mit Nora schon selber viele kleine Dialoge verfasst hatte.

Zwischen dem Dialog als literarischer Kunstform und einem realen Gespräch muss man natürlich unterscheiden, und unter letzterem im weiteren Sinne ist auch ein Briefwechsel zu subsumieren: Denn auch in ihm begegnen einander reale Personen, nicht Figuren der Phantasie. Was die literarische Originalität des *Cafés* ausmacht, ist vielleicht gerade dies, dass es ein reales schriftliches Gespräch darstellt, welches sich in vielen Momenten in Form von fiktiven Dialogen entfaltet. (Mein Buch *Im Dialog mit Gómez Dávila* enthält dagegen nur meine – selbst aphoristischen – Antworten auf seine Aphorismen.) Der Geschlechts- und Altersunterschied zwischen den beiden Autoren verleiht dem realen Gespräch eine ganz eigenwillige Dynamik, die unweigerlich auch auf die fiktiven Gespräche in den erfundenen Dialogen abfärbt. Das Buch ist also «voller Stimmen» – und meine Hoffnung ist, dass es jene intelligente Religiosität fördert, die Nora zu Recht dadurch kennzeichnet, dass wer von ihr beseelt ist, die Welt als «voller Stimmen» wahrnimmt.

Das Buch hat sowohl in Noras als auch in meinem Leben Epoche gemacht. Auch beim Abfassen späterer Werke wie meiner Studie zu *Eric Rohmer*, der *Kritik der verstehenden Vernunft* oder der Aufsatzsammlung *Gott als Vernunft* hallten viele Erfahrungen und Gespräche jener glücklichen Besuche in Lünen nach. Aber nicht nur in unserer Biographie hat das Buch seinen wohlbestimmten historischen Ort. Man spürt, wenn man in ihm blättert, auch seinen weltgeschichtlichen Ort. Es stammt aus der Anfangszeit dessen, was ich in *Globale Fliehkräfte* das «goldene Vierteljahrhundert» genannt habe, also die Zeit von 1991–2016, als mit dem scheinbaren Ende des Kalten Krieges ein ewiger Friede zwischen den Völkern zumindest Europas erreicht schien, als die akademische Welt, trotz der absehbaren ökologischen Nebenfolgen, um die ganze Welt zu reisen begann und als die Zukunftsaussichten allgemein als rosig empfunden wurden.

All das ist heute ebenso vorbei wie unsere Jugend. Die Zukunft ist düster; niemand weiß, was uns bevorsteht. Aber ich wage eine Vermutung: Was auch immer passieren wird und wie stark auch die Welt in einigen Jahrzehnten, vielleicht schon in einigen Jahren von der jetzigen abweichen wird, das *Café* wird weiter gelesen werden. Denn solange die Menschheit existiert, braucht sie Hoffnung, und nichts schürt die Hoffnung so sehr wie das Wunder des Sich-Wunderns des kindlichen Geistes. Nur wer es, in welchen Modifikationen auch immer, bewahrt, kann die Welt überstehen, ohne Schaden an der Seele zu nehmen. Noras Briefe helfen uns, an jenes Wunder zu glauben und jenes Sich-Wundern in uns wachzuhalten.

Personenregister

Agrippa 147 ff., 195
Albertus Magnus 136–142, 144 ff.
Al Farabi (Alfarabi) 64, 110 ff., 115, 138
Al Ghazali 194 ff.
Anaximander 19, 23, 26–30, 35
Anselm von Canterbury 8
Aristoteles 7 ff., 12 ff., 71 f., 78, 142
Augustinus 19, 23, 35 ff., 39–43, 45–48, 130 ff., 206 f.

Berkeley, George 37, 206 f., 209
Böhme, Jakob 187 f., 192
Bolyai, Johann 178–181
Bolyai, Wolfgang 178–181
Buber, Martin 116–119
Burckhardt, Jacob 130

Croce, Benedetto 120
Cusanus, Nicolaus s. Nikolaus von Kues

Darwin, Charles 9, 75 ff., 80
Descartes, René 10, 12, 16, 20 ff., 25 f., 29–35, 37, 39–43, 46 ff., 50, 90, 109, 129 f., 153, 213
Diogenes von Sinope 124 f., 129, 133, 136, 146
Diotima 10, 15 f., 19

Donoso Cortés, Juan 131
Dschuang Dse 169, 172

Einstein, Albert 123 f., 162 f.
Euklid 179

Fichte, Johann Gottlieb 81–85, 88 f.
Freud, Sigmund 77, 206

Gorgias 46, 50

Hegel, Georg Wilhelm Friedrich 8, 60–65, 67 f., 77, 80 f., 97, 112 ff., 125, 130, 136, 176, 182, 188 f., 192
Heidegger, Martin 55 f.
Heraklit 19, 124, 204
Hobbes, Thomas 99 f., 103, 105, 109 f., 114, 125, 128 f., 133, 135, 196–199, 201
Hume, David 37, 147 ff.

Jonas, Hans 131, 185–189, 192
Jung, Carl Gustav 206

Kant, Immanuel 8, 53 ff., 57, 108 ff., 114, 130 f., 186
Kierkegaard, Søren 8, 60–64, 67 f., 77
Kohlberg, Lawrence 128
Konfuzius 168 f., 172, 176

Lao-tse (Laotse) 138 ff., 144 ff.

Aus dem Verlagsprogramm

Philosophie bei C.H.Beck

Clare Mac Cumhaill/Rachael Wiseman
The Quartet
Wie vier Frauen die Philosophie zurück ins Leben brachten
Aus dem Englischen von Jens Hagestedt, Frank Lachmann
und Andreas Thomsen.
2022. 504 Seiten mit 52 Abbildungen. Gebunden

Philipp Felsch
Wie Nietzsche aus der Kälte kam
Geschichte einer Rettung
2022. 287 Seiten mit 24 Abbildungen. Gebunden

Sarah Bakewell
Montaigne
oder Das Glück mit Büchern zu leben
2022. 109 Seiten mit 13 Abbildungen. Gebunden

Volker Reinhardt
Voltaire
Die Abenteuer der Freiheit
2022. 607 Seiten mit 52 Abbildungen und 2 Karten. Gebunden

Corine Pelluchon
Manifest für die Tiere
Aus dem Französischen von Michael Bischoff
2020. 125 Seiten. Broschiert
Beck Paperback Band 6409

Verlag C.H.Beck München